Thomas Lilge & Christian Stein (Hg.)
Spielwissen und Wissensspiele

Edition Kulturwissenschaft | Band 139

Thomas Lilge & Christian Stein (Hg.)

Spielwissen und Wissensspiele

Wissenschaft und Game-Branche im Dialog über die Kulturtechnik des Spiels

[transcript]

Die Publikation wird ermöglicht durch die finanzielle Unterstützung der Deutschen Forschungsgemeinschaft im Rahmen der Exzellenzinitiative.

Bild Wissen Gestaltung
Ein Interdisziplinäres Labor

Gefördert durch die DFG

Bibliografische Information der Deutschen Nationalbibliothek
Die Deutsche Nationalbibliothek verzeichnet diese Publikation in der Deutschen Nationalbibliografie; detaillierte bibliografische Daten sind im Internet über *http://dnb.d-nb.de* abrufbar.

Layout und Satz: Kerstin Kühl, Berlin
Umschlagsgestaltung: Kerstin Kühl, Berlin 2018
Redaktion: Meik Ramey und Bathilde Maestracci
Lektorat: Maria Priebe
Druck: Majuskel Medienproduktion GmbH, Wetzlar
Print-ISBN: 978-3-8376-3939-1
PDF-ISBN: 978-3-8394-3939-5
https://doi.org/10.14361/9783839439395

Gedruckt auf alterungsbeständigem Papier mit chlorfrei gebleichtem Zellstoff.
Besuchen Sie uns im Internet: *http://www.transcript-verlag.de*
Bitte fordern Sie unser Gesamtverzeichnis und andere Broschüren an unter: *info@transcript-verlag.de*

Inhaltsverzeichnis

II DAS WISSEN DER SPIELE

Thomas Lilge & Christian Stein

Einleitung

Die hier vorliegenden Texte basieren auf der Tagung »SymposiON«, die im Oktober 2015 auf Initiative der Forschungsgruppe gamelab.berlin durchgeführt wurde und in den Räumlichkeiten des Exzellenzclusters *Bild Wissen Gestaltung* der Humboldt-Universität zu Berlin stattfand. Als im Team des gamelab.berlin die ersten Überlegungen zu der Veranstaltung unternommen wurden, bildete sich schnell eine deutliche Tendenz heraus: Die Veranstaltung sollte in Form eines Spiels stattfinden. Klar. Gemäß der Terminologie der Gamer sollte es ein location-based Big Game sein – hoffentlich mit der Erweiterung »with a purpose«. Die Vision sah vor, viele interessante Personen zum Thema Spiel einzuladen und diese in irgendeiner Weise gegeneinander antreten zu lassen.
Bereits in den Diskussionen, welche Gäste in unser »Interdisziplinäres Labor« eingeladen werden sollten, begannen wir ein Spielfeld mit zwei einander gegenüberstehenden Stereotypen zu inszenieren: Auf der einen Seite des Whiteboards, auf dem wir unsere Vorschläge notierten, sammelten wir die Praktiker_innen. Hier positionierten wir all jene, denen wir unterstellten zu wissen, was Game Engines sind und wofür und wie man sie verwendet. Mitglieder dieser Gruppe zeichnen sich durch ausschweifenden Konsum von Club Mate aus, halten das Wort Nerd für ein Kompliment und generierten ihre Rauscherlebnisse als Teenager vor einem Bildschirm, indem sie Computerspiele spielten und später eigene programmierten. Auf der anderen Seite des Whiteboards sammelten sich jene, die wir erst als Wissenschaftler_innen und dann in einer weiteren Zuspitzung als Theoretiker_innen bezeichneten. In unserer Vorstellung hatten die Mitglieder dieser Gruppe während der Schulzeit freiwillig die Philosophie AG besucht, kleiden sich vornehmlich in dunklen Farben, debattieren vortrefflich in elaborierter Sprache und assoziieren mit

Computerspielen vornehmlich Pacman und Tetris. Diese sich in vielen Parametern in deutlicher Opposition befindlichen Parteien sahen wir in die Arena unseres Veranstaltungsortes einmarschieren. Auf der einen Seite würden, mit Baseballcaps auf den Köpfen und Gamecontrollern in der Hand, die Praktiker_innen einmarschieren, auf der anderen Seite würden die mit Bücherstapeln beladenen und bereits in Debattierzirkeln organisierten Akademiker_innen das Feld betreten. In einem gewaltigen Agon würden beide Gruppen auf unser Signal sogleich mit Argumenten wie mit Schwertern aufeinander losgehen. Als Veranstalter würden wir, ganz gleich welchen Ausgang dieses Experiment nähme, vom Verlauf profitieren, denn erst im Streit zeigen sich die schärfsten Argumente. Vom Boden des Schlachtfelds müssten wir dann nur noch die Scherben aufsammeln und könnten so ein neues Bild der »Kulturtechnik des Spiels« zusammenstecken. Wir müssten nur noch das Buffet verzehren und den Verlauf des Wettstreits mitschreiben, um mit einer auf den Mitschriften basierenden Publikation endlich berühmt zu werden.

Als gamelab.berlin interessieren uns Theorie und Praxis nicht nur als Protagonisten fiktiver Kampfspiele, sondern die Verbindung der beiden in struktureller Hinsicht. Die epistemische Dimension des Spiels faltet sich aus dieser Perspektive auf in die Bereiche Spiel als Forschungsgegenstand und Spiel als Forschungspraxis zur Generierung neuen Wissens. Beheimatet am »Interdisziplinären Labor« ist uns die Vielfalt der Wissensformen und Perspektiven immer schon als der einzig gangbare Weg erschienen, sich mit dem vielschichtigen Phänomen Spiel adäquat auseinanderzusetzen. So entwickeln wir typischerweise aus theoretischen Überlegungen heraus Ideen, die wir dann in konkreten Spiele-Prototypen umsetzen, diese experimentell vertesten und schließlich wieder theoretisch reflektieren. Die Übergänge und Reibungen zwischen Praxis und Theorie in unseren eigenen Reihen waren uns dabei immer als besonders produktiv erschienen. Warum sie nicht in einer Tagung auf die Spitze treiben?

Die Ergebnisse dieser Tagung in Form einer Publikation legen wir hiermit vor. Allerdings muss das einleitende Bild eines Kriegsschauplatzes hier als Fabel entlarvt werden. Ganz so einfach war es leider nicht. Dies betrifft zum einen unsere Gäste, die sich nicht an Stereotypen und Klischees halten wollten, es betrifft vor allem aber auch das Ergebnis: Wieder einmal hat keine Partei gewonnen. Wieder einmal wissen wir nicht abschließend, wer Recht hat und wer Unrecht. Auch dieses Symposion war kein Endgame.

Zum Glück: Denn auch wenn wir nicht sagen können, wer von den Teilnehmer_innen mehr über die »Kulturtechnik des Spiels« weiß, glauben wir behaupten zu dürfen, dass die Leser_innen nach der Lektüre der Beiträge mehr über das Thema und die damit verbundenen faszinierenden Perspektiven wissen werden, als zuvor.

Von den einleitenden Phantasien ist die Einteilung der Beiträge in zwei verschiedene Themengebiete übriggeblieben. Unter der Überschrift »Spiele des Wissens« versammeln sich Texte, die sich aus wissenschaftlicher Perspektive der »Kulturtechnik des Spiels« widmen. In der zweiten Abteilung, »Das Wissen der Spiele«, finden sich Beiträge, die sowohl auf den breiten Horizont der Anwendungsmöglichkeiten von Spielen als auch auf die verschiedenen Möglichkeiten ihrer Produktion verweisen.

Horst Bredekamp eröffnet mit dem Text »Der Affe der Natur: Zur Utopie des Spiels« in einem dicht geschriebenen Plädoyer den ersten Abschnitt, indem er für die Aktualisierung eines vorindustriellen Spielbegriffs und damit verbundener Potentiale des Utopischen argumentiert. Das von Zweck und Ziel befreite Spiel sei »Ausdrucksform höchster Autorität« und habe von dieser biblischen Bestimmung des Schöpfergottes ausgehend u. a. in Konzepte der Bildung (Gottfried Wilhelm Leibniz und Johann Amos Comenius) sowie in das Verständnis von forschender Tätigkeit und einen damit einhergehenden spielerischen Laborbegriff (Johann Valentin Andrae) kulturprägend ausgestrahlt.

Matthias Bruhn weist in seinem Beitrag »Spielen als wissenschaftliches Format« mit einer präzisen Analyse von drei Bildwerken aus dem 15. bzw. 17. Jahrhundert darauf hin, dass auch heute noch drängende politische Fragestellungen bereits in diesen historischen Darstellungen über die visuelle Komposition problematisiert worden sind. Die Legitimation von Machtasymmetrien wurde beispielsweise mithilfe der geschickten szenischen Anordnung von Blickachsen, Sichtverhältnissen und Relationen zwischen Akteuren über die Allegorie des Spiels thematisiert. Diese historische Betrachtung verbindet Bruhn mit der zeitgenössischen Präsenz des Spiels in nahezu allen gesellschaftlichen Bereichen (Glücksspiel, Gamification, Serious Games, Sport bis hin zu Krieg etc.) zu folgender Schlussfolgerung: Eine zu anderen Disziplinen quergelagerte, eigenständige Wissenschaftsdisziplin mit der Orientierung auf das Phänomen Spiel, nicht nur, aber auch als Methode, erscheint lohnenswert.

Ein radikal anderes Verhältnis zwischen Wissen und Spiel beschreibt Wolfgang Schäffner unter dem Titel »Im Spiel der Chancen. La condition du non-savoir.« Der Schwindel der Wahrnehmung und der Schwindel des Wissens werden als zwei besondere Spieltypen charakterisiert, deren gemeinsamer epistemologischer Charakter mit Bezügen zu u. a. René Descartes und Marie de Condorcet aus dem Glückspiel abgeleitet, im Moment des schockhaften Kontrollverlustes identifiziert wird. Durch den Willen der Mitspieler_innen wird bereits in John von Neumanns Spieltheorie dieser »probabilistische Kern« ausgeweitet zu einem Gesellschaftsspiel. Das Bedrohungsszenario des stets alle Kontrollmechanismen sabotierenden Zufalls wendet Schäffner ins Produktive mit der Frage »Wie kann man richtig nicht-wissen, [...] wie sich in dieses Nicht-Wissen hineinstürzen?«, wodurch der Beitrag selbst eine Art schockhafte Ereignishaftigkeit auszulösen in der Lage ist, die er zuvor beschrieben hat.

Auf den engen Konnex zwischen Wirtschaft und Spiel macht Sebastian Schwesinger mit seinem Beitrag »All in. Die Psychologie von Spiel und Ökonomie bei Karl Groos und Gabriel Tarde« aufmerksam. In einem geradezu spielerischen Tanz zwischen den titelgebenden Autoren werden Gemeinsamkeiten und Differenzen herausgearbeitet und diese in die Diskursgeschichte von Ökonomie und Spiel seit dem 18. Jahrhundert eingeordnet. Die von Groos auf der Annahme einer psychologischen Triebstruktur entwickelte Einübungstheorie des Spiels wird in Beziehung gesetzt zu dem »revolutionären Ökonomieverständnis« Tardes – in den Leidenschaften finden beide laut Schwesinger ihren gemeinsamen Nenner. Die detaillierte Analyse führt Schwesinger zu der Annahme, »dass die sozioökonomische Dynamik einer Gesellschaft gar als Spiel – vor allem als Nachahmungsspiel – beschreibbar wird«. Daraus wiederum ergibt sich die Frage nach den politischen Organisationsmöglichkeiten eines Spielraums für denkbare alternative Ökonomien und die abschließende Forderung »politische Intervention müsse [...] an der Wurzel der spielerischen sozialen Triebe ansetzen [...]«.

Anne Dippel und Sonia Fizek zeigen in ihrem Beitrag »Laborious Playgrounds: Citizen science games as new modes of work / play in the digital age« auf, dass eine scharfe Grenzziehung zwischen Spiel und Arbeit zusehends unmöglicher zu werden scheint. Indem sie Citizen Science Games wie EteRNA (2010), in denen das durch Spielmotivatoren erzeugte Engagement von in der Freizeit spielenden Bürger_innen zur Erreichung wissenschaftlichen Fortschritts eingesetzt wird, einer kritischen Analyse unterziehen, kommen sie zur Konstatierung einer in allen gesellschaftlichen Bereichen wirkenden Doppelbewegung: In gleichem Maße, wie Arbeit spielerische Formen annimmt, wird die Sphäre des Spiels zusehends von arbeitsförmigen Faktoren bestimmt. Als Gegenbegriff zur »ludification of work« wird daher der innovative Ausdruck einer »labourisation of play« vorgeschlagen und mit dem Apell verbunden, angesichts der Verstärkungseffekte durch die digitalen Möglichkeiten, gesellschaftliche Prozesse im Interferenzbereich zwischen Arbeit und Spiel immer wieder erneut kritisch zu reflektieren.

Dem Verhältnis von Spiel, Erkenntnis und Wissenschaft widmet sich der Beitrag »Balancing. Über die Möglichkeitsbedingungen interdisziplinärer Zusammenarbeit und die Freiheit der Forschung« von Thomas Lilge. Der aus dem Gamedesign stammende Terminus Balancing, der das kunstvolle Vermitteln zwischen den Fähigkeiten der Spieler_innen und den passenden Herausforderungen im Spiel bezeichnet, wird als Suchbegriff verwendet, um Ähnlichkeiten zwischen dem Spiel, der Erkenntnistheorie und wissenschaftlicher Forschung herauszuarbeiten. Während Balancing gemeinhin auf die größtmögliche Immersion von Spieler_innen abzielt, skizziert Lilge einen immersiven Prozessen entgegengesetzten, emanzipatorischen Vorgang, für den er den Begriff Emersion vorschlägt. Erst im gelungenen Balancing zwischen Immersion und Emersion schließlich, so das Resümee des Beitrags, kann sich die Freiheit der Forschung entfalten.

Jean-Pierre Lenz eröffnet den Abschnitt »Das Wissen der Spiele« mit einer Darstellung der für die Programmierung des Augmented-Reality Spiels »Skyshard Legends« nötigen Interaktionsplanung. Während die technische Innovation in einer Überführung realer Objekte in eine Spielwelt mittels des GTIN (*Global Trade Item Number*)-Strichcodes besteht, den die Spieler_innen mit der Kamera ihres Handys scannen können, beschäftigt sich die Interaktionsplanung mit den Entscheidungsmöglichkeiten und Konsequenzen innerhalb der Spielökonomie. Das zu diesem Zweck verwendete Planungsinstrument, der *Machination Framework* von Ernest Adams und Joris Dormans, wird in seiner Anwendung auf »Skyshard Legends« erläutert. Dadurch wird nicht nur die Komplexität von Systemarchitekturen im Gamedesign deutlich gemacht, sondern zugleich auch an Beispielen erläutert, wie diese Komplexität in anwendungsfreundliche Interaktionsformen überführt werden kann.

Das Interview mit Manouchehr Shamsrizi, einem der drei Gründer von RetroBrain, bietet faszinierende Einblicke in die immense Herausforderung, als Startup eine soziale Innovation im Gesundheitssektor realisieren zu wollen. RetroBrain entwickelt Videospiele zur Rehabilitation und Prävention, die mit Gestensteuerung eine niedrigschwellige und spielerische Alternative zu traditionellen Verfahren in der Behandlung von an Demenz erkrankten Personen bieten. Wie ist es gelungen, in diesem hochkomplexen und zugleich sensiblen Bereich das Computerspiel als Therapieform einzuführen? Welche Balanceakte müssen gelingen, um die zur Realisierung notwendigen Partnerschaften zu gewinnen und den unterschiedlichen Erwartungshaltungen der Akteure Genüge zu tun? Erst im Zusammenklang von unternehmerischer Initiative, klaren Vorgaben des Gesetzgebers und der Offenheit aller Beteiligten für das Beschreiten neuer Wege, so Shamsrizi, wurde es RetroBrain möglich, die Idee auszuprobieren und in eine erfolgreiche Maßnahme zu überführen. Neben dem beachtlichen Erfolg, die größte deutsche Krankenkasse als Förderer gewonnen zu haben, sind es vor allem die vergnüglichen Erlebnisse der Senior_innen mit der Anwendung selbst, die Kraft für die Weiterentwicklung geben.

Peter Lee gilt als einer der erfahrensten Gamedesigner der Welt und hat mit seinem, gemeinsam mit Eric Zimmerman betriebenen Gamestudio Gamelab in New York City den Aufstieg des Mediums Computerspiels zum Massenmedium aus nächster Nähe verfolgen können. In dem Interview berichtet er von den wichtigsten Stationen seines Werdegangs: Wie er als junger Designer und Entwickler für das New York Magazine arbeitete und ihn trotz seines beruflichen Erfolgs eine ungestillte Sehnsucht nach einer anderen, umfassenderen Designbeschäftigung erfüllte. Dass er diese Sehnsucht gerade im Bereich des Gamedesigns einmal würde befriedigen können, schien unwahrscheinlich – hatte er sich doch längst entschieden, die vergnüglichen Stunden seiner Jugend, während derer er zum Teil exzessiv Konsolenspiele zockte, ad acta zu legen. Doch während eines Gamedesignkurses an der NYU von Eric Zimmerman wurde ihm klar, dass in Spielen elementare Erlebnisse erfahren werden können, und dass diese Erlebnisse zu designen, jene künstlerische Ausdrucksform sei, nach der er solange gesucht hatte.

Die künstlerischen Erzeugnisse der internationalen Independent-Szene im Bereich Games und Playful Media zu sichten und ihre Protagonist_innen nach Berlin einzuladen, hat sich Thorsten Wiedemann zur

Aufgabe gemacht. Mit seinem *A MAZE Festival* bietet er der Szene eine aufregende Plattform, die mit der Kombination aus Wissensaustausch, Netzwerken und Party seit 2008 zu einem großen Erfolg herangewachsen ist. Wiedemann war aber wahrscheinlich auch der erste Mensch, der 48 Stunden in Virtual Reality zugebracht hat. Sein Erfahrungsbericht über die Performance *Disconnected – 48 Stunden VR Performance* und seine Reflektionen thematisieren aus erster Hand die Möglichkeiten und Risiken dieser Technologie.

Christian Steins Beitrag »Singleton | Skizze der Entstehung eines Spiels zur persönlichen Entwicklung in zehn Versionen« zeigt, wie aus einem Gedankenspiel, hier in der Form eines literarischen Textes, eine mobile App werden kann. Innerhalb der zehn Versionen entwickelt sich der Gedanke, »dem stärker werdenden Druck im Arbeitsumfeld [...] ein Gegengewicht entgegenzusetzen« über variantenreiche Iterationen und verschiedenste Testszenarien hin zu einem Spiel, das dazu beitragen soll, die persönlichen Wünsche und Ziele nicht aus den Augen zu verlieren, sondern diese auf vergnügliche und motivierende Weise zu erreichen. Analysiert werden im Zuge dessen die Erfahrungen und durchgeführten Anpassungen prototypenbasierten Game Designs.

Der Beitrag »Digitale und haptische Spiele im Vergleich. Ihre Potenziale für die Forschung am Beispiel von Decide&Survive« von Steven Kawalle führt in die Thematik »Spiele als Forschungsinstrumente« ein. Spiele, seien es analoge oder digitale, werden hier als für wissenschaftliche Untersuchungen besonders geeignete Instrumente skizziert. Ihr künstliches Regelwerk teilen sie zwar mit dem Experiment, können jedoch durch Spielmechanik und Narration eine größere Immersion bei den Proband_innen evozieren, wodurch unverfälschtere Forschungsdaten generiert werden können. Welche Vor- und Nachteile haben analoge Forschungsspiele gegenüber digitalen? Kawalle gibt anhand einer Übertragung seines analogen Spiels »Decide&Survive« in eine digitale Version Antworten auf diese Frage.

In ihrem visuell herausstechenden Beitrag »Schmerzen be-greifbar machen. Ein Werkstattbericht« widmen sich Denny Chakkalakal, Anna L. Roethe und Anika Schultz dem schwierigen Thema Schmerz. Nachdem einleitend ein medizinhistorischer Überblick über den Umgang mit und die Definition von Schmerz gegeben wird, verweisen die Autor_innen auf die aktuellen Herausforderungen, mit denen sich schmerztherapeutische

Maßnahmen in klinischer Praxis konfrontiert sehen. Dabei werden grundlegende Fragen zur Kommunizierbarkeit des Schmerzes aufgeworfen: »Kann man Schmerz verorten?« oder auch »Wie wird Erleben in Daten übersetzt?«. Beispiele aus der Forschung verweisen darauf, dass auch in diesem Bereich das Spiel bzw. eine spielerische Anwendung eine mögliche Alternative zu etablierten Formaten sein könnte.

Auch wenn der eingangs erwähnte dramatische Wettstreit nicht stattgefunden hat, so muss dennoch auf die überraschende Beobachtung hingewiesen werden, dass die nicht nur aus verschiedenen Wissenschaftsdisziplinen, sondern aus weit voneinander entfernten gesellschaftlichen Bereichen stammenden Teilnehmer_innen überhaupt miteinander »ins Spiel gekommen sind«. Natürlich ist dieser Eindruck subjektiv, doch die Atmosphäre auf der Veranstaltung schien von wohlwollender Neugierde, Respekt und einer offen-produktiven Gesamtstimmung geprägt. Wäre es nicht viel wahrscheinlicher gewesen, dass die Teilnehmer_innen, vergeblich nach Anschluss und gemeinsamen Themen suchend, sich schließlich schweigend gegenübergestanden hätten? Ludwig Fleck hat für die Wissenschaftsgeschichte den Begriff des Denkkollektivs[1] geprägt und darauf hingewiesen, dass diese Denkkollektive durch die Praxis des gedanklichen Austauschs einen gemeinsamen Denkstil entwickeln und sich durch ihren jeweils spezifischen Denkstil von anderen Denkkollektiven unterscheiden. Die soziale Bedingtheit[2] von Erkenntnis kann zu konfrontativen Stellungen zwischen unterschiedlichen Denkkollektiven führen, die jenem, in der einführenden Fabel genannten Kampfgeschehen, durchaus ähnlich sind.[3] Viel wahrscheinlicher aber ist das Ausbleiben des Austauschs zwischen zwei Denkkollektiven: »Je größer die Differenz zweier Denkstile, umso geringer der Gedankenverkehr.«[4] Auch wenn die stereotypischen Zuspitzungen sich in der Realität nur selten in einer Person versammeln, so muss doch unbestreitbar der Unterschied zwischen beispielsweise

1 »Definieren wir ›Denkkollektiv‹ als *Gemeinschaft der Menschen, die im Gedankenaustausch oder in gedanklicher Wechselwirkung stehen, so besitzen wir in ihm den Träger geschichtlicher Entwicklung eines Denkgebietes, eines bestimmten Wissenbestandes und Kulturstandes, also eines besonderen Denkstils.*« In: Ludwig Fleck: Entstehung und Entwicklung einer wissenschaftlichen Tatsache. Frankfurt am Main 1980. S. 54.

2 S. 59.

3 »Worte, früher schlichte Benennungen, werden Schlagworte; Sätze, früher schlichte Feststellungen, werden Kampfrufe.« Ebd.

4 Ebd. S. 142.

Kunsthistoriker_innen und Spieleentwickler_innen als wesentlich gelten. Gleiches trifft auf den Unterschied zwischen Kulturwissenschaftler_innen und Designerin_innen oder auch Ärzt_innen und Festivalbetreiber_innen zu – alles tatsächliche Gegenüberstellungen, die sich auf der Veranstaltung miteinander vertraut gemacht haben.

Die Frage stellt sich also, warum für die Repräsentant_innen dieser differenten Denkkollektive nicht gilt, was Fleck zu berichten weiß: »Die Prinzipien eines fremden Kollektivs empfindet man – wenn man sie überhaupt bemerkt – als willkürlich, ihre eventuelle Legitimierung als petitio principii. Der fremde Gedankenstil mutet als Mystik an, die von ihm verworfenen Fragen werden oft als eben die wichtigsten betrachtet, die Erklärungen als nicht beweisend oder danebengreifend, die Probleme oft als unwichtige oder sinnlose Spielerei.«[5] Im letzten Teil des Satzes nennt Fleck das Spiel in einer verniedlichenden und abwertenden Form. An einer anderen Stelle ist bei Fleck ebenfalls von »Spielerei« die Rede: »Jede Erkenntnistheorie, die diese soziologische Bedingtheit allen Erkennens nicht grundsätzlich und einzelhaft ins Kalkül stellt, ist Spielerei.«[6] In dieser Formulierung könnte eine Antwort verborgen liegen auf die Frage, warum sich die bei unserer Veranstaltung versammelten Vertreter_innen unterschiedlichster Denkkollektive anders verhalten haben, als sie es nach der Darstellung Flecks hätten tun sollen. Die Argumentation benötigt noch einen weiteren Schritt. Was versteht Fleck unter der »soziologischen Bedingtheit allen Erkennens«? Ein paar Zeilen zuvor erläutert er seine Auffassung der »soziologischen Bedingtheit allen Erkennens« mit folgender Aufzählung: »Propaganda, Nachahmung, Autorität, Konkurrenz, Solidarität, Feindschaft und Freundschaft.«[7] Was passiert, wenn diese grob umrissenen soziologischen Kraftfelder unberücksichtigt bleiben und sich jede derart ignorante Erkenntnistheorie nach Fleck dadurch als Spielerei desavouiert? Was ist zu beobachten, wenn man gewissermaßen Flecks Aussage auf den Kopf stellt? Wenn die »ignorante Erkenntnistheorie« Spielerei ist, ist dann eine auf das Spiel orientierte Erkenntnistheorie in der Lage, die genannten Kraftfelder zwar zur Kenntnis zu nehmen, sie aber bezüglich ihres »denksozialen Wertes« und ihrer «magischen Kraft«[8] zu neutralisieren und von denkkollektiv bedingten Verzerrungen und

5 Ebd. S. 143
6 Ebd. S. 59.
7 Ebd. S. 59.
8 Ebd. S. 59.

Voreingenommenheiten zu befreien? Vielleicht liegt die Ursache für das gegenseitige Verständnis der Teilnehmer_innen in der Tatsache begründet, dass alle unabhängig von ihrer jeweils stark voneinander abweichenden professionellen Ausbildung ein ausgeprägtes Interesse für das Thema Spiel entwickelt haben – dies war ja der Grund, warum wir sie eingeladen hatten. Sie konnten sowohl als ernsthafte Vertreter_innen ihrer Profession agieren, als auch leichtfüßig in das sich entfaltende Veranstaltungsspiel eintreten. Diese Flexibilität rührt nach Bateson aus der Nachricht »Das ist ein Spiel«[9], die mit der Errichtung eines paradoxen Rahmens eine »spezielle Verbindung von Primär- und Sekundärprozessen impliziert«[10]. Im Primärprozess werden Karte und Territorium gleichgesetzt: Das, was auf der Karte erscheint, ist Territorium – es gibt aber auch keine andere Karte als das Territorium selbst. Wendet man diese Relation auf Denkkollektive an, so hieße dies, dass die antrainierte Vorstellung von Welt nicht als solche identifiziert werden kann, sondern als die einzige Welt gilt. Im Sekundärprozess dagegen können Karte und Territorium unterschieden werden. Hier besteht die Möglichkeit zu abstrahieren, die eigene Karte kann in diesem Fall als eine Möglichkeit unter anderen Kartographierungen erkannt werden, das eigene Territorium kann als Quelle unterschiedlicher, prinzipiell unendlicher Ordnungsystematiken produktiv gemacht werden. Der durch das Spiel errichtete paradoxe Rahmen ermöglicht eine Parallelität von Primär- und Sekundärprozess und etabliert eine dynamische Karte-Territorium-Relation: »Im Spiel werden sie sowohl gleichgesetzt als auch unterschieden.«[11] Es schien, als hätte die Beschäftigung unserer Teilnehmer_innen mit dem Thema des Spiels als eine Art *Gamenastik* gewirkt. Gamenastik in dem Sinne, als dass das Spiel eine Beweglichkeit trainiert, zwischen Rollen und Perspektiven dynamisch zu wechseln und die interaktive Bewegung selbst zum eigenen Ort des Denkens zu machen. Durch diese gamenastischen Übungen der Teilnehmer_innen, könnte man interpretieren, ist die von Bateson genannte Flexibilität des »Sowohl als auch« erzeugt worden, sodass ein Schlagabtausch zwischen Denkstilen mit Leichtigkeit übergehen konnte in das gemeinsame Erstellen neuartiger, aufregender Karten und vice versa. Sibylle Krämer erweitert den hier nur skizzenhaft wiedergegebenen Spielbegriff von Bateson zu einer Auffassung des Menschen, die von

9 Gregory Bateson: Eine Theorie des Spiels und der Phantasie. In: Ders.: Ökologie des Geistes. 1981. Frankfurt a. Main, S. 249.

10 Ebd. S. 251.

11 Ebd. S. 251.

den Herausgebern auch als Motto und Leseanleitung für die hier versammelten Beiträge den Leser_innen empfohlen werden möchte. Für Krämer liegt das spezifisch Menschliche nicht darin, dass wir Menschen spielen. Sondern sie erweitert diese verbreitete Annahme zu der Frage, ob das spezifisch Menschliche nicht über diese Definition hinausgreifend darin liegt, »dass wir das Spiel in eine modellierende Perspektive transformieren zur Kommentierung unseres Welt- und Selbstverhältnisses [...], [also in der] Betrachtung unseres Tuns und Daseins, als ob es ein Spiel sei [...]?«.

Verstehen Sie in diesem Sinne das Inhaltsverzeichnis als Spielplatz und die Beiträge als unterschiedliche Angebote, sich auf diesem Spielplatz zu vergnügen.

Die Herausgeber

Horst Bredekamp

Der Affe der Natur

Zur Utopie des Spiels

Im landläufigen Verständnis ist das Spiel der Gegenpol von Ernst und Nutzen, herausgehoben in seiner Möglichkeit Vergnügen zu erzeugen, aber auch zurückgesetzt in Distanz zu vermeintlich wesentlicheren Elementen des Lebens und Überlebens. Diese Differenzierung entspricht dem heutigen Status von Kunst als einer kostbaren, aber doch sekundären Größe.

Die Doppelbestimmung der Kunst ist das Produkt einer nicht länger als 250 Jahre zurückreichenden, arbiträren Trennung von Technologie und Kunst.[1] Ähnliches gilt für das Spiel, das bis zu diesem Zeitpunkt den höchsten, alle anderen Tätigkeiten überragenden Rang einnahm. Der Verlust dieses Status hängt auch damit zusammen, dass die Bibel in den jüdisch-christlich geprägten Kulturräumen ihre Deutungshoheit verloren hat. An markanten Stellen hob sie den göttlichen Charakter des Spiels heraus.

Eines der besonders sprechenden Zeugnisse stammt aus jener Rede, in der Gott dem hadernd widerstrebenden Hiob seine eigene, unermessliche Macht am Beispiel der beiden von ihm beherrschten Ungeheuer Leviathan und Behemoth vorführt. Die für Menschen schier

---

1 Deutlich wird diese Zäsur unter anderem schon an der Trennung beider Themen im Titel von Johann Beckmann: Anleitung zur Technologie, oder zur Kentniß der Handwerke, Fabriken und Manufacturen, vornehmlich derer, die mit der Landwirtschaft, Polizey und Cameralwissenschaft in nächster Verbindung stehn. Nebst Beiträgen zur Kunstgeschichte. Göttingen 1780 (2.Aufl.).

unüberwindliche Macht des Leviathans konkretisiert Gott an dieser Stelle auch in politischen Termini. Der erste betrifft die Instanzen der Gnade und der Verträge (Hiob 40, 27–28): »Meinst du, er wird dich lange um Gnade bitten oder dir süße Worte geben? Meinst du, er wird einen Bund mit dir schließen, dass du ihn immer zum Knecht bekommst?« Auf diese höhnische Zurückweisung der Möglichkeiten, den Menschen als gnade- und rechtfähigen Partner zu bestimmen, folgt der Hinweis auf das Spiel (29): »Kannst du mit ihm spielen wie mit einem Vogel oder ihn für deine Mädchen anbinden?«

Mit dem Spiel ist jene Kategorie absoluter Macht angesprochen, die Gott allein zukommt, da mit dem *ludus* das später von Hegel so eindrucksvoll definierte wechselseitige Abhängigkeitsverhältnis von Herr und Knecht nicht mehr greift.[2] Im Spiel gibt es keine Zweckbestimmung, gegenüber der sich auch der Herr rechtfertigen muss. Insofern das Spiel einen Zweck allein in sich hat, keinesfalls aber ein Ziel gebietet, dem auch der Herr gehorchen muss, ist es die Ausdrucksform höchster Autorität, wie sie auch die Schöpfung selbst auszeichnet. Aus diesem Grund ist die Schöpfung das Werk eines demiurgischen Spielers.

In den Sprüchen Salomos 8, 30–33 hat die Verkörperung der göttlichen Weisheit daher den Schöpfergott als Spielpartner gepriesen: Als Gott Himmel und Erde schuf, »da war ich der Liebling an seiner Seite / war Tag für Tag das Ergötzen, / indem ich die ganze Zeit vor ihm spielte. Da spielte ich auf dem weiten Rund seiner Erde / und hatte mein Ergötzen mit den Menschenkindern.«. Indem Gott suggeriert, auch gemeinsam mit dem Leviathan spielen zu können, unterstreicht er seine zweckfreie und damit absolute Herrschaft über den Globus. Was die göttliche Weisheit für die Schöpfung darstellt, bedeutet der Leviathan für die göttliche Macht über die geschaffene Welt. Nur im Spiel ist Gott vollgültig bei sich selbst; allein diese Tätigkeit ist ihm in ihrer zweckfreien und damit nicht von außen bestimmten Wohlgefälligkeit gemäß.

Diesen Status hat das Spiel in allen Bestimmungen bewahrt, in denen sich der Mensch die Aufgabe stellte, Gott zumindest ansatzweise nahe zu kommen. Das Spiel ist die höchste Tätigkeit, unverwechselbar in ihrer autonomen Selbstsetzung und Selbstgenügsamkeit, unabgelenkt

---

2 Georg Friedrich Wilhelm Hegel (1807): Phänomenologie des Geistes, Theorie-Werkausgabe, Bd. 3. Hg.: Eva Moldenhauer, Karl Markus Michel. Frankfurt am Main 1970. S. 145–155. Vgl. hierzu ausführlicher: Horst Bredekamp: Der Behemoth – Metamorphosen des Anti-Leviathan. Berlin 2016. S. 11.

durch äußere Zwecke. Hierin hat diese Kategorie prägend auf wesentliche Formen der Kulturbildung gewirkt, so etwa die frühneuzeitlichen Kunstkammern, die als »Spielräume« von Exponaten der gesamten Welt konzipiert waren.[3] Dies galt nicht minder für weite Bereiche des selbstbestimmten Verhaltens, die, wie es Friedrich Schiller in seiner Spieltheorie ausgeführt hat,[4] im Spiel ihr Medium und ihre Zielbestimmung fanden. Johan Huizinga und Hugo Rahner haben diesem umfassenden Begriff des Spiels Denkmäler der theologischen, begrifflichen und historischen Durchdringung gesetzt.[5]

Einen weniger beachteten Sonderfall stellen Gottfried Wilhelm Leibniz' Überlegungen zur Praxis der Bildung dar. So hat er im Jahre 1701 in einem Brief an seinen Freund Ehrenfried Walter von Tschirnhaus betont, dass im Unterricht weniger auf praxisferne Texte als vielmehr auf das Zeichnen und die mit den Fingern zu machende haptische Erfahrung gesetzt werden solle: »Sollte man die Sachen in Schulen lehren, würde Schola recht Ludus werden.«[6]

Die Schule sollte zum Spiel werden: Diese Bemerkung bezieht sich auf die *Schola ludus* (Schule als Spiel) des Jan Amos Comenius, der mit seinem *Orbis sensualium pictus* im Jahre 1658 eine Bildenzyklopädie publiziert hatte, die bis in das frühe zwanzigste Jahrhundert hinein darin unübertreffbar war, fremde Sprachen auf spielerisch-bildhafte Weise zu vermitteln. Comenius suchte im Verein mit Texten und Zahlen einen komplexen visuellen Überblick über die gesamte Welt zu geben.[7] Durch den jeweils titelgebenden, über die Bilder gesetzten Begriff der *Nomenklatur* ist dieses Werk sprachlich bestimmt, um durch sein Zusammenwirken von Schrift,

3 Horst Bredekamp: Antikensehnsucht und Maschinenglauben – Die Geschichte der Kunstkammer und die Zukunft der Kunstgeschichte. Berlin 1993. S. 68–76.

4 Friedrich Schiller: Über die ästhetische Erziehung des Menschen. In: ders.: Werke in Einzelausgaben – Gedichte Prosa. (Hg.: Benno von Wiese), Frankfurt am Main 1961. Briefe 14 f. S. 524–532.

5 Vgl. Johan Huizinga, Homo Ludens (1938): Vom Ursprung der Kultur im Spiel Reinbek b. Hamburg 1987.; sowie Hugo Rahner: Der spielende Mensch. Einsiedeln 1952.

6 Gottfried Wilhelm Leibniz: Der Briefwechsel von Gottfried Wilhelm Leibniz mit Mathematikern (Hg.: Carl Immanuel Gerhardt). Berlin 1899. S. 515.

7 Johann Amos Comenius: Orbis sensualium pictus – Hoc est, Omnium fundamentalium in Mundo Rerum & in Vitâ Actionum Pictura & Nomenclatura. – Die Sichtbare Welt / Das ist / Aller vornemsten Welt-Dinge und Lebens-Verrichtungen Vorbildung und Benahmung. Nürnberg 1658.; vgl. ders., Schola ludus, d.i. Die Schule als Spiel (Hg.: Friedrich Mann, Übers.: Wilhelm Bötticher), Langensalza 1888.

Bild und Zahl eine enzyklopädische Kombinatorik anzuregen, die Leibniz' Überlegungen beeinflusst haben dürfte.[8]

Leibniz' Ideen zu einem generellen Bildatlas, einem *Atlas Universalis*, steht als Fortentwicklung des *Orbis pictus* auch in der Tradition der Visionen des *Sonnenstaates* Tommaso Campanellas[9] und der *Christianopolis* des deutschen Rosenkreuzers Johann Valentin Andreaes, die bereits im Vorwort als *ludicrum* bezeichnet ist.[10] Sie gab das Stichwort für Leibniz' Hinweis auf den Wert spielerisch zu erfassender Bilder. Im *Schauhaus der Natur* dieser kunsttechnologischen Utopie sind Bilder der Gegenstände und Spezies aller drei Naturreiche an die Wände gemalt, damit »sogar Knaben gewissermaßen spielend« lernen.[11]

Die Laboratorien sind einem spielerischen Forschungstrieb gemäß ausgestattet: »Hier werden zu Nutzen und Gesundheit des Menschengeschlechts die Eigenschaften von Metallen, Mineralien, Pflanzen und Tieren untersucht, gereinigt, vermehrt und vereinigt. Hier wird der Himmel mit der Erde vermählt und werden die göttlichen, der Erde aufgeprägten Geheimnisse wiedergefunden; hier lernt man das Feuer beherrschen, die Luft nutzen, das Wasser schätzen und die Erde untersuchen.«[12] Im Einklang mit der Ikonographie des den Menschen nachahmenden Affen als Verkörperung des der Natur folgenden, technisch begabten Menschen betont Andreae: »Hier hat der Affe der Natur etwas, womit er spielen kann, da er ihre Prinzipien nachahmt und mit Hilfe ihrer Merkmale eine neue, kleine und höchst künstliche bildet.«[13] Der Affe der Natur, das ist die Kunst: nicht als sekundäre Kategorie, sondern als Zeuge und Nachahmer des Spiels als der höchsten Kategorie menschlichen Tuns.

Die Welt des Digitalen ist von Beginn an auch als eine Form einer allgemeinen Spielfläche gedeutet worden,[14] und es könnte scheinen, dass das Spiel auf diese Weise in seine alte, herausragende Bestimmung zurückgekehrt

---

8 Vgl. hierzu und zum Folgenden, teils auch wörtlich: Horst Bredekamp: Die Fenster der Monade – Gottfried Wilhelm Leibniz' Theater der Natur und Kunst. Berlin 2004. S. 165–169.

9 Tommaso Campanella: La Città del Sole. In: Scritti Scelti di Giordano Bruno e di Tommaso Campanella (Hg.: Luigi Firpo). Turin 1968. S. 405–464. Hier: S. 412–414; vgl. Klaus J. Heinisch: Der utopische Staat. Reinbek b. Hamburg 1960. S. 121 f.

10 Johann Valentin Andreae: Christianopolis (Hg. u. Übers.: Wolfgang Biesterfeld). Stuttgart 1975. S. 32, 34.

11 Ebd. §47, S. 73.

12 Ebd, §44, S. 69.

13 Ebd.

14 Künstliche Spiele (Hg.: Florian Rötzer, Georg Hartwagner, Stefan Iglhaut). München 1993.

ist. Dieser Prozess findet allerdings unter einem ökonomischen Druck statt, der im Spiel auch die Gewalt phantasievoll bedient. Das Spiel war immer auch Kampfspiel und Substitution von Krieg und Gewalt, vom Brettspiel des Schachs bis zum Sport des Calcio.[15] In weit stärkerem Maße aber wird heute dem Zerstörungstrieb die höhere Weihe des Zweckfreien vermittelt.[16] Gegenüber diesem Vorgang ist die vorindustrielle Bestimmung des Spiels, wie sie nur in wenigen Stichworten angedeutet werden konnte, zurückzugewinnen. Dies sei das Motto für unser Symposium.

15 Horst Bredekamp: Florentiner Fußball. Die Renaissance der Spiele. Berlin 2001.

16 Verena Metze-Mangold: Auf Leben und Tod. Die Macht der Gewalt in den Medien. Berlin 1997.

Thomas Lilge

Balancing[1]

Über die Möglichkeitsbedingungen interdisziplinärer Zusammenarbeit und die Freiheit der Forschung

Einleitung

Vor kurzem wurde im gamelab.berlin ein Brettspieldesign mit Testspieler_innen getestet. Bei diesem Vorgang geht es darum, die Kombination der Spielmechaniken auf ihre Wirksamkeit zu überprüfen, um zu erfahren, ob das Spiel den Spieler_innen Spaß macht. Im Gamedesign wird für diesen Vorgang der Begriff Balancing verwendet, der darauf abzielt, die Spieler_innen möglichst intensiv in das Spielsystem eintauchen zu lassen, ein Zustand, der gemeinhin als Immersion[2] bezeichnet wird. Dies gelingt

---

1 Balancing bedeutet im Gamedesign, die Spielmechaniken und die daraus resultierenden Herausforderungen so zu komponieren, dass das Spielerlebnis größtmögliches Vergnügen bietet. Balancing kann in verschiedene Unterbegriffe wie beispielsweise Pacing, Challenges, Game's Difficulty und andere differenziert werden. Der Einfachheit halber werde ich nur den Oberbegriff Balancing verwenden.

2 Die folgende Erläuterung des Begriffs Immersion durch Janet H. Murray ist im Bereich des Gamedesigns allgemein anerkannt: »The experience of being transported to an elaborately simulated place is pleasurable in itself, regardless of the fantasy content. Immersion is a metaphorical term derived from the physical experience of being submerged in water. We seek the same feeling from a psychologically immersive experience that we do from a plunge in the ocean or swimming pool: the sensation of being surrounded by a completely other reality, as different as water is from air, that takes over all of our attention, our whole perceptual apparatus.« (Janet H. Murray: Hamlet on the Holodeck: The Future Of Narrative In Cyberspace. New York 1997. S. 98 f.)

vor allem dann, wenn die Herausforderungen des Spielsystems mit den Fähigkeiten der Spieler_innen korrespondieren. Der Begriff Balancing wird als eine Art Leitbegriff in der folgenden Argumentation Verwendung finden. Im Fall des erwähnten Testspiels war das Balancing bereits recht gelungen: Das vergleichsweise simple Regel- und Belohnungssystem des Testspiels zog die Spieler_innen binnen kurzer Zeit in seinen Bann. Dieses bereitwillige und mit verstreichender Spielzeit immer tiefere Eintauchen der Spieler_innen in eine artifizielle Welt, die in diesem Fall aus mit Symbolen bedruckten Pappkarten und Spielplänen bestand, bleibt auch für erfahrene Beobachter_innen beeindruckend. Diese Erfahrung verweist einmal mehr sowohl auf die immensen Möglichkeiten, die die Kulturtechnik des Spiels zu entfalten in der Lage ist, als auch auf die Notwendigkeit diese Möglichkeiten kritisch zu hinterfragen. Wie entfalten die eben noch theoretischen Anweisungen und ausgedachten Hindernisse ihre Zauberkraft? Die bei dem Testspiel beobachteten Phänomene lassen sich bis zu einem gewissen Grad mit der Terminologie des Gamedesigns formalisieren und analytisch betrachten.

In einem zweiten Schritt wird darauf aufbauend der Versuch unternommen, diese Perspektive auf den Untersuchungsgegenstand wissenschaftlicher Forschung anzuwenden. Der Exzellenzcluster *Bild Wissen Gestaltung*, synonym auch als *Interdisziplinäres Labor* bezeichnet, hat sich seit seinem Arbeitsbeginn Ende 2012 (auch) die selbstreflexive Forschung über seine eigene Struktur, Methodik und Prozesse zum Schwerpunkt gesetzt. In der Phase seines größten Wachstums haben ca. 140 Mitarbeiter aus über 40 Disziplinen in verschiedenen Projekten gemeinsam geforscht. Viele Projekte waren erfolgreich, einige hatten mit großen Schwierigkeiten zu kämpfen. Die mit dem Leitbegriff Balancing eng verbundenen Begriffe Flow und Immersion können dazu beitragen, die Herausforderungen und Chancen interdisziplinärer Zusammenarbeit besser zu beschreiben. Disziplinäre Forschung und Games[3] verfügen, so die These, über erhebliche strukturelle Ähnlichkeiten.

3 Leider verfügt die deutsche Sprache nicht über die im Englischen übliche Unterscheidung zwischen game und play. Wenn an dieser Stelle Game verwendet wird, so deshalb, um darauf hinzuweisen, dass hier ein geschlossenes Regelsystem gemeint ist und nicht ein »freies Spielen«.

Unter der Kapitelüberschrift Balancing 2 wird auf Immanuel Kant als Spielexperte referenziert. In seiner »Kritik der Urteilskraft«[4] verweist er auf die Bedeutung eines gelungenen Balancings im Bereich der Erkenntnistheorie. Seine Kategorien des Angenehmen, des Guten und des damit verbundenen erkenntnisleitenden Interesses können einen Beitrag leisten, die Schwierigkeiten besser nachzuvollziehen, mit denen sich ein zunehmend in Einzeldisziplinen ausdifferenziertes Wissenschaftssystem konfrontiert sieht. Mit seiner Konzeption des Geschmacksurteils verweist Kant zudem mit der Formulierung des »freien Spiels der Erkenntniskräfte« auf die bereits im Erkenntnisprozess selbst vorhandene, tiefe Verwandtschaft von Spiel und wissenserzeugenden Prozessen.

Im letzten Abschnitt (Balancing 3) wird die Frage zu beantworten versucht, wie die theoretisch hergeleitete Verwandtschaft zwischen Spiel und wissenserzeugenden Prozessen fruchtbar gemacht werden kann für die Praxis der Wissenschaft. Ein aus der Arbeit der interdisziplinären Forschungsgruppe gamelab.berlin abgeleitetes Prozessmodell wird als Anschauungsmaterial herangezogen, anhand dessen die Herausforderungen und Möglichkeiten des Systems Wissenschaft abschließend mit Bezug auf den hier entwickelten Spielbegriff diskutiert werden.

Balancing 1

Der Eintritt in ein Spielsystem kann in verschiedene Phasen unterteilt werden. Eine verbreitete Einteilung in die vier Phasen Discovery, Onboarding, Scaffolding und Endgame stammt von Yu-Kai Chou[5], die im Folgenden auf das eingangs erwähnte Testspielszenario angewandt werden soll. Die Phase Endgame kann hier allerdings unberücksichtigt bleiben, da diese letzte Phase – charakterisiert durch den Eindruck des/der Spielenden, alle Win-States des Spiels erreicht zu haben – in dem zu testenden Spiel innerhalb des Testzeitraumes nicht erreicht wurde. Ergänzt wird diese Struktur in diesem speziellen Fall von einem anderen Phasenabschnitt, da nach

4 Immanuel Kant (1790): Kritik der Urteilskraft. Leipzig 1922. Herausgegeben von Karl Vorländer.

5 Yu-Kai Chou: Actionable Gamification. Freemont 2016.

einem Testspiel üblicherweise ein Gespräch mit den Tester_innen geführt wird, um Stärken und Schwächen des Gamedesigns zu identifizieren. Jede Information zu dem Spielerlebnis aus Spieler_innenperspektive kann dazu beitragen, das Balancing zu optimieren. Aber optimieren auf welche Zielstellung hin? Jedes Gamedesign und jede_r Gamedesigner_in ist bestrebt, den Spieler_innen ein optimales Erlebnis zu bieten. Im Bereich des Gamedesigns hat sich der Begriff Flow des Psychologen Mihály Csíkszentmihályi als übergeordnete Schablone etabliert, um das Ideal eines Spielerlebnisses bündig anhand der Kategorien Fähigkeiten und Herausforderungen zu definieren. Trägt man auf der x-Achse eines Koordinatensystems die Fähigkeiten des/der Spielenden und auf der y-Achse die Herausforderungen des Spielsystems ein, so ergibt sich im ersten Quadranten um die erste Quadrantenhalbierende der sogenannte Flowchannel. Alle Maßnahmen des Gamedesigns zielen darauf ab, die Spieler_innen innerhalb dieses Bereiches zu positionieren.

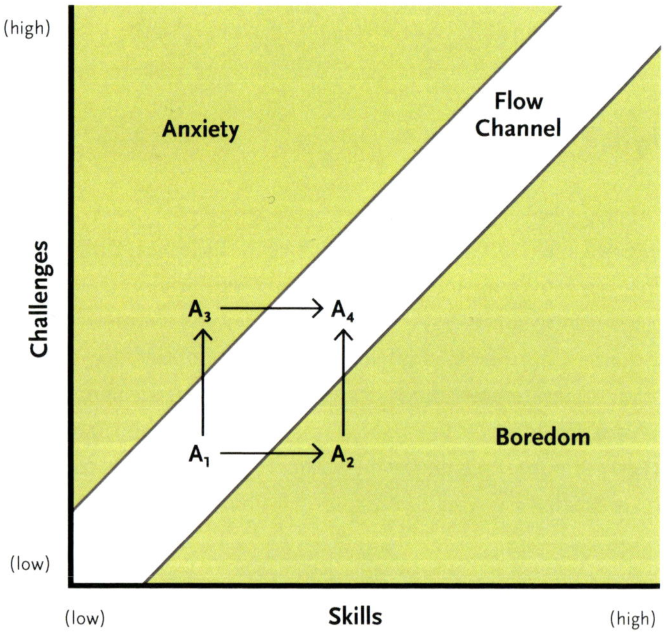

From »Flow: The Psychology of Optimal Experience« by Mihaly Csíkszentmihályi (page 74)

Der Zustand des Flows wird von Csíkszentmihályi folgendermaßen definiert:

> When goals are clear, feedback relevant, and challenges and skills are in balance, attention becomes ordered and fully invested. Because of the total demand on psychic energy, a person in flow is completely focused. There is no space in consciousness for distracting thoughts, irrelevant feelings. Self-consciousness disappears, yet one feels stronger than usual. The sense of time is distorted; hours seem to pass by in minutes.[6]

Die Discovery Phase beginnt mit dem Moment der ersten Aufmerksamkeit – im Falle des Spieltestens also mit dem persönlichen Hinweis auf diese Veranstaltung oder dem Lesen eines entsprechenden Beitrags. Hier entsteht das initiale Interesse und nur wenn die Folgeinformationen in der Lage sind, dieses Interesse zu halten und/oder zu steigern, kann es überhaupt zu den darauffolgenden Phasen kommen. Welches Format hat das zu testende Spiel? Welche Fragestellungen verfolgt das Testing? Welches Thema wird in dem Spiel behandelt? Die Spezifika der Veranstaltung müssen mit dem Interessenprofil der potentiellen Testperson über ausreichende Schnittmengen verfügen. Weiterhin müssen auch Parameter wie die persönlich zur Verfügung stehende Zeit und die zum Testen notwendige Zeit, der Ort, der Anfahrtsweg, die beteiligten Institutionen und Menschen und viele weitere Faktoren passen, bis die Testperson in die Phase des Onboarding eintritt. Das Onboarding bezeichnet den Prozess, in dem sich die Testperson mit dem zu testenden System bekannt macht, in diesem Fall also die Tür zum Büro betritt, sich mit dem Testleiter, in diesem Fall dem Verfasser, bekannt macht und beide schließlich vor dem Brettspiel Platz nehmen. Das Vertrautmachen mit dem Regelwerk, den Handlungsoptionen, den Game-Mechaniken, den Währungen, den Win-States, dem Epic Goal und das Rezipieren der Narration – all das findet in der Onboarding Phase statt, die aus diesem Grund als eine besonders kritische Phase gilt. Das Erklären von Spielregeln ist ein Vortragsformat, das schneller als viele andere dazu neigt, fade und eintönig zu werden. Das Gleiche gilt für zehnminütige Erklärvideos. Auch

---

6 Mihály Csíkszentmihályi: Finding Flow. New York 1997. S. 31.

Testspielende sind Spieler_innen und wollen spielen. Die nicht selten auch kognitive Überforderung der frontalen Erklärung löst sich aber auf, sobald das Spiel beginnt und die zuvor theoretischen Erläuterungen erlebt werden. Die Eigenaktivität der Spielenden wird durch einen möglichst unmittelbaren Feedbackloop, der die Konsequenzen von Spielhandlungen direkt rückkoppelt, spürbar gemacht. Frühe Belohnungen heißen den/die Spieler_in willkommen in der neuen Welt, die zwar im Vergleich zur Realität stark limitiert, aber auf lustvolles Erleben hin komponiert ist und daraus ihre Anziehungskraft generiert. Sobald die wesentlichen Kenntnisse durch den/die Spieltester_in erworben worden sind, beginnt die Phase des Scaffolding.[7] Während dieser Phase, in der der/die Spieler_in die meiste Zeit verbringen wird, besteht das wesentliche Gameplay häufig in der Ausführung einer einzigen Tätigkeit: Stapeln der Puzzleteilchen auf eine Weise, dass sie möglichst gut zusammenpassen (Tetris), abschießen der Gegner, ohne selbst getroffen zu werden (First Person Shooter) oder, wie es eines der beliebtesten Videospielgenres bereits im Namen trägt: Jump'n Run. Vorausgesetzt es handelt sich um ein »gutes Spiel«, so kann der/die Beobachter_in spätestens ab diesem Zeitpunkt zuschauen, wie die Spielenden mit jeder einzelnen Spielhandlung tiefer in das System immersiviert werden. Jede Entscheidung und jede darauffolgende Aktion resultiert in einer Aufwertung der versammelten Einzelelemente, die in ihrer Kombination das Spiel ausmachen. Die Motivation zur wiederholten Ausführung der immergleichen Tätigkeit wird über die Anzeige der Win-States und die Transparenz der zu ihrer Erreichung notwendigen Vorgänge erzielt. Der Eindruck der »Gewinnbarkeit«, während zugleich

---

7 Der Begriff »Scaffolding« wurde im Bereich Gamedesign/Gamification besonders von Kevin Werbach popularisiert. (Vgl. Kevin Werbach, Dan Hunter: For the Win: How Game Thinking Can Revolutionize Your Business. Boston 2012.) Der Begriff stammt ursprünglich aus der kognitiven Lernpsychologie und wurde erstmals 1976 in dem Aufsatz »The Role Of Tutoring In Problem Solving« verwendet (David Wood, Jerome S. Bruner, Gail Ross: The Role Of Tutoring In Problem Solving. Journal of Child Psychology and Psychiatry 1976. Pergamon Press. S. 90.). Wenn man an der betreffenden Stelle Tutor und Adult durch Gamedesigner_in ersetzt und Child und Learner durch Player_in, ergibt sich eine große Übereinstimmung zur Begriffsbestimmung im Gamedesign: »But the intervention of a tutor may involve much more than this. More often than not, it involves a kind of »scaffolding« process that enables a child or novice to solve a problem, carry out a task or achieve a goal which would be beyond his unassisted efforts. This scaffolding consists essentially of the adult »controlling« those elements of the task that are initially beyond the learner's capacity, thus permitting him to concentrate upon and complete only those elements that are within his range of competence. The task thus proceeds to a successful conclusion.« (Ebd.)

Hindernisse und Rätsel das Gewinnen auf einen dem/der Spieler_in unbekannten Zeitpunkt verzögern, wurde früh als eine Art Essenz des Gamedesigns formuliert.[8]

Solange das Spiel in seinen wesentlichen Zusammenhängen konsistent ist, also die Spiellogiken und Narrationen sich nicht signifikant widersprechen, zeigt sich der/die Spieler_in mit überraschender Selbstverständlichkeit bereit, sowohl die Autorität der Spielleitung, als auch die vermittelten Regeln zu akzeptieren. Man könnte fast von einer Lust der Unterwerfung sprechen, wenn man sieht, wie die anfängliche Neugierde aus der Phase des Onboardings durch fortgesetzten Spielvollzug in eine völlig selbstverständliche und als positiv empfundene Disziplinierung der Spielenden mündet. Dies betrifft auch die Terminologie des Spiels, die, einmal gelernt, durch die Anwendung im Spielprozess schnell als selbstverständlich empfunden zu werden scheint. Ähnliches gilt für die Währungen und ihre materiellen Repräsentanten. In diesem Fall wurden im Testspiel zwei Währungen verwendet. Eine monetäre Währung mit dem Namen Bitcoin, die innerhalb der Spielökonomie eingesetzt werden konnte, um die Fähigkeiten von einzelnen Spielfiguren und ihren Fahrzeugen zu verbessern; diese wurde ergänzt von einer zweiten Währung, die die übergreifende Reputation der Spielenden innerhalb des Spiels repräsentierte und beispielsweise für aufwertende Maßnahmen der Infrastruktur des Spielplans investiert werden konnte. Beide Währungen wurden aus goldener bzw. silberner Pappe per Hand gestanzt und als kleine Token bei entsprechend erfolgreich ausgeführten Spielzügen überreicht. Bereits nach wenigen Minuten der Scaffolding Phase hatten sich diese bunten Pappteilchen aus der Spieler_innenperspektive intensiv mit Wert aufgeladen, sodass bei einer üppigen Auszahlung die Augen leuchteten, ein glückliches Strahlen über das Gesicht huschte und die Pappteilchen mit großer Sorgfalt unmittelbar im Sichtfeld und in Griffnähe angeordnet worden sind. Auch das sorgfältige Abwägen von Investitionen, bei denen einige Spieler_innen über Minuten mit sich rangen, um schließlich zerknirscht die Pappteile an die Bank zurückzuzahlen, um die erwünschte Ausstattung zu erhalten, zeigt eindrücklich die verhaltensprägende Kraft eines Spielsystems und

8 »An important trait of any game is the illusion of winnability. If a game is to provide a continuing challenge to players, it must also provide a continuing motivation to play. The game must appear to be winnable to all players, beginners and experts, but it must never truly be winnable or it will lose its appeal.« (Chris Crawford: Design, Techniques and Ideas for Computer Games. Byte Magazin. Vol. 7. Nr. 12, 1982. S. 96 ff.)

verweist zugleich auf die Macht des Gamedesigners / der Gamedesignerin. Denn jeder dieser Effekte ist intendiert und im Voraus kalkuliert worden. Spiele disziplinieren auf vergnügliche Weise zu einem von der Realität abweichenden Verhalten und generieren eine systeminterne Logik, der außerhalb des Spiels wenn überhaupt nur geringe Bedeutung zukommt. Oberhalb der einzelnen Elemente scheint das Spiel vor allem aus der Ordnung der Aufmerksamkeit der Spielenden und ihrer auf einen Win-State zielgerichteten Investition dieser Aufmerksamkeit seinen Spielspaß zu generieren, wie es Csíkszentmihályi für das Gefühl des Flow charakterisierte (»attention becomes ordered and fully invested«).

Die in diesem besonderen Fall des Testpiels letzte Phase wurde eingeleitet durch einen Abbruch der Spieltätigkeit durch den Spielleiter. Die Spielenden reagierten in der Regel überrascht, dass die Spielzeit schon verstrichen sei. Einige baten mit Nachdruck um eine Verlängerung der Spielzeit, um den aktuellen Spielzug noch vollenden zu dürfen und so das teilweise bereits sichtbare Etappenziel erreichen zu können. Bei fast allen war die durch das Abbrechen des Spiels eingeleitete emotionale Reaktion einem Aufwachen nicht unähnlich. Einige der Spielenden erschienen verärgert und blickten mit Bedauern auf die bis zu diesem Zeitpunkt angehäuften Papptoken, die ihr zur Verfügung stehendes Spielkapital repräsentierten. Mit Bezug auf Csíkszentmihályi kann man schlussfolgern, dass die genannten Reaktionen auf einem plötzlichen Entzug des Ordnungssystems basieren. Die Aufmerksamkeit, die sich eben noch nach Spiellogik organisiert hatte und durch Spielmechaniken und Feedbackloops dafür belohnt worden war, wird zur Neuorientierung gezwungen. Das Spielsystem verblasst und die Komplexität der Realität kehrt zurück. Man könnte diese Phase also durchaus mit einem Identitätswechsel vergleichen, in der die Rolle des/der Spielenden im Spiel abgeworfen und die Rolle des-/derjenigen (wieder-)angenommen wird, der/die sich zum Mitspielen entschlossen hatte.

Die unmittelbar im Anschluss an das Testspiel stattfindenden Kurzinterviews verlangten von den Teilnehmer_innen noch dazu eine über diese Neuorientierung hinausgehende Fokussierung ihrer Aufmerksamkeit auf die Metaebene der reflexiven Betrachtung des Spielgeschehens. Der Wechsel von einer aktionsbetonten Immersion in ein artifizielles Regelsystem hin zu einer reflexiven Beurteilung des Systems aus der Beobachtungs- und Gutachtenperspektive ist für viele Testspieler_innen herausfordernd. Während der spielintern ausgelöste Impuls zum nächsten Spielzug noch verblasst, wird man bereits dazu befragt, wie bestimmte Prozesse und Phasen des Spiels empfunden wurden.

Viele der für das Testspiel genannten Elemente, wie ein Regelwerk, damit verbundene Handlungsoptionen, ein oder mehrere Feedbackloops, Währungen, Win-States oder auch ein Epic Goal lassen sich auch in dem System Wissenschaft identifizieren. Um den Vergleich zwischen dem Spiel, wie es hier vor allem als Unterhaltungsspiel beschrieben worden ist und wissenschaftlichen Disziplinen zu begründen, möchte ich zum einen die kulturhistorische Forschung, als auch Erkenntnisse aus der Wissenschaftstheorie anführen. Johan Huizinga kommt in seiner bekannten Studie über den Homo Ludens zu der Schlussfolgerung, dass »in [...] kultischem Wettkampf das philosophische Denken geboren (wird), nicht aus eitlem Spiel, sondern in *heiligem* Spiel. Weisheit wird hier als ein heiliges Kunststück geübt. Philosophie sprießt hier in Spielform auf.«[9] Der im Anschluss an diese Aussage ausgeführte Absatz zur Rolle des Rätselwettstreits und der damit zusammenhängenden Generierung von Wissen findet seine drastische Zuspitzung in der Form des Halsrätsels: »Das Leben ist der Einsatz, das Leben steht auf dem Spiel. Diesem Zuge entspricht, daß es als höchste Weisheit gilt, eine Frage zu stellen, die niemand beantworten kann.«[10] Knapp dreitausend Jahre nach der Entstehung der ersten mündlichen Sanskrit-Überlieferungen, aus denen sich später das Forschungsmaterial Huizingas zusammensetzen sollte, steht das Rätsel noch immer im Mittelpunkt von wissensgenerierenden Prozessen. Thomas S. Kuhn bezeichnet Wissenschaftler als *Rätsellöser*[11]. Allerdings hat sich hier die Bedeutung des Rätsels von einer kultischen Fragestellung hin zu einer prinzipiell lösbaren Tüftelaufgabe innerhalb einer disziplinären Wissenschaftskultur (Normalwissenschaft) gewandelt. Zu betonen ist hier das Wissen des Wissenschaftlers / der Wissenschaftlerin, dass das vorliegende Rätsel mit dem Instrumentarium der eigenen Disziplin prinzipiell lösbar ist, und die erfolgreiche Lösung im Fachgebiet erkannt und anerkannt werden wird. Das Rätsellösen und die damit verbundenen Tätigkeiten der Wissenschaftler_innen sind mit dem Core-Gameplay eines/einer Spielenden vergleichbar. Auch hier wird eine

9 Johan Huizinga: Homo Ludens. Vom Ursprung der Kultur im Spiel. Hamburg 1956. S. 108.

10 Ebd. S. 109.

11 Thomas S. Kuhn: Die Struktur wissenschaftlicher Revolutionen. Frankfurt a. M. 1969. S. 50.

repetitive Tätigkeit solange ausgeführt und variiert, bis die Herausforderung schließlich gemeistert worden ist. Der Rahmen, innerhalb dessen diese Tätigkeit ausgeführt wird, steht weder bei dem/der Wissenschaftler_in noch bei dem/der Spielenden zur Diskussion. Erstere_r verharrt im eigenen *Denkstil* innerhalb des *Denkkollektivs*[12], wie auch letztere_r im Spielstil (den durch das Regelsystem angeleiteten Tätigkeiten) innerhalb des Spielkollektivs (den anderen Spieler_innen des gleichen Spiels oder Spielgenres) verbleibt. Beide repetieren eine Tätigkeit in Variationen, bis das aktuelle Hindernis überwunden worden ist. Die auf ein lösbares Rätsel hin fokussierte Aufmerksamkeit des/der Forschenden wird von Kuhn prägnant herausgearbeitet in seiner Abgrenzung zu Karl Popper, der dieselben als Problemlösende bezeichnet. Laut Popper beginnt Wissenschaft, wenn Theorien zu Widersprüchen führen oder Erwartungen enttäuscht werden, wenn also der Bezugsrahmen hinterfragt werden muss. Für Kuhn dagegen, der Kreuzworträtsel und Schachprobleme zur Verdeutlichung heranzieht, verbleiben Wissenschaftler_innen innerhalb des von ihrer Disziplin gesetzten theoretischen Rahmens: »*Er* (»der Wissenschaftler« der Verf.) ist in Schwierigkeiten, nicht die vorhandene Theorie. Diese meine Auffassung ist fast das Gegenteil derjenigen Sir Karls.«[13] Die hier für den Charakter der Kerntätigkeit der Forschenden und das Core-Gameplay der Spielenden herausgearbeitete Verwandtschaft ließe sich auch in vielen anderen genannten Aspekten nachweisen. Eine fachkollektiv akzeptierte Zielstellung motiviert die Teilnehmer_innen, sich mit spezifischen Rätseln (Wissenschaft) bzw. Herausforderungen (Spiel) auseinanderzusetzen, diese Rätsel und Herausforderungen mit spezifischen Methoden zu bearbeiten und sich in bestimmten Terminologien und an speziellen Orten darüber auszutauschen. Games sind Regelsysteme, deren Regeln einschränken, auf welche Weise klar definierte, prinzipiell überwindbare Hindernisse von dem/der Spielenden bewältigt werden dürfen. Kuhn beschreibt seine Auffassung von Rätseln folgendermaßen:

> »Um als Rätsel klassifiziert zu werden, muß ein Problem durch mehr charakterisiert sein als eine sichere Lösung. Es müssen auch Regeln vorhanden sein, die sowohl die

---

12 Vgl. Ludwig Fleck: Entstehung und Entwicklung einer wissenschaftlichen Tatsache. Einführung in die Lehre vom Denkstil und Denkkollektiv. Frankfurt am Main 1980.

13 Thomas S. Kuhn: Die Entstehung des Neuen. Frankfurt a. M. 1977. S. 385 Fußnote 7.

> Art der annehmbaren Lösungen wie auch die Schritte, durch die sie erzielt werden sollen, einschränken.«[14]

Wenn man in der folgenden Definition einer wissenschaftlichen Disziplin, statt der Begriffe *Disziplin*, *Wissenschaft*, *wissenschaftlich* oder *Denken* die Wörter *Spiel* oder *spielerisch* einsetzen würde, so wird die Ähnlichkeit zwischen disziplinärer Wissenschaft und Spiel recht deutlich:

> »Eine Disziplin ist ein historisch gewachsenes System wissenschaftlicher Tätigkeiten, [...] zu denen sich im Laufe der Geschichte ein spezifisches Wissenschaftsziel entwickelt hat. Die Disziplin wird durch einen eigenen Untersuchungsgegenstand [...] charakterisiert, zu dem sich entsprechende Problemstellungen und Begriffe herausgebildet haben, die ihrerseits die Grundlage für die Struktur der gewonnenen Erkenntnisse [...], für die Entwicklung einer spezifischen Kombination von Methoden [...], für einen bestimmten Kommunikationsraum und für gewisse bevorzugte Denkstile dieses Bereiches sind.«[15]

Die sich hieraus ergebenen Effekte für die einzelne Forschungspersönlichkeit sind deutlich zu registrieren, worauf wiederum Thomas Kuhn hinweist. Er berichtet aus seinen Promotionsseminaren, an denen sowohl Wissenschaftshistoriker_innen als auch -theoretiker_innen teilnahmen. Obwohl außer Frage stehen dürfte, dass es Disziplinen gibt, die in weit entfernteren Feldern der Wissenschaft tätig sind als diese beiden, war doch die Differenz in Bezug auf Methode und Resultat zwischen beiden Gruppierungen nach der Lektüre der gleichen Werke so erheblich, dass Kuhn die Analogie zu Computern zieht, die auf unterschiedliche Weise programmiert worden sind.[16]

---

14 Thomas S. Kuhn: Die Struktur wissenschaftlicher Revolutionen. Frankfurt a. M. 1973. S. 52.

15 Martin Guntau: Zur Herausbildung wissenschaftlicher Disziplinen in der Geschichte (Thesen). Rostocker Wissenschaftshistorische Manuskripte 1, 1978. 13 f.

16 »Beide Gruppen waren gewissenhaft und arbeiteten die Texte sorgfältig durch, doch oft konnte man kaum glauben, daß ihnen die gleichen Texte vorgelegen hatten. Zweifellos hatten sie die gleichen Zeichen gesehen, aber sie waren so ausgebildet (programmiert, wenn Sie wollen), daß sie sie verschieden verarbeiteten.« Vgl. Thomas S. Kuhn: Die Entstehung des Neuen. S. 52 f.

Wenn man eine typische Wissenschaftslaufbahn zur Berechnung zugrunde legt, dann hatten die von Kuhn erwähnten Doktorand_innen zum Zeitpunkt seiner Beobachtung mindestens zwischen fünf und zehn Jahre ihres Lebens in ihre wissenschaftliche Laufbahn investiert.[17] Vielleicht hat die Discovery Phase bereits vor dem Ablegen des Abiturs stattgefunden, dann folgte ein mehrjähriges Studium (Onboarding) und schließlich, vielleicht als wissenschaftliche_r Mitarbeiter_in, Stipendiat_in oder Hilfskraft der Eintritt in die Scaffolding Phase.

Richard Bartle hat basierend auf seiner Beschäftigung mit Multi User Dungeons (MUDs) vier verschiedene Intensitätsstufen der Immersion herausgearbeitet, die zur Erklärung der von Kuhn beobachteten »Programmierung« der Doktorand_innen einen Beitrag leisten kann. MUDs sind textbasierte Rollenspiele, die man gemeinsam mit anderen am Computer spielen kann. Die erste von Bartle beobachtete Immersionsstufe wird als *Player* bezeichnet und wie der Name es bereits sagt, handelt es sich hierbei um eine_n Spieler_in, der/die ein Spiel spielt. Die zweite Stufe heißt *Avatar*, die Bartle als eine Repräsentation in einer Welt bezeichnet, welche als Puppe von dem/der Spieler_in in einer Welt gesteuert wird. Mit der dritten Stufe der Immersion, *Character*, wird ein entscheidender Punkt überschritten. Die klare Trennung zwischen Spieler_in und Spielwelt wird porös, Geschehnisse im Spiel werden in direkter Ansprache an den Character kommuniziert, die starke persönliche Bindung wird offenbar, wenn ein Character im Spiel stirbt: »You can feel quite upset if one of your characters dies.«[18] Bei der vierten und letzten Stufe der Immersion ist schließlich der/die Spieler_in mit dem Character zur *Persona* verschmolzen: »You're not role-playing a being, you are that being; you're not assuming an identity, you are that identity. If you lose a fight, you don't feel that your character has died, you feel that you have died. There's no level of indirection: you are there.«[19]
Eine über viele Jahre verlaufende disziplinäre Ausbildung, die bis in ihre Grundstrukturen hinein Gamecharakter hat, wird – so kann man annehmen – über ähnliche Immersionsstufen verlaufen. Zugespitzt formuliert:

17 Im Wintersemester 2014/15 waren die meisten Promovierenden in Deutschland 29 Jahre alt. Vgl. Statistisches Bundesamt (Hg.): Promovierende in Deutschland. o.O. 2016. S. 27.

18 Richard A. Bartle: Avatar, Character, Persona. Online unter: *http://mud.co.uk/richard/acp.htm* Zuletzt aufgerufen am: 15.12.2017.

19 Ebd.

Die im Studium zunächst noch spielerisch eingeübte Rolle (Player) entwickelt sich über die Jahre (Avatar, Character) zur Persona. Der disziplinäre, immer nur ausschnitthafte Bereich der wissenschaftlichen Betätigung erhält zunehmend Vollständigkeitscharakter und disziplinspezifische Terminologien, Währungssysteme, Methoden und Verhaltensroutinen erhalten den Status von allgemeiner Gültigkeit. Eine auf wissenschaftliche Kontexte angewendete Paraphrasierung von Bartle könnte also lauten: »You are not role-playing a scientist, you are that scientist; you are not assuming an identity, you are that identity. If you lose a debate, you don't feel that your character has lost a debate, you feel that you have died. There's no level of indirection: you are there.«

Was passiert nun, wenn diese_r Forschende, der/die in der eigenen Disziplin auf die erwähnte Weise immersiviert wurde und die von diesem Regelsystem geordnete Aufmerksamkeit über viele Jahre auf prinzipiell lösbare Rätsel fokussiert hat, sich, aus welchem Grund auch immer, zu interdisziplinärer Zusammenarbeit aufgefordert sieht? Die Person wird erstens aus der Welt herausgerissen, die bis dahin als die einzige wahrgenommen wurde. Zweitens wird sie aber auch mit Rätseln konfrontiert, die sich – selbst wenn ihre Sinnhaftigkeit nachvollzogen werden konnte – höchstwahrscheinlich dadurch auszeichnen, dass sie nicht in gleicher Weise gelöst werden können, wie es der Routine des/der Forschenden entspricht. Im besten Fall führt die Konfrontation mit anderen Disziplinen zu einem Effekt, der dem beim Testspiel geschilderten »Aufwachen« nicht unähnlich ist. Das nicht in gewohnter Weise lösbare Rätsel stellt das tradierte Instrumentarium an Lösungsstrategien der Person in Frage, was im schlimmsten Fall bedeuten kann: Es stellt sie selbst existentiell in Frage. Aus der Sicht des Gamedesigns driftet sie wie im Diagramm Csíkszentmihályi's gut nachzuvollziehen ist, aus der Wohlfühlzone des Flowchannels nach links in den Bereich Anxiety. In der Wissenschaftssoziologie wurde dieser Effekt als die »Furcht vor dem Neuen«[20] bezeichnet, die sich bis zum »Widerstand von Wissenschaftlern gegen wissenschaftliche Entdeckungen«[21] steigern kann.

20 Bernard Barber: Der Widerstand von Wissenschaftlern gegen wissenschaftliche Entdeckungen. In: Peter Weingart (Hg.): Wissenschaftssoziologie 1. Frankfurt 1972. S. 207.

21 Ebd. S. 205.

In gewisser Weise kehrt damit das von Huizinga am kulturhistorischen Beginn wissensgenerierender Prozesse identifizierte Halsrätsel zurück. Im Zusammenhang mit dem Halsrätsel heißt es laut Huizinga, dass es als höchste Weisheit galt, Fragen zu stellen, die niemand beantworten kann. In Bezug auf interdisziplinäre Zusammenarbeit werden zum Teil ebenfalls Fragen gestellt, die niemand beantworten kann. Zumindest nicht alleine. Die Herausforderung, interdisziplinäre Zusammenarbeit erfolgreich zu gestalten, lässt sich also zuspitzen auf die Frage: Wie kann man dafür Sorge tragen, dass aus dem disziplinären Flowchannel in den interdisziplinären Anxiety-Bereich gedriftete Personae Lust zur Zusammenarbeit bekommen und nicht von dem auf das Halsrätsel rekurrierenden Gedanken dominiert werden: »Das Leben ist der Einsatz, das Leben steht auf dem Spiel.«?

Balancing 2

Am Anfang neuer Spiele müssen Novizen häufig ein Tutorial durchlaufen. Tutorials zielen darauf ab, Spieler_innen zu Beginn der Onboarding Phase mit den wichtigsten Elementen des Spiels bekannt zu machen und die zur Bewältigung der ersten einfachen Herausforderungen nötigen Fähigkeiten der Interaktion mit dem Spielsystem zu vermitteln. Tutorials holen Spieler_innen am individuellen Kenntnisstand und Interaktionsgeschick auf eine möglichst vergnügliche Weise ab, um dazu zu motivieren, sich in die noch fremde Welt eines neuen Games zu bewegen und in diesen neuen Welten je nach Immersionsintensität als Player, Avatar, Character oder sogar Persona Zeit zu verbringen.

Um den Übergang von einer Welt in eine andere Welt für den hier behandelten Bereich interdisziplinärer Zusammenarbeit nach dem Vorbild eines Tutorials strukturiert zu beschreiben, soll ein aus Elementen der klassischen Ethnologie und Erkenntnistheorie kombiniertes Modell vorgeschlagen werden.[22]

---

22 Bei einer solchen Übertragung theoretischer Ansätze von einem Wissensfeld in ein anderes bleiben zwangsläufig Nuancen und zum Teil auch gröbere Differenzierungen unberücksichtigt, denen bei einem ausführlicheren Format als dem eines Aufsatzes Rechnung getragen werden müsste. Van Gennep's Konzept resultierte aus einer Analyse nicht-industrieller, meist indigener Völker – kann man es auf die Wissenschaft anwenden? Gleiches betrifft die vorhergehende Analogisierung von Gamedesign und disziplinärer

In den »Übergangsriten«[23] arbeitet van Gennep mit einem 3-Phasen-Modell, das die zur Bewältigung von Übergangen zwischen verschiedenen Lebensstadien oder sozialen Zuständen notwendigen Riten in drei aufeinander aufbauende Phasen einteilt. Die erste Phase wird als »Ablösungsphase« bezeichnet, die zweite als »Zwischenphase« und die dritte als »Integrationsphase«. Wie die Bezeichnung bereits andeutet, dient die ersten Phase vor allem der Trennung vom Bekannten. Während der zweiten Phase befinden sich die Ritualteilnehmer im Grenzbereich zwischen den Zuständen des Bekannten und des Neuen. Diese auch liminal genannte Phase ist durch weitgehende Strukturlosigkeit und Mehrdeutigkeiten geprägt. Die dritte Phase schließlich dient der (Re-) Integration des nun verwandelten Teilnehmers. Häufig ist das reale oder symbolische, zeitliche oder körperliche Überschreiten einer Schwelle von zentraler Bedeutung für diese Phase.[24]

Aus verhaltenspsychologischer Sicht kann man den Eintritt in die erste Phase, also die Trennung von der disziplinären Perspektive, als umso wahrscheinlicher voraussetzen, je stärker das spezifische, disziplinär orientierte Interesse mit den Themen des sich erst in der Anbahnung befindlichen Unbekannten übereinstimmt. Das Neue muss anschlussfähig sein an die bestehende Weltsicht. Während der sensiblen Phase des interdisziplinären Onboardings muss der Fokus darauf liegen, die angesichts des Halsrätsels stets drohenden existentiellen Ängste zu beschwichtigen und stattdessen zur Beschäftigung mit dem Unbekannten zu verführen. Das erste Puzzlestück senkt sich bei Tetris sehr langsam gen Boden. Das Gamesystem lässt dem/der Spieler_in Zeit, die nötigen Bedienungselemente und Handlungsoptionen in Ruhe kennenzulernen. Diese temporale Sensibilität ist der Grund dafür, dass das Explorieren der Spielregeln sich statt als Überforderung, als Freiheit anfühlt. Die Möglichkeit, die Puzzleteile hin- und herzubewegen muss gelernt werden. Diese Aufgabe wird durch das Balancing gelöst, das dafür sorgt, dass sich das Neue statt beängstigend als ein Kontrollgewinn vermittelt. Statt Angst wird Lust geweckt.

Forschung – ist dies zulässig? Wie sich zeigen wird, praktiziert die Argumentation in gewisser Weise ihre eigene Hypothese und ist somit auch als Experimentalisierung ihrer eigenen Aussage zu verstehen.

23 Arnold van Gennep (1909): Übergangsriten. Frankfurt 2005.

24 Fiona Bowie: The Anthropology of Religion. An Introduction. Oxford 2000. S. 162 ff.

Für die Gefahr des Abgleitens in den Anxiety-Bereich des Flow-Diagramms kann am erfolgversprechendsten Vorsorge getroffen werden, wenn sich die ungewohnte Welt für den/die Entdeckende_n angenehm und gut anfühlt und diese zugleich dem eigenen Interesse entspricht. In der »Kritik der Urteilskraft« sind mit den Adjektiven »angenehm« und »gut« zwei von Kant für die ästhetische Urteilskraft charakteristische Modi genannt, die beim Menschen Wohlgefallen hervorrufen. Das Wohlgefallen ist bei beiden wiederum eng verbunden mit dem Begriff des Interesses. Wohlgefallen stellt sich laut Kant ein, wenn das Begehrungsvermögen des Menschen geweckt wird, also ein Interesse für etwas besteht. Sowohl das Urteil über das Angenehme als auch das Gute ist beim Menschen mit Interesse verbunden[25]. Das Adjektiv »angenehm« bezieht sich auf das »was den Sinnen in der Empfindung gefällt«[26], man begehrt das Angenehme, wobei die Empfindung über das bloße Gefallen hinausgeht: »Daher man von dem Angenehmen nicht bloß sagt: es gefällt, sondern: es vergnügt.«[27] Das Gute wiederum ist eng mit der Vernunftstätigkeit und dem Willen verbunden: »Um etwas gut zu finden, muß ich jederzeit wissen, was der Gegenstand für ein Ding sein solle, d.i. [d.h.] einen Begriff von demselben haben.«[28] Mit den ästhetischen Urteilen sowohl des Angenehmen als auch des Guten sind also zwei Orientierungspunkte gefunden, mittels derer der interdisziplinäre Aspirant zum Eintritt in die neue Welt verführt werden kann. Für die Onboarding Phase muss also ein sinnlicher Gegenstand gefunden werden, der als angenehm empfunden wird und für den zugleich Begriffe vorliegen, die von der bewertenden und kategorisierenden Vernunft als zutreffend, also als gut erachtet werden. In einem auf den ästhetischen Urteilen »Angenehm« und »Gut« aufbauenden Diagramm könnte also in Anlehnung an Csíkszentmihályis Flow Channel folgender Interdisziplinaritäts-Channel eingezeichnet werden.

25 Am prägnantesten zum Ausdruck gebracht in den jeweiligen Paragrafenüberschriften: §3 Das Wohlgefallen am Angenehmen ist mit Interesse verbunden. §4 Das Wohlgefallen am Guten ist mit Interesse verbunden. Immanuel Kant: Kritik der Urteilskraft. Leipzig 1922. S. 42 f.

26 Ebd. S. 42.

27 Ebd. S. 43.

28 Ebd. S. 44.

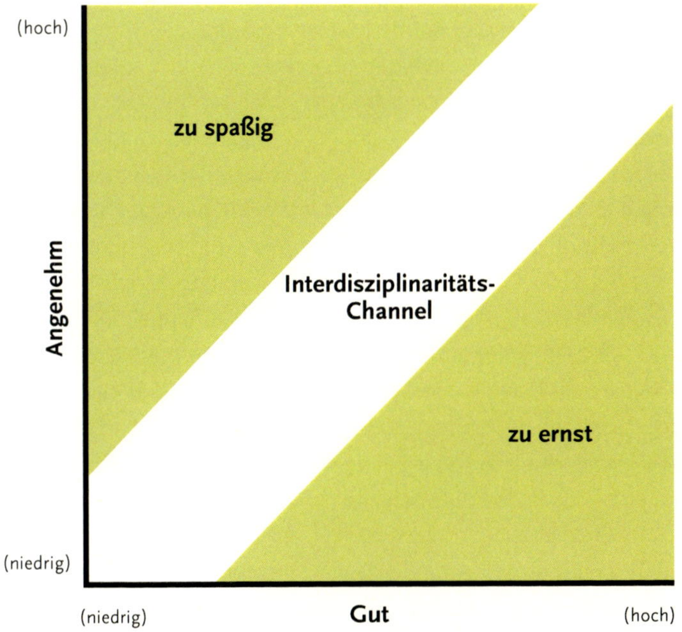

Der Interdisziplinaritäts-Channel ist noch keine Interdisziplinarität, sondern beschreibt, wie man zu ihr gelangt. Wenn man sich ein Gespräch zwischen zwei Wissenschaftler_innen unterschiedlicher Disziplinen vorstellt und beide grundsätzliches Interesse an interdisziplinärer Zusammenarbeit haben, dann sind beide gut beraten darauf zu achten, dass ihr Gegenüber im Interdisziplinaritäts-Channel positioniert bleibt. Das Angenehme kann im Bereich der Wissenschaft ein Untersuchungsgegenstand, vielleicht auch eine Methode, eine Theorie oder ein Gedanke sein. Was auch immer es sei, es sollte beim Gegenüber »durch Empfindung eine Begierde nach dergleichen Gegenstande rege […] (machen)«[29]. Da das Angenehme aber nicht nur Gefallen erzeugt, sondern Vergnügen, läuft eine Überbetonung des Angenehmen darauf hinaus, dass das Gespräch als reine Spaßangelegenheit verstanden wird und das Gespräch aus dem wissenschaftlichen Kontext hinausgleitet in vergnüglichen Smalltalk. Entsteht dagegen ein Übergewicht auf der Seite des ästhetischen Urteils »Gut«, dann entwickelt

29 Ebd. S. 43.

sich eine zu große Vernunftsbezogenheit. Das Territorium der eigenen Terminologie erhält zu große Aufmerksamkeit, Erklärungs-, Verteidigungs- und Rechtfertigungsakte drohen den Gesprächsverlauf zu trüben: Wenn die Leichtigkeit des Angenehmen schwindet, folgt das Gespräch ihm nach. Da das Balancing zwischen den Positionen »Angenehm« und »Gut« im Idealfall jede_r Gesprächspartner_in für den/die jeweils andere_n leistet, changieren die Gesprächsthemen zwischen dem Angenehmen des/der einen zu dem Guten des/der anderen und vice versa. In ähnlicher Weise, wie der Flow Channel sich durch den Verlust eines Zeitgefühls kennzeichnen lässt, so ist der Interdisziplinaritäts-Channel durch einen Verlust an Differenzgefühlen charakterisiert. Die Aufmerksamkeit der Gesprächspartner_innen wird nach der nun zunehmend in das Format eines Sprachspiels[30] gleitenden Spiellogik restrukturiert und an die Stelle disziplinärer Unterschiede tritt als neue Währung die Ähnlichkeit. Im Tanz der Sprache zwischen den Unterschieden im Bereich des Angenehmen wie auch des Guten, die zuvor durch zwei unterschiedlich gelagerte, disziplinär geprägte Interessenlagen einander isoliert gegenüberstanden, entsteht eine nun von Ähnlichkeiten faszinierte Zwischenzone, deren epistemische Dimension in der spielerischen Überlagerung der Interessengebiete besteht. Dieser Bereich der Überlagerung wird Spielraum, wenn er im Interdisziplinaritäts-Channel errichtet wird und greift rasch aus zu neuen Ufern, denn »Das Neue ist immer ein Sprachspiel«.[31]

Das Überlagern der Interessengebiete, der Rückzug der auf Differenzen orientierten Sichtweise und die stattdessen auf Ähnlichkeitsbeziehungen fokussierende, gemeinsame Sprachbewegung erzeugt einen artifiziellen Zwischenraum, in dem die gemeinsame Bewegung sich selbst zunehmend genug ist. Über dem gemeinsamen lustvollen Erlebnis verblassen die partikularen Interessen. Je stärker man gemeinsam Geschmack[32] findet an dem kollaborativ errichteten Spielraum und dem damit verbundenen (neuen) Sprachspiel, umso intensiver verlieren die subjektiven Interesselagen ihre aufmerksamkeitsstrukturierende Kraft, bis zu dem Punkt, ab dem das gemeinsame interessenlose Wohlgefallen an einem Gegenstand, sich selbst genug ist. Kant hat diese dritte ästhetische Urteilsform das

30 Vgl.: Ludwig Wittgenstein (1953): Philosophische Untersuchungen. Frankfurt 2001.

31 Ludwig Wittgenstein: Philosophische Untersuchungen. S. 360. Zitiert nach: Dietrich Busse: Historische Semantik. Stuttgart 1987. S. 215.

32 Immanuel Kant: Kritik der Urteilskraft. Leipzig 1922. §5. S. 48.

Geschmacksurteil genannt, das sich vom Urteil des Angenehmen und des Guten durch die Abwesenheit von Interesse auszeichnet und dadurch, dass es nicht durch Begriffsbildung von vorneherein auf bereits bekannte Erkenntnisfelder eingeschränkt ist. Erst durch die Abkopplung vom Angenehmen als auch vom Guten entsteht das freie und lustvoll erlebte Spiel der Erkenntniskräfte. Wenn aber das Interesse fehlt und zugleich das Angenehme und das Gute (das Kant als Abgrenzungskriterien vom Geschmacksurteil einführt), was motiviert dann zu dem Geschmacksurteil, woher stammt die Lust, die als einziges motivierendes Element verbleibt?

> »Diese Lust ist auch auf keinerlei Weise praktisch, weder wie die aus dem pathologischen Grunde der Annehmlichkeit, noch die aus dem intellektuellen des vorgestellten Guten. Sie hat aber doch Kausalität in sich, nämlich den Zustand der Vorstellung selbst und die Beschäftigung der Erkenntniskräfte ohne weitere Absicht zu erhalten. Wir weilen bei der Betrachtung des Schönen, weil diese Betrachtung sich selbst stärkt und reproduziert; [...].«[33]

Das bilaterale Balancing zwischen Angenehm und Gut hat die Ähnlichkeit zwischen den Interessen erwiesen und auf dem Fundament der Ähnlichkeit einen Spielraum erzeugt, in dem ein neues Sprachspiel die Ketten der Subjektinteressen sprengt und das interesselose Wohlgefallen, die Schönheit, das Spiel entsteht, das sich selbst genug ist. Diese Selbstgenügsamkeit, und dies ist vielleicht in Bezug auf (interdisziplinäre) Wissenschaft die zentrale Bedeutung, resultiert in der Freiheit des Urteils. Denn während das ästhetische Urteil des Angenehmen vom Sinnlichen, das ästhetische Urteil des Guten von der Vernunftstätigkeit und beide vom erkenntnisleitenden Interesse bereits immer schon präformierte Urteile sind, zeichnet sich das Geschmacksurteil als einziges durch völlige Freiheit aus. Dieses »freie Spiel der Erkenntniskräfte«[34] wäre damit ein von Autoritäten und Voorannahmen gereinigter Ort und somit Vorbedingung eines idealen wissenschaftlichen Labors.[35] Doch bereits Kant relativiert diese absolute

---

33 Ebd. §12. S. 61.

34 Ebd. §9, S. 55.

35 Vorgreifend ist hier darauf hinzuweisen, dass das folgende Zitat sich sich auf den Produzenten der schönen Kunst bezieht. Während das Geschmacksurteil aufseiten des Rezipienten stattfindet, verortet Kant die Produktion der schönen Kunst bei dem Genie.

Freiheit auch und gerade in Bezug auf das Geschmacksurteil. Das von allen Reglementierungen der Vernunft freie Assoziieren, Schwadronieren und Fantasieren führt aus seiner Sicht zu keinem produktiven Ergebnis: »Denn aller Reichtum der ersteren (»Einbildungskraft«, der Verfasser) bringt in ihrer gesetzlosen Freiheit nichts als Unsinn hervor; die Urteilskraft ist hingegen das Vermögen, sie dem Verstande anzupassen.«[36] Auch das Spiel der freien Erkenntniskräfte benötigt ein Balancing, das sich im Diagramm etwa auf folgende Weise wiedergeben ließe.

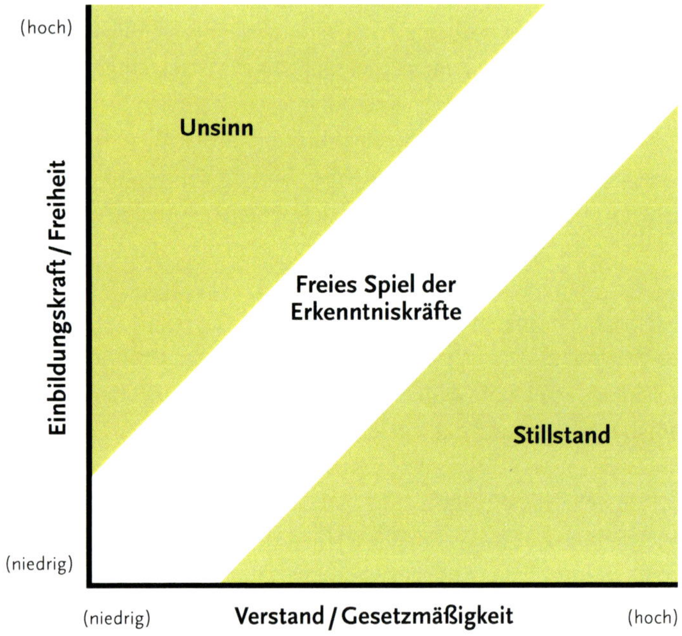

Bei dem freien Spiel der Erkenntniskräfte wird die gedankliche Freiheit der Einbildungskraft an die Gesetzmäßigkeit des Verstandes rückgebunden und so der Weltbezug des Subjekts gesichert. Der Verstand reglementiert und kontrolliert die Einbildungskraft und sorgt auf diese Weise dafür, dass die Gedanken- und Wahrnehmungsfülle in den Kategorien des Verstandes verbleibt und dem Ich auf diese Weise die Angemessenheit

36 Immanuel Kant: Kritik der Urteilskraft. Leipzig. 1922. §50, S. 175.

seines Weltzugangs versichert. Der im Diagramm verwendete Begriff des Stillstands soll zum Ausdruck bringen, dass die Verstandestätigkeit ohne ausreichende Einbildungskraft statisch und starr werden würde. Beide Kräfte wirken produktiv zusammen und bestätigen nur im Zusammenklang die herausgehobene Stellung des Menschen, für die laut Kant die Fähigkeit zum Geschmacksurteil entscheidendes Kriterium ist.

Balancing 3

Das mit Balancing 2 bezeichnete Ringen der Einbildungskraft mit dem Verstand ist eine schöpferische Tätigkeit. Es erlaubt dem Menschen über seinen Erkenntnisstand hinauszugelangen, es ermöglicht mit dem Denken den Denkprozess zu befreien, sprachliche Ausdrücke zu finden, die über das hinausgreifen, was in einen Begriff gebannt werden kann[37] und es ist sogar in der Lage, neue Regeln zu formulieren. Das Spiel greift somit auf sich selbst zurück: Es ist das gelungene, wohlausbalancierte Spiel der Erkenntniskräfte, das in der Lage ist, das Spiel zu verändern.[38]
Es leidet zumindest bei Kant jedoch unter zwei entscheidenden Defekten: Es wird nicht handlungswirksam. Und es ist ein sehr seltenes Phänomen. In der Kritik der Urteilskraft ist der unter Balancing 2 beschriebene Vorgang mit dem Typus des Genies assoziiert und verbleibt stets im Bereich des Ästhetischen. Es handelt sich beim Balancing 2 um »ein Talent zur Kunst [...], nicht zur Wissenschaft.«[39]

Wie kann das Schöpferische, das den Begriff überschreitet und die Regeln des Spiels verändert, in einen Weltbezug gesetzt werden, sodass ein integraler Prozess entsteht, der Kriterien der Wissenschaftlichkeit standzuhalten in der Lage ist? Die hier vorgeschlagene Lösung besteht in einer Radikalisierung der von Kant vorgeschlagenen polaren Kräfte. Die

---

37 »Sie (»die ästhetischen Attribute«, der Verf.) stellen nicht, wie die logischen Attribute, das, was in unseren Begriffen von der Erhabenheit und Majestät der Schöpfung liegt, sondern etwas anderes vor, was der Einbildungskraft Anlaß gibt, sich über eine Menge von verwandten Vorstellungen zu verbreiten, die mehr denken lassen, als man in einem durch Worte bestimmten Begriff ausdrücken kann; [...].« Ebd. §49. S. 169.

38 »Auf solche Weise ist das Produkt eines Genies [...] Zwangsfreiheit von Regeln so in der Kunst auszuüben, daß dadurch selbst eine neue Regel bekommt, wodurch das Talent sich als musterhaft zeigt.« Ebd. S. 173.

39 Ebd. S. 172.

Einbildungskraft kann und muss vielleicht sogar bis in den Bereich des Unsinns ausgeweitet werden. In der interdisziplinären Praxis ist gerade das von aller Verstandestätigkeit entkoppelte Herumspinnen unerlässlich. Das Bewusstsein um die Begrenztheit des eigenen Wissenstandes wächst proportional zum Erkenntnisgewinn. Dies gilt bereits für die disziplinäre Forscherpersönlichkeit und umso mehr für interdisziplinäre Prozesse. Der Unsinn und der Humor sind die Wellnessoasen der von Zweifeln und Selbstzweifeln bestürmten Forscheridentität. Als von den quälenden Verstandesmechanismen befreite Refugien fungieren diese Bereiche als Co-Thinking Arenen, in denen initiale Vertrauensverhältnisse aufkeimen können. Während wissenschaftliche Forschung sich durch langwierige und zukunftsorientierte Prozesse auszeichnet, die darauf fokussieren, komplexe und verwirrende Beobachtungen auf Kausalitäten zurückzuführen, um innerhalb chaotischer Vorgänge Gesetzmäßigkeiten formulieren zu können, besteht die Kunst des Unsinnigen in der zeitvergessenen Aufwertung des Augenblicks, in der Zelebrierung des Widersinnigen und in dem gemeinsamen Genuss des Nichts.[40] Angesichts der bereits angesprochenen, unter Umständen als existenzbedrohend wahrgenommenen Konfrontation mit anderen Wissenschaftsdisziplinen, kann dieser vitalisierende Effekt fast als unentbehrlich bezeichnet werden. Unter den anarchistischen Erschütterungen des Zwerchfells löst sich die (gefühlte) Schlinge um den Hals.

Der Gegenpol, die bei Kant als notwendiger Ausgleich genannte Verstandestätigkeit, muss ebenfalls radikalisiert werden hin zu einem konsequenten Experimentieren mit Prototypen zu einem möglichst frühen Zeitpunkt. Zwischen der spinnerten Idee und der Vertestung des Prototypens müssen die Funken fliegen. Zwischen dem Unsinn und dem Experiment spannt sich dann ein Raum auf, der konventionelle Strukturen unterläuft und diese damit zugleich kritisiert. Während traditionelle Wissenschaft tendenziell zur Bildung von Denkstilen und damit verbundenen Problemartikulationen mit korrespondierenden Lösungsstrategien neigt und wirtschaftlich orientierte Forschung- und Entwicklungsabteilungen Effizienzkriterien

40 »Es muß in allem, was ein lebhaftes, erschütterndes Lachen erregen soll, etwas Widersinniges sein (woran also der Verstand an sich kein Wohlgefallen finden kann). Das Lachen ist ein Affekt aus der plötzlichen Verwandlung einer gespannten Erwartung in nichts. Eben diese Verwandlung, die für den Verstand gewiß nicht erfreulich ist, erfreut doch indirekt auf einen Augenblick sehr lebhaft.« Ebd, S. 190.

unterliegen und letztlich auf Marktpotentiale und Kundenwünsche orientiert bleiben müssen, erlaubt dieser Maximalraum einen von diesen Strukturen befreiten Umgang. Er ist Spielraum, der reines Spiel zu sein sich erlaubt, ohne zugleich »nur« Spiel zu sein und ermöglicht aufgrund dieser strukturellen, temporal gestreckten Überspannung, dies wäre die Hoffnung, eine von Zensierungsmechanismen befreite Reflektion über bestehende Spielregeln und leitet auf diese Weise über zur Möglichkeit, bestehende Spielregeln überhaupt erst modifizieren zu können. Nach fünf Jahren interdisziplinärer Arbeit im *Interdisziplinären Labor* des Exzellenzclusters *Bild Wissen Gestaltung*, von denen drei Jahre vornehmlich der Arbeit in der Forschungsgruppe gamelab.berlin gewidmet waren, lassen sich die dort in unterschiedlichen Projekten und mit unterschiedlichsten beteiligten Disziplinen praktizierten Prozessschritte folgendermaßen grob schematisieren.

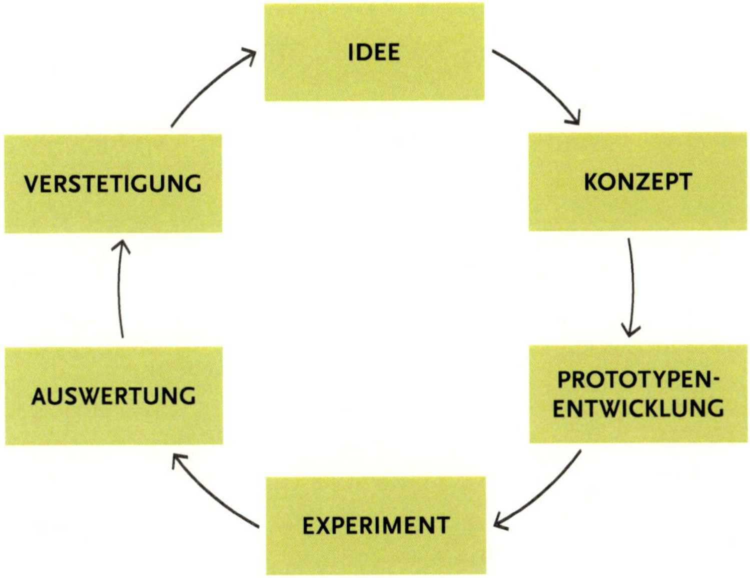

Die Idee ist in diesem Kreislauf dem Experiment gegenübergestellt. Die Idee kommt zuerst, wird aber geerdet vom Experiment. In der Ideenphase ist alles möglich unter der Bedingung, dass in dieser sensiblen Phase (Onboarding) Problematisierungen, Kritik und Bedenkenträgertum außen vor bleiben. Auf die Idee folgt die Konzepterstellung, die wiederum Grundlage ist für die Entwicklung von Prototypen. Nach der Experimentdurchführung folgt die Auswertung und Veröffentlichung der Forschungsergebnisse. Die Phase der Verstetigung ist gekennzeichnet von der Suche nach Forschungskooperationen, innerhalb derer der einmal bewährte Prototyp unter veränderten Konditionen erneut eingesetzt werden kann oder auch von der Überlegung aus dem Prototypen und den Forschungsergebnissen Rückschlüsse zu ziehen für eine mögliche Weiterentwicklung. Eine Aufschlüsselung der mit den verschiedenen Phasen verbundenen Aktivitäten zeigt das ergänzte Schaubild.

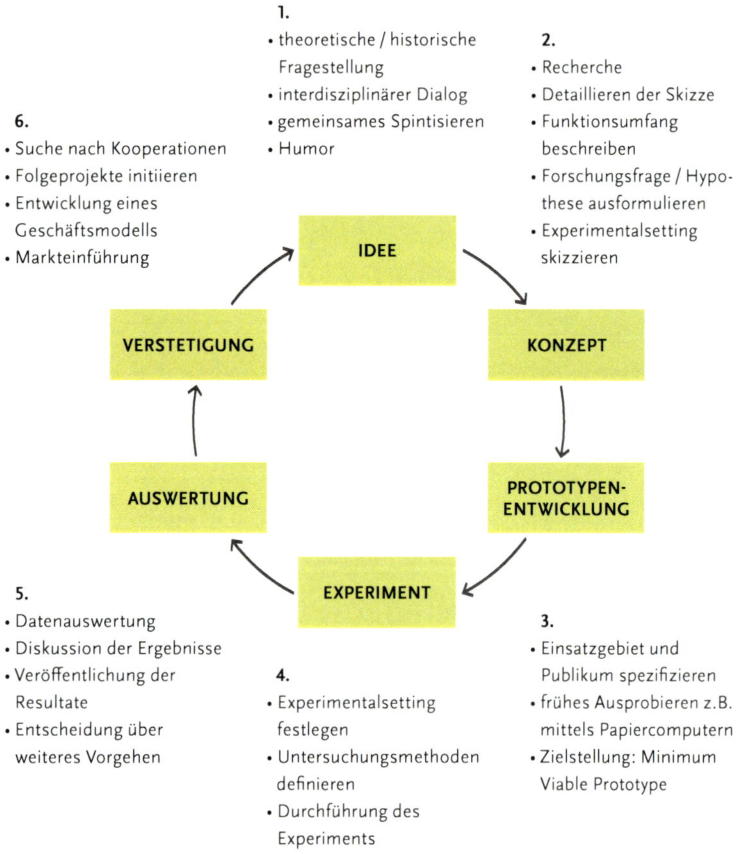

Was unterscheidet diesen Prozesszirkel nun von kommerzieller Produktentwicklung oder konventioneller akademischer Forschung, die sich ebenfalls von Grundlagenforschung bis zur Anwendungsentwicklung erstreckt?
Aus geisteswissenschaftlicher Perspektive könnte man argumentieren, dass eine Theoriebildung oder auch eine historische Analyse, die sich nicht länger mit der Textform als einziger Publikationsmöglichkeit begnügt, sondern übergeht in gestalterische Vorgänge, die in Anwendungen resultieren, als Spezifikum universitär-interdisziplinärer Prozesse gelten könnte. Insbesondere gesellschaftliche Kritik, die sich aus der textbasierten Analyse von Missständen heraustraut und alternative prototypische Szenarien und Handlungsoptionen kreiert, könnte als Abgrenzungskriterium herangezogen werden. Kritik würde mittels interdisziplinärer Zusammenarbeit verwandelt in alternative Handlungs- und Denkangebote. Statt angestrengter Kritik in Textform, bestünde hier der originäre Output in Anwendungen, deren Gebrauch als lustvoll empfunden wird, weil Motivationstechniken aus dem Gamedesign zu ihrer Nutzung verführen. Jedoch muss diese Option in Anbetracht unternehmerischer Initiativen bezweifelt werden. Ob Startup oder Internetgigant – können die dem privatwirtschaftlichen Sektor entspringenden Angebote dies nicht besser? Mag sein, dass die diesen Initiativen zugrundeliegenden Reflektionen weniger tiefgründig und schlechter begründet sind als jene, die in universitären Ökosystemen entstehen können. In Bezug auf Innovationskraft und die Veränderung gesellschaftlicher Routinen scheint die Universität jedoch immer weniger mithalten zu können. Das Forschungsbudget alleine von Amazon, Alphabet und Samsung beträgt 2017 zusammen 42,7 Milliarden US-Dollar[41] und ist damit um ein Vielfaches höher als das Budget des Bundesministeriums für Bildung und Forschung (17,6 Milliarden Euro) für den selben Zeitraum, das sich zudem noch zwischen Bildung und Forschung aufteilt.[42]

Auch der Vorgang interdisziplinärer Forschung reicht alleine kaum aus, um die Universität gegenüber anderen gesellschaftlichen Akteuren ausreichend zu profilieren. Sicherlich ist die Zusammenarbeit zwischen

41 o.A.: Amazon gibt am meisten für Forschung aus. In: Zeit Online. 24.10.2017 Online unter: *http://www.zeit.de/wirtschaft/unternehmen/2017-10/forschung-entwicklung-amazon-volkswagen-abstieg-budget* Zuletzt aufgerufen am 10.01.2018

42 *https://www.bmbf.de/de/der-haushalt-des-bundesministeriums-fuer-bildung-und-forschung-202.html*

»weit voneinander entfernten« Disziplinen wie beispielsweise Medizin, Anthropologie, Game Design und anderen, wie sie am Exzellenzcluster *Bild Wissen Gestaltung* eine Selbstverständlichkeit darstellt, in der Privatwirtschaft eher selten. Vielleicht, dies wäre eine aus dem Verlauf der Argumentation abzuleitende Hypothese, findet sich die spezifische Kompetenz universitärer Forschung erst in der Kombination einer möglichst radikalen interdisziplinären Wildheit mit der Kulturtechnik des Spiels, jedoch nicht lediglich als Untersuchungsgegenstand, sondern vor allem als *Methode*. Damit ist nicht die Rekonstruktion von Elfenbeintürmen gemeint, sondern die Realisierung des verfassungsgemäßen Auftrags.

Wenn, wie unter Balancing 2 gezeigt werden konnte, die größtmögliche Freiheit der Urteilskraft sich vor allem und eventuell ausschließlich im freien Spiel der Erkenntniskräfte entfalten kann, dann ist die Universität gemäß Artikel 5 Absatz 3 des Grundgesetzes quasi zum Spiel verpflichtet, wenn sie die verfassungsrechtlich formulierte »Freiheit der Forschung« nicht nur als nobles Etikett beanspruchen möchte, sondern diese Formulierung als programmatische Forderung begreift, die nur als permanente Überforderung ihrem Begriff gerecht zu werden vermag.[43] Die »Freiheit der Forschung« wird in dieser Perspektive zu einer Handlungsanweisung, die etablierten Terminologien, Regeln und Systemgrenzen immer wieder erneut zu überschreiten, sie aufs Spiel zu setzen, mit der Methodik des Spiels.

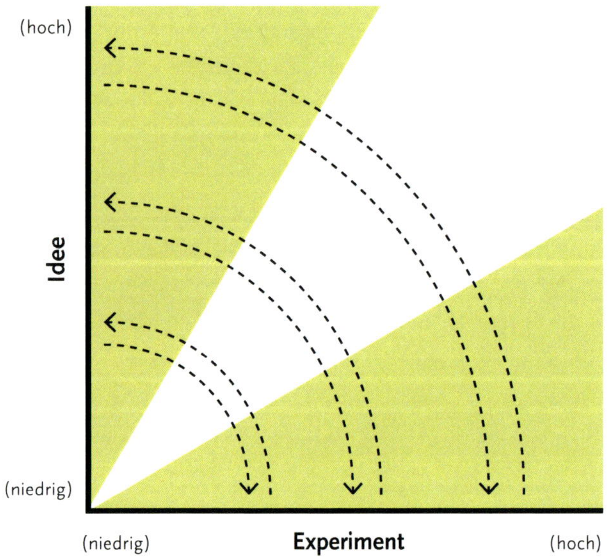

Die ruhelose Bewegung zwischen der Idee, die im größtmöglichen Freiheitsgrad des Unsinns gefunden werden kann, aber nicht muss, und der prototypischen Realisierung und dem Experiment als empirischem Anker, die die riskierten Weltbezüge immer wieder einfordern, wird eine immer größer werdende Spannung aufgebaut, die im Kern auf eine stete Erweiterung des Spielraums hinausläuft. In dieser Routine, die eben nicht darauf abzielt, in einem Channel zu versinken, sondern bei der im Gegenteil die primäre Eigenschaft des Channels darin besteht, seine eigenen Grenzen zu thematisieren und zu verschieben – darin könnte das originäre Potential universitär-interdisziplinärer Forschung liegen: Neue Fragen zu stellen, statt immer mehr Antworten zu geben.

Die Technik des Spiels zielt mit allen Mitteln auf die Konfiguration des Flow Channels, um größtmögliche Immersion zu produzieren. Die Kulturtechnik des Spiels dagegen beherrscht die Technik des Spiels, reflektiert und kritisiert diese und richtet sich als Methode produktiv gegen sich selbst: Nicht mit dem Ziel größtmöglicher Immersion, sondern mit dem Ziel größtmöglicher Emersion.[44] Dem widerspricht nicht, dass angesichts des Wissenszuwachses immer mehr Spezialisten notwendig sein werden. Doch die Immersion in Disziplinen sollte mit interdisziplinärer Emersion ausgeglichen werden.

Dazu gehört auch, dass das Denken in Gegensätzen, wie auch in diesem Text immer wieder praktiziert, kritisch reflektiert werden muss. Die Ambiguität eines informierten Spielbegriffs, der Paradoxien aushält und produktiv macht, kann hier als Vorbild dienen.[45] Statt Entweder-Oder gilt hier das Sowohl-als-auch. Auf die Verwandtschaft wissenschaftlicher Erkenntnisprozesse mit Vorgängen des Spiels wurde mit Johan Huizinga, Ludwig Fleck und Thomas Kuhn hingewiesen. In eben dieser Nähe

---

43 Die sachliche Definition von Wissenschaft durch das Bundesverfassungsgericht lautet: »jede Tätigkeit, die nach Inhalt und Form als ernsthafter planmäßiger Versuch zur Ermittlung der Wahrheit anzusehen ist«. (Zitiert nach: *https://de.wikipedia.org/wiki/Forschungsfreiheit#cite_ref-:1_7-0)* Zuletzt aufgerufen am: 12.01.2018 Müsste dieser Satz nicht umformuliert werden in: »(Wissenschaft ist) jede Tätigkeit, die nach Inhalt und Form als spielerischer Versuch zur Ermittlung der Wahrheit anzusehen ist.«

44 Immersion bezeichnet Eintauchen. Emersion wird als Gegenbegriff zur Immersion hier neu eingeführt und meint Auftauchen.

45 Zum Beispiel jene Paradoxie: Wie kann das freie Spiel, das Regeln hinterfragt, als Methode funktionieren?

wiederum sieht Natascha Adamowsky die Abgrenzungsversuche der Wissenschaft von den Dimensionen des Ludischen begründet. Gerade weil sich beide so ähnlich seien, würde das Spiel zur Abgrenzung und Profilierung herangezogen, wohingegen Adamowsky dafür plädiert, das Spiel als ein dem wissenschaftlichen Methodenarsenal gleichberechtigtes Erkenntnismodell aufzufassen.[46]

Die von Kant und Adamowsky erwähnte erkenntnistheoretische Verwandtschaft zwischen Wissenschaft und Spiel findet sich auch in der Makroperspektive wieder. Wenn wissenschaftliche Forschung sich allein im »freien Spiel der Erkenntniskräfte« von den Deformationen eines erkenntnisleitenden Interesses befreien und der bei Kant noch fehlende Praxisbezug des Geschmacksurteils durch das Aufspannen eines Spielraums zwischen den Kräften der Einbildungskraft (Idee) und der Verstandestätigkeit (Experiment) gesichert werden kann, so stellt sich die Frage, ob diese Strategie nicht auch auf das Wissenschaftssystem insgesamt Anwendung finden kann. Das Balancing zwischen disziplinärer Forschung mit Immersionseffekten und interdisziplinärer Forschung mit Emersionseffekten wäre aus dieser Perspektive ein Mechanismus, um die Erneuerungsfähigkeit des Wissenschaftssystems insgesamt zu gewährleisten.

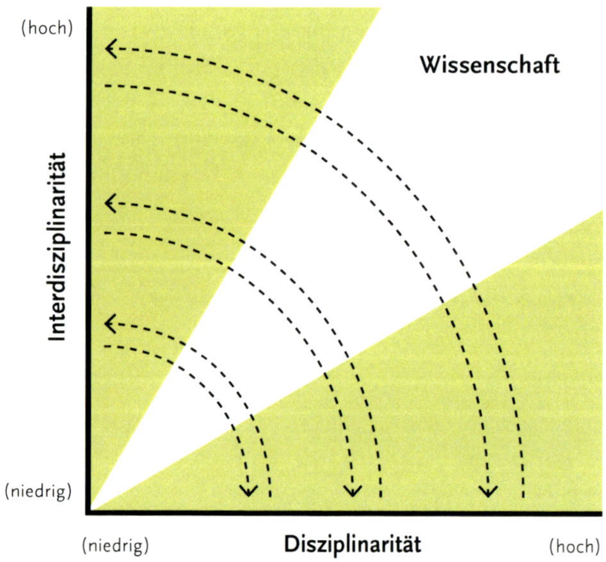

Die Bedeutung des Zusammenspiels zwischen disziplinärer und interdisziplinärer Forschung für die Genese neuer Wissensfelder wurde aus der Wissenschaftstheorie bereits in den 1970er Jahren formuliert.

> »Wenngleich sich in der Genese der von uns untersuchten Wissenschaftsdisziplinen im Einzelnen auch recht prägnante Unterschiede und zeitliche Prioritäten der Beeinflussung durch »Mutterdisziplinen« beobachten lassen, kann man doch in keinem Falle davon sprechen, dass die Resultate nur einer Wissenschaft zur Entstehungsursache einer neuen geworden seien. Stets war es die Interdisziplinarität in ihrer historischen Bewegung, die zur Herausbildung einer neuen Wissenschaft geführt hat.«[47]

Das makrostrukturelle Balancing zwischen Disziplinen und Interdisziplinarität, zwischen Immersion und Emersion findet sein mikrostrukturelles Pendant in einem Experimentbegriff, wie er an verschiedenen Stellen von Hans-Jörg Rheinberger beschrieben worden ist. Das »explorierende Experiment«[48] sei, so Rheinberger, darauf angelegt »die untersuchten Phänomene irgendwie zum Sprechen zu bringen.«[49] Aus der Perspektive des Gamedesigns kann man dieses Vorgehen beschreiben als den Versuch,

---

46 »Ließe sich Wissenschaft auf die Begegnung mit dem Spiel ein, müsste sie ihren Alleinvertretungsanspruch auf die wahre Weltdeutung aufgeben und ihre Stärke darin suchen, eine – zweifellos unverzichtbare – Beschreibung von Weltausschnitten zu liefern. Zweitens müsste Wissenschaft, wenn sie offiziell ernst mit dem erkenntnisstiftenden Potential des Spiels machen wollte, selbst reflexiv werden. Sie müsste aus der Deckung kommen, das Primat der Beobachterperspektive aufgeben und Verfahren entwickeln, sich auf das Nicht-Identische einzulassen. Genau dies nämlich sind Eigenarten des Spiels, und zwar wundersamer Weise genau jene Eigenarten, die die Phänomene des Spielens mit denen des Erkennens zusammenbinden.« Natascha Adamowsky: Spiel und Wissenschaftskultur. Eine Anleitung. In: dies. (Hg.): Die Vernunft ist mir noch nicht begegnet. Zum konstitutiven Verhältnis von Spiel und Erkenntnis. Bielefeld 2005. S. 14 f.

47 E.Fabian, W.Girnus, D.Hoffmann, J.Richter: Gemeinsamkeiten und Differenzen in der historischen Genese neuer Wissenschaftsdisziplinen. Rostocker Wissenschaftshistorische Manuskripte 1, 1978. S. 39.

48 Hans-Jörg Rheinberger: Experiment, Forschung, Kunst. Script zum Vortrag auf der Jahreskonferenz der Dramaturgischen Gesellschaft. Oldenburg 2012. S. 9. Online unter: *http://www.dramaturgische-gesellschaft.de/assets/Uploads/ContentElements/Attachments/Hans-Joerg-Rheinberger-Experiment-Forschung-Kunst.pdf* Zuletzt aufgerufen am 14.01.2018

49 Ebd.

eine Discovery Phase zu initiieren und mit dem Untersuchungsgegenstand in ein gemeinsames Sprachspiel zu kommen.[50] Auf der Basis des vorhandenen Wissenstandes ergibt sich ein regelbasiertes Untersuchungssystem, dessen Struktur zugleich durch das auf die Entstehung des Neuen hin angelegte »explorierende Experiment« destabilisiert werden muss. Es ist das Balancing zwischen Struktur und Experiment, das das Experimentalsystem[51] zu einem Spielraum werden lässt, innerhalb dessen die Emergenz neuen Wissens möglich wird.

Die Kunst des Balancing wurde, als Fachterminus aus dem Wissensfeld des Gamedesigns stammend, als für das Gelingen von Wissensprozessen, angefangen bei erkenntnistheoretischen Überlegungen, über die Ebene des Experiments bis hin zur wissenschaftssoziologischen Perspektive als ein entscheidender Faktor zu skizzieren versucht. All diesen Prozessen des Balancing gemeinsam ist die von Sutton-Smith[52] betonte Ambiguität, die er als zentrales Merkmal des Spiels bezeichnet und die im paradoxalen Verhältnis zwischen Regel und Freiheit zu besonderer Deutlichkeit gelangt: Das Regelsystem schränkt ein und erschafft durch die Einschränkung neue Freiheiten – die Freiheiten des Spiels (im Sinne des Plays) können sich nur in der Emanzipation von allen Regelsystemen konstituieren.

50 Vgl. hierzu auch: Bruno Latour: Das Parlament der Dinge. Frankfurt a. M. 2001.

51 Hans-Jörg Rheinberger: Experimentalsysteme und epistemische Dinge. Eine Geschichte der Proteinsynthese im Reagenzglas. Göttingen 2001.

52 Brian Sutton-Smith: The Ambiguity of Play. Harvard 2009.

Matthias Bruhn

Spielen als wissenschaftliches Format

Auf Leben und Tod

Nicht ohne Grund ist Schach, das Königsspiel, der Klassiker unter den Brettspielen. Denn es ist nicht nur besonders intelligent angelegt, sondern bietet auch Möglichkeit und Anlass, von einer erhöhten Warte aus über Macht und Machterhalt, über die verschiedenen Rollen des politischen Personals nachzusinnen, sich moralisch vorzubereiten auf die unwägbaren Spiele und Spielchen der politischen Welt. In einer Szene, die einem unbekannten niederrheinischen Meister mit dem Monogramm B. R. zugeschrieben wird, ist diese Bedeutungsfülle des Schachs in schönster Klarheit dargelegt (Abb. 1).

Zu beiden Seiten eines Tisches haben sich Menschen versammelt, um den Gang einer Schachpartie zu verfolgen. Links Kaiser, König und Berater nebst Hofdamen, Bürgersleuten und einem Knaben, viele von ihnen elegant gekleidet und herausgeputzt; ihnen gegenüber Papst, Kardinal und Bischof in schwerem Ornat, mit einem grinsenden Knochenmann in ihrer Mitte, der gerade zum nächsten Zug ansetzt und damit andeutet, dass es hier um eine finale Auseinandersetzung gehen dürfte. Der kolorierte Kupferstich, etwa in der Größe eines A4-Blattes, steht damit auch für die Vielseitigkeit des Schachspiels, das wie für gekrönte Häupter gemacht ist und zugleich von ihnen handelt.

Der Druck ist Sinnbild des Konflikts weltlicher und geistlicher Herrschaft, entstanden um 1490 am Vorabend der Reformation und nur eines von vielen Beispielen für die hohe Bedeutung, die der bildenden Kunst als Gestalterin und Modelleurin politischer Ideen seit jener Zeit zukommt.

Abb. 1: Meister BR: Schachspiel mit dem Tod.
Kupferstich (302 x 224 mm), zeitgenössisch koloriert, ca. 1490

Denn trotz scheinbarer Eindeutigkeit lässt er zahlreiche Interpretationen zu: Dass der Papst mit dem Tod im Bunde steht, wie es die Zuordnung der beiden Parteien zunächst nahelegt, wäre eine voreilige Schlussfolgerung. Vielmehr lassen sich die weltlichen Herrscher auf das Spiel mit dem Tode ein. Zudem entsprechen alle Anwesenden, als Vertretungen von Ständen oder Funktionen, auch den Figuren, die auf dem Schachbrett verschoben werden.
Damit ist angedeutet, dass niemand, der auf Erden weilt, dem Spiel und seinen Regeln entkommt. Die Inschriften, oben den Engel umflatternd, unten vom Tod entrollt, geben Aufschluss, dass das Spiel den Lauf des Lebens selber meint, dass König wie Papst, Bischof wie Herzog, irgendwann an einen gemeinsamen Tisch kommen, wo abgerechnet wird. Auch sie, so lehrt die allegorische Darstellung, sind Figuren in einem größeren Spiel, die auf eine höhere, dritte Instanz verweisen, welche die Regeln des Spiels festlegt und seinen Ausgang bemisst. Der Engel im Hintergrund ist Stellvertreter dieser Macht, er hält die Spieluhr, die über Leben und Tod richtet. Durch die Fluchtlinien in eine erhöhte Position versetzt, bildet er zugleich das direkte Gegenüber zu einer vierten, unsichtbaren Partei, nämlich jener, die vor dem Bild sitzt und es anschaut. Der Druck ermöglicht also eine Vielzahl von Spekulationen, darunter auch zur Frage, wer tatsächlich mit wem spielt, wer wen spielen lässt, und welche Position diejenigen haben, die dem Spiel zuschauen – innerhalb wie außerhalb des Bildraums.

Mit diesem Moment spielt auch Jan Sanraedam in seiner figurenreichen Schilderung des Platonischen Höhlengleichnisses aus dem Jahre 1604 (Abb. 2). Die ungefähre Bildmitte teilt die schattengläubigen Menschen rechts, die sich im Halbunkel der Gelehrsamkeit befinden, von den diskutierenden Geistesgrößen zur Linken, die das künstliche Licht studieren, während sich die Quelle wahrer Erleuchtung, von ihnen außer Acht gelassen, im Hintergrund befindet. Auch hier stellt das Publikum, welches den Kupferstich Sanraedams bewundert, eine vierte Partei dar, die wie der Künstler nur scheinbar von der Konstellation ausgenommen ist und darum einen privilegierten Blick genießt. Wie im Falle der Schachpartie ist also auch beim niederländischen Grafiker nicht einfach nur eine bestimmte Begebenheit zu sehen, sondern sie wird vielmehr in einer Weise bildlich geöffnet, die im Idealfall zum Nachsinnen über die eigene Position im oder vor dem Bild anregt. Der Bilderdruck imaginiert somit eine künstlerische Version des Höhlengleichnisses, die es interpretiert und in Relation setzt, und entspricht damit dem Spiel und seinem Übungscharakter, dem freien Nachdenken über Wissen und Macht.

Abb. 2: Jan Sanraedam: Höhlengleichnis.
Kupferstich (330 x 460 mm), 1604

Im berühmten Titelblatt zu Thomas Hobbes' Traktat des *Leviathan* von 1651 (Abb. 3) wird die Frage der Positionen und Relationen auf eine weitere, doch vergleichbare Weise wieder aufgegriffen.[1] Der Gigant, der als Sinnbild politischer Souveränität die diversen Energien der Gesellschaft auf sich vereint, tritt mit seinem gekrönten Haupt dem Publikum gegenüber. Christusgleich präsentiert er sich als universelle, absolute Staatsmacht hinter einer weiten Landschaft, mit kräftigen, ausgebreiteten Armen die Insignien von Adel und Kirche ergreifend. Sein schuppenhafter Körper, scheinbar in ein Kettenhemd gekleidet, wimmelt von einer kleinteiligen Menschenmasse. Auch hier ist eine politische Ordnung nicht nur abgebildet – das Bild ist prinzipiell so konstruiert, dass jede verständige Person

1 Zur Bedeutung und Urheberschaft des Blattes sowie seinen unterschiedlichen Fassungen s. Horst Bredekamp: *Thomas Hobbes – Der Leviathan. Das Urbild des modernen Staates und seine Gegenbilder, 1651–2001*. Berlin 2003.

Abb. 3: Abraham Bosse oder Wenzel Hollar (zugeschr.): Titelblatt zu Thomas Hobbes: *Leviathan*, London 1651

darüber nachsinnen kann, wo die eigene Position im Bild zu suchen wäre, und darin erinnert es deutlich an ein Spiel mit wechselnden Kontrahenten, das hier bis zum Überkönig selber geht.

Fliegende Augen

In der Politik gibt es darum sogar eine regelrechte Pflicht zum Spiel, die vom Schauspiel der Repräsentationen und Verkleidungen über das sportliche Match bis zur Kunst der Intrige reicht. Seine Freiheit ist die Freiheit der Königsklasse: die uneingeschränkte, höchste Souveränität der Herrschenden, deren Handlung nur durch Gott und die Natur und sonst nichts abgesteckt wird, weil sie vom Gipfel der Macht aus die Welt nur noch als Spielfeld wahrnehmen können. Diese scheinbar widersprüchliche Pflicht verliert ihre Paradoxie, wenn das Spiel selbst als Naturprinzip oder sogar als Hegemon gedacht wird, der seine eigene Funktion neben Politik,

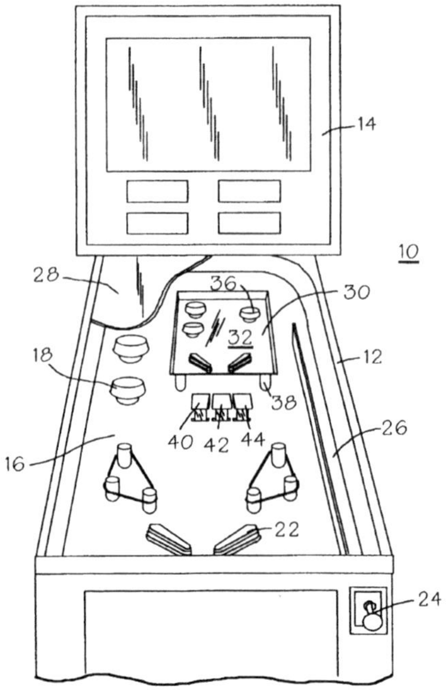

Abb. 4: Patentzeichnung zu einer Flipper-Konstruktion: *Drop target for pinball game* (EP 0754479 B1), *https://patentimages.storage.googleapis.com/EP0754479B1/00140001.png*

Wirtschaft oder Wissenschaft innehat und sich selbst seine Orte und Ausführenden sucht.

Denn um Spiel zu sein, müssen Freiheitsgrade oder Faktoren der Ungewissheit eingebaut sein, Elemente der Unkontrollierbarkeit, die sich aus komplizierten Regelwerken, aus der Vielzahl der Spielenden, aus physikalischen Kontingenzen ergeben: So ist die Königin des Schachfeldes die zugkräftigste von allen Figuren und das Gegenstück zum König, der zwar spielentscheidend, aber schutzbedürftig und immobil ist. Auch die Kugel im Roulette- oder im Ballspiel oder im *Pinball* ist kaum zu bändigen (vgl. Abb. 4). Sie ist Sinnbild des gleichgültigen Schicksals und seiner Wendungen, die den König vom Thron stößt und den Kaufmann in den Ruin treibt, und darum auch Sinnbild des unerwarteten Rollentauschs und des Nachdenkens über die Steuerbarkeit der Welt. ›Spielball der Macht‹ bedeutet: durch sie und nur durch sie beherrscht.

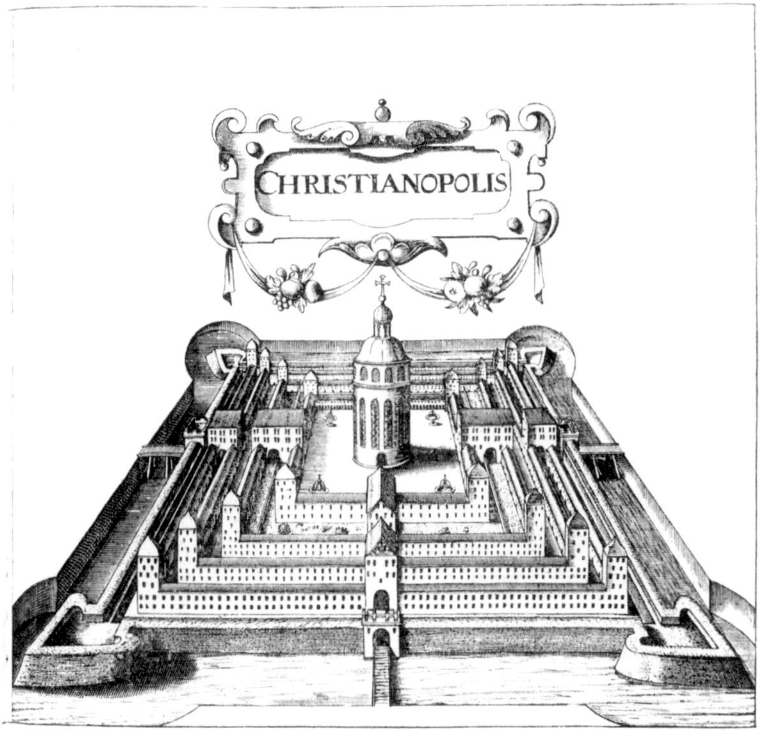

Abb. 5: Johann Valentin Andreae: Darstellung der Anlage von Christianopolis, aus: *Reipublicae Christianopolitanae descriptio*, Straßburg 1619

Insbesondere durch seine bühnenhafte Perspektive lässt auch das spätmittelalterliche Bild der Schachpartie an einer besonderen Begegnung teilhaben und denkt den Gedanken des hoheitlichen Blicks mit seinen eigenen Mitteln weiter. Das Spielbrett bietet sich in einer Schrägsicht dar, in etwa so, wie es auch die späteren Idealstadtansichten oder Landkarten des 16. und 17. Jahrhunderts tun. Diese sind, wie etwa in J.V. Andreaes Ansicht der fiktiven Idealstadt Christianopolis (Abb. 5), als Beispiel einer Unterwerfung des Raums unter den hoheitlichen, absolutistischen Blick gedeutet worden ist.[2] Doch bieten sie damit auch Raum für unterschiedliche Interpretationen.

2 Wolfgang Neuber: Sichtbare Unterwerfung. Zu den herrschaftsstrategischen Raumvorstellungen in frühneuzeitlichen Idealstadtentwürfen und Utopien. In: Cornelia Jöchner (Hg.): *Politische Räume. Stadt und Land in der Frühneuzeit.* Berlin 2003, S. 1–22.

Die königliche Begeisterung für den Billardtisch, die vor allem Ludwig XIV. an den Tag gelegt hat, entspricht durchaus dieser Sicht der Dinge. Hier geht es einerseits darum, mit dem Hof selber zu spielen und ihn dabei an seine Grenzen zu erinnern, andererseits um eine zeitgenössische Faszination für Wahrscheinlichkeit und Vorhersagbarkeit und damit für die ultimative Macht, den Lauf der Dinge zu bestimmen. Sie mündet schließlich in den Modellen der Stochastik, der Spieltheorie und des Computing, die einen vergleichbaren, letztinstanzlichen Blick ansetzen, um ein System in seiner Abgeschlossenheit zu begreifen und zu steuern.[3]
Spiel und Herrschaft sind entsprechend affin, ob als *Game of Thrones* oder *House of Cards*. Auf der Ebene der Macht geht es um die Beherrschung unbeherrschbarer Fliehkräfte, Interessen oder Affekte, es geht um Übersicht, Lenkung und Kontrolle. Wie Horst Bredekamp in einem Aufsatz erörtert hat,[4] findet auch in Clausewitzens militärischem Konzept des *Coup d'oeil* ein solcher Perspektivwechsel statt, nämlich der Wechsel von der Königsperspektive zur Perspektive des Bodenpersonals, vom Sandkasten zur realen Situation. General, Offizier und Soldat unterscheiden sich nun nicht mehr nur kompetenzmäßig, sondern haben auch unterschiedliches Wissen. Dieser Wechsel kann plötzlich erfolgen und sich auch in einem permanenten Karneval verkehren. Jeder und jede ist immer auch auf dem Spielfeld selber dem Blick anderer unterworfen. Daraus folgt die systematische Frage: Wer spielt, und wer lässt spielen?
Der permanente Blickwechsel ist fundamental im doppelten Sinne des Wortes, er entspricht auch der Idee, wonach der König selber nur ein kollektiver Singular ist. Sogar, dass im Volksmund vom *König Fußball* die Rede ist, beruht auf solchen historischen Bezügen. Damit wird ausgedrückt, dass der Sport selber, und nicht irgendein *Ancien régime* von Funktionären, jenen Leviathan formt, zu dem sich die Spielenden der Welt vereinigen. Nirgendwo sonst mag der Kommerz so groß sein wie im Fußball, größer noch als in jeder Gamification-Praxis, und doch zweifelt niemand daran, dass es hier um ein Spiel geht. Und auch wo es in den Dienst genommen wird, etwa in Simulation und Prognose, kann es auf anderer Ebene und an unerwarteten Stellen immer wieder hervorquellen.

---

3 Vgl. Claus Pias: *Computer Spiel Welten*. Neuausgabe Zürich 2010.

4 Horst Bredekamp: Die Erkenntniskraft der Plötzlichkeit. Hogrebes Szenenblick und die Tradition des coup d'œil. In: Joachim Bromand, Guida Kreis (Hg.): *Was sich nicht sagen lässt. Das Nicht-Begriffliche in Wissenschaft, Kunst und Religion*. Berlin 2010, S. 455–468.

So geschieht es auch auf dem spätgotischen Druckblatt. Aus gutem Grund ist am vorderen Bildrand ein schlafender Hund und links ein Knabe mit Trommelstöcken platziert. Sie stehen unter anderem für kindliche Regellosigkeit, für Bewusstwerdung und Wachsamkeit. Das Kind mit seinem Spielzeug ist noch das *enfant roi*. Es schwingt den Taktstock fordernd, aber unbeholfen. Damit könnte zum Ausdruck gebracht sein, dass gerade die Unschuld und Narretei des kindlichen Spiels nach jenen Regeln und Verabredungen verlangt, die den Spaß dauerhaft aufrechterhalten sollen. Wie jeder Gründungsakt bedarf es allerdings auch eines ersten Impulses, der das Spiel motiviert. Konzepte wie der »Zufall« sind Zeugnisse solch regelhaften Denkens, bei dem die Freiheit des Spiels durch Vereinbarungen und Spielfelder abgesichert und geschützt wird.

Aus einem solchen Blickwinkel ist Spiel darum auch nichts Kindliches. Gerade der Versuch der aufklärerischen Pädagogik, schwierige Inhalte spielend zu vermitteln, geht von einer Ernsthaftigkeit des Spiels aus, die im Erlernen seiner Regeln besteht. So wird auch im *Deutschen Wörterbuch* der Brüder Grimm unter dem Stichwort »Spiel« auf dessen Bedeutung für Mensch und Tier verwiesen und auf die Freiheit von Zwecken und Zwängen, die wiederum zur Ausbildung der eigenen Fähigkeiten erforderlich ist.[5] Schillers Votum für eine Kritik spielerischen Denkens und Handelns entspricht der aufklärerischen Freiheitsforderung, die den intellektuellen wie ökonomisch-technologischen Aufstieg während des 18. und 19. Jahrhunderts begleitet hat. In Wortkombinationen wie dem Schauspiel deutet sich an, dass Spiel nichts Gedankenverlorenes ist, sondern vor einem Publikum stattfindet, das hohe Erwartungen daran knüpft. In Schillers *Räubern*, so erinnern die Grimms, ist außerdem bereits von »Spielarbeit« die Rede.

Zum Spiel des Lebens, das die Aufklärungszeit so sehr beschäftigte, führt ein direkter Weg zum Konzept der *serious games*, deren Bezeichnung aus derselben Zeit stammt.[6] Hieraus folgen auch die permanenten Versuche einer Indienstnahme und Kontrollierung spielerischer Elemente als Lern- oder Therapieform. So notiert Wilfried Mödinger, ein ehemaliger

---

5 Artikel »Spiel«, in: *Deutsches Wörterbuch*, Bd. 16, Sp. 2277 ff. online unter *http://woerterbuchnetz.de/DWB/* (Abruf 5/2016).

6 Vgl. Ausst.-Kat. *Ernste Spiele. Der Geist der Romantik in der deutschen Kunst 1790–1990*. Haus der Kunst München, 04.02.–01.05.1995, hg. von Christoph Vitali, Stuttgart 1995.

Pfarrer und nun Experte für Direktmarketing, im Electronic-Arts-Blog anschaulich zugunsten der *Gamification* von Wissenschaft: »Die Logik ist ganz einfach: um eine Menge von Informationen abzubilden, braucht man Bilder. Um Bilder wirken zu lassen, braucht man Interaktion. Die beste Interaktion ist das Spiel.«[7] Wenn Menschen bis zur Erschöpfung gegen ihr Smartphone ankämpfen, gehen sie unwissentlich einer Arbeit nach, als bekämen sie Akkordlohn dafür, und es ist nur konsequent, wenn diese Arbeit gezielter ausgebeutet wird, indem Menschen gegen einander oder gegen den Apparat ausgespielt werden.

Während der bunte Bilderdruck zu verstehen gibt, dass das Spielen auf sehr verschiedenen Ebenen und mit sehr ernsten Folgen ablaufen kann, führt eine kindliche Spielfreude immer wieder zu dem weit verbreiteten Eindruck, Spiel sei ein Ausdruck naiver Unwissenheit oder eine Technik zur Animation von Krabbelgruppen. Historisch gesehen sind dagegen auch Blutrausch und Gewaltexzesse, die den Unterhaltungsbetrieb der römischen *Circenses* kennzeichneten, eine Grundlage des Spiels und von Roger Caillois zu dessen festen Bestandteilen gezählt worden. In den Dystopien des Kinos, deren Horrorvisionen oftmals die dekadente Größe des *Imperium Romanum* aufrufen, und in den zahllosen anderen Gewaltentladungen der Unterhaltungsindustrie lebt dieses Prinzip der *Brot und Spiele* in sublimierter Form weiter. Wolfgang Menges visionäres *Millionenspiel* – 1970 mit Didi Hallervorden gedreht – oder die US-Filme *Rollerball* von 1975 und *Futureworld* aus dem Folgejahr (in dem sich humanoide Roboter von Spielfiguren in Killer verwandeln), sind keine Irrläufer, sondern nutzen das Filmbild als Reflexionsraum spielerisch regulierter Gewalt. Zu dieser gehören, historisch gesehen, auch der körperbetonte Wettstreit und die Mobilmachungen des Sports, und sie ist so lange schon mit Motiven der Ausreizung, des Kontrollverlusts, der Überwindung eigener und gegnerischer Kräfte verbunden, dass es verwundert, warum erst die sogenannten Ego-Shooter-Programme als Killerspiele bezeichnet worden sind.[8]

---

7 Wilfried Mödinger (Steinbeis Hochschule Berlin / Stuttgarter Hochschule der Medien), im *Electronic-Arts*-Blog, zit. nach Spiegel Online, 19.01.2014 (*http://www.spiegel.de/netzwelt/games/falsches-spiel-a-938480.html*, abgerufen 7/2015).

8 Zur quasi-religiösen Natur der Ausreizung von Spielanordnungen bis zum Eigen- und Systemversagen vgl. den Beitrag von M. Rautzenberg.

Das Ende des Spiels: Wissenschaft?

Spiel ist also eine ernsthafte Sache und auf vielfältige Weise auch mit Macht, Wissen und Wissenserwerb verbunden. Daher ist es wenig überraschend, wenn auch Wissenschaft auf den verschiedensten Ebenen Elemente des Spielerischen enthält, zumal ohnehin alles Spiel ist oder Spiel sein kann. Das naturwissenschaftliche Experiment ist eine Art des Spiels; das spielerische Nähen eines sphärischen Ballkörpers ist mathematisch genauso anspruchsvoll wie eine Analyse von Spielzügen einer elfköpfigen Fußballmannschaft.[9] Unter dieser Bedingung bedürfte es im Grunde auch keiner gezielten Förderung spielerischer Aktivität an den Hochschulen.
Jedoch gibt es durchaus enger gefasste Möglichkeiten, Spiel wissenschaftlich zu definieren und umzusetzen. So entspräche eine »Spielwissenschaft«, die sämtliche bestehenden Fächer einschließt und auf die besagten Elemente untersucht, am ehesten einer Querschnittsdisziplin wie der Kulturwissenschaft oder einer Problemstellung wie jener der sogenannten Bildwissenschaft. Ein derartiges Fach könnte die Geschichte eines Schachspiels ebenso wie seine bildliche Darstellung erforschen; es könnte vom Theaterstück bis zum Basketballfeld mitten im Berliner Humboldt-Forum reichen. Das Ergebnis wäre ein vieljähriges und ertragreiches Forschungs- und Rahmenprogramm.
Mit hoher Wahrscheinlichkeit würde es allerdings auch – weit über die sogenannten *Game Studies* hinaus – bestehende Ansätze der Spieltheorie, Mathematik und Informatik, der Ethnologie, Anthropologie und Psychologie, der Theater- und Sportwissenschaft in sich aufnehmen müssen und darüber unterschiedliche Richtungen und Schulen ausbilden. Ob diese Mischung von gegensätzlichen Methoden (etwa im Hinblick auf die Rolle von Theorie und Praxis, Beobachtung und Teilnahme) einen Vor- oder Nachteil darstellt, hinge obendrein von weiteren, äußeren Umständen ab. Denn eine Wissenschaft kommt nicht aus logischer Notwendigkeit zustande, sondern weil sich jemand für sie einsetzt.
In einem engeren Sinne wäre wissenschaftliches Spielen auch als ein Format denkbar, d.h. als Form der Wissensproduktion, die zwischen Seminar und Vorlesung, Laborexperiment und Publikation ihren Platz

---

9 Wie erörtert von Natascha Adamovsky: Spiel und Wissenschaftskultur, in: Dies. (Hg.): *»Die Vernunft ist mir noch nicht begegnet«. Zum konstitutiven Verhältnis von Spiel und Erkenntnis*. Bielefeld 2005, S. 11–30.

hat und damit auch zwischen den jeweiligen Regeln und Freiräumen von Forschung und Lehre. Gemeint ist damit nicht das öffentliche Begleit- und Unterhaltungsprogramm von Universitäten (Tag der offenen Tür, Lange Nacht der Wissenschaft) oder die kindgerechte Aufbereitung moderner Wissenschaftsmuseen, sondern die wissenschaftliche Erprobung und Reflexion von Regelwerken, mit denen spielerischer Austausch ermöglicht oder möglich gehalten wird.

Das *gamelab.berlin* lässt sich als ein solches Format verstehen, das auf der Annahme beruht, dass das Spielen dem Analysieren vorausgeht, sich darum aber nicht der Analyse entzieht. Innovativ, wissenschaftlich oder förderwürdig ist es nicht so sehr durch seine theoretische oder praktische Beschäftigung mit dem Spiel, sondern durch seine Einbettung in eine Hochschule und ihr Kurrikulum und damit in ein Milieu, das wissenschaftliche Anschlussmöglichkeiten bietet. Von zentraler Bedeutung ist dabei das gestalterische Element selber: es ist eine Art Propädeutikum für die dezisive Qualität von Regeln und für die Verantwortlichkeit wissenschaftlichen Denkens und Handelns im weitesten Sinne. Anders als z. B. in wirtschaftsnahen Planspielen zur Gründung von Unternehmen, die auf den Erwerb und Vergleich strategischer Kompetenz abzielen und das Spiel als vorwettbewerbliche Übung nutzen, kann ein solches Format auch die Formulierung von Gesetzestexten oder das Design von Lehrveranstaltungen in den Blick nehmen und behandeln.

Allerdings muss aus genau diesem konzeptionellen Grunde auch offenbleiben, was in einem solchen Format oder Modul geschieht und wie es den Spielgedanken umsetzt, da das Ergebnis notgedrungen von Fächern und Gegenständen, von der Kreativität und vom Niveau der Lehrenden und Studierenden abhängt. Diese geben letztlich den Ausschlag, ob eine wissenschaftliche Erprobung spielerischer Verfahren über die bekannten Gedankenexperimente oder Sportübungen hinausgeht. Eine Recherchearbeit zu *Serious Games* von Harun Farocki unterscheidet sich qualitativ und perspektivisch meilenweit von einem *Game* zu Fortbildungszwecken; ein *Monopoly*-Spiel kann die Menschen in den Kapitalismus treiben oder sie darüber aufklären. Wortspiele können gedankenanregend oder ausweichend wirken. Um wissenschaftlich zu sein, muss ein neuartiges Format der Wissensproduktion auch Mechanismen und Kriterien der Qualitätssicherung bestimmen.

Da sich andererseits in einer fein ausdifferenzierten Wissenschaftslandschaft auch für spielerische Unternehmungen bereits akademische Rahmenbedingungen finden lassen dürften, z. B. an Kunst- und

Designhochschulen, ließe sich zwischenbilanzieren, dass Universitäten das Aufkommen von *Gaming*-Initiativen eher zum Anlass nehmen könnten, den spielerischen Sinn ihrer Mitglieder um seiner selbst willen zu fördern. Die Förderung entsprechender Formate, Projekt- oder Forschungsgruppen wäre dann weniger eine Maßnahme als ein Bekenntnis zur spielerischen Reflexion.

Gerade weil Spiel grundlegend, omnipräsent, erziehungsrelevant ist, jedem politischen Denken zugrunde liegt und längst wirtschaftlich ausgebeutet wird, verdient es eine interdisziplinäre Beschäftigung, die der Sache nach anders zugeschnitten sein dürfte als die bestehenden Disziplinen, mit denen sie sich in wechselnden Konstellationen auseinandersetzt. Womöglich würde ein *Game Lab* aber eben gerade darüber auch zum Begleitprogramm einer neuen Redisziplinierung.

Wolfgang Schäffner

Im Spiel der Chancen. La condition du non-savoir

> »Das Jetzt hat ein ungeheures Recht – es ist nichts als das einzelne Jetzt; aber dies Ausschließende in seiner Aufspreizung ist aufgelöst, zerflossen, zerstäubt, indem ich es ausspreche.«
>
> Hegel: Enzyklopädie, §258 Zusatz

Das ›schöne Spiel‹, das einen freien motivierenden Wettstreit in einem klar umgrenzten Raum und Zeitrahmen meint und das eine uneigentliche Realität aufbaut, die »nicht so gemeint« ist, macht den eigentlichen Fokus von Lernspielen aus. Neben dieser, wenn man so will, ›gezähmten‹ Ebene des Spiels, gibt es aber eben jene weit fundamentalere Dimension des Spiels, die man im Unterschied zum schönen, das ›erhabene‹ Spiel nennen könnte. Im direkten Anschluss an Johan Huizinga haben Georges Bataille und schließlich auch Roger Caillois Überlegungen zu dieser erhabenen Form angestellt.[1] Denn Spiel ist immer eine Art »Spiel mit dem Feuer«, etwas Abgründiges und Unkontrollierbares, ein Ausnahmezustand und Exzess. Es kalkuliert mit einem radikalen Nichtwissen, und es sucht den einen bodenlosen Moment, den Coup im Glückspiel und die Chance, diese

1 Johan Huizinga (1938): Homo ludens. Vom Ursprung der Kultur im Spiel. Hamburg 1956.; Georges Bataille: Spiel und Ernst. In: ders.: Die Aufhebung der Ökonomie. München 2001. S. 303–338. ; Roger Caillois (1958): Die Spiele und die Menschen. Maske und Rausch. Stuttgart 1960.

eine Sekunde, in der es virtuell und real zugleich um alles oder nichts, um Leben und Tod gehen kann.
Im erhabenen Spiel geht es nicht um die Stärkung und Emanzipation der Spielenden, um die Motivierung und Entfaltung ihres Könnens, wie im Fall des Wettstreits und dessen Übertragung in eine kompetitive Stimulanz: Es geht ganz im Gegenteil um Nichtwissen, um die Entmachtung des Subjekts, indem sich Kontrollverlust mit Rausch vermischt wie in Spielhöllen, Kasinos oder Wetten, d.h. generell dem Glücksspiel. Roger Caillois hat diese Dimension an zwei Spieltypen festgemacht, die es neben dem geregelten Wettstreit gibt, die er »alea«, d.h. im weitesten Sinne Glücksspiele, und »ilinx«, den Rausch, nennt.[2]
Mir geht es im Folgenden um dieses radikale Nichtwissen als fundamentale Dimension des Spiels, um die spezifische Epistemologie und Ereignishaftigkeit, die sich darin verkörpert, um den besonderen Affekt, der damit verbunden ist, wie auch um die unterschiedlichen Praktiken, die sich daraus ergeben. Diese Aspekte sollen daher kurz charakterisiert werden, um daraus Fragen nach einem Wissens- und Lernspiel aufzuwerfen, das diesen probabilistischen Kern in aller Radikalität ins Zentrum stellt. Dies zielt insbesondere auf die Frage, was dies für unsere »condition du savoir« bedeutet und wie wir diese Dimension des Spiels als eine ebenso essentielle wie irritierende Form unseres Wissens gestalten können: 30 Jahre nach Jean-François Lyotards Frage nach der »condition postmoderne«[3] steht ein weiterer Schritt an, der über die Wahrheitsspiele jenseits der Wahrheit hinausgeht. Denn bei unserem gegenwärtigen Wissen geht es nicht um Lernen im Sinne eines Erweiterns und Trainings unserer Fähigkeiten, sondern um ein Erfahrungs- und Handlungsprinzip, das auf die eigentümliche probabilistische und vor allem spieltheoretische Ereignislogik reagieren muss.

Alea und ilinx

Roger Caillois hat in seinem Buch *Les jeux et les hommes* (1958), das eine Antwort auf Huizingas *Homo Ludens* (1938) darstellt, vier zentrale Spieltypen unterschieden.

---

2 Caillois: Die Spiele und die Menschen. S. 24 ff. und 32 ff.
3 Jean François Lyotard: La condition postmoderne. Rapport sur le savoir. Paris 1979.

	Kulturelle Formen am Rande des sozialen Mechanismus	Instrumentelle Formen, die dem sozialen Leben integriert sind	Korruptionen
agôn **(Wettkampf)**	Sportarten	Wirtschaftliche Konkurrenz Examina Wettbewerbe	Gewalttätigkeit Machtwille List
alea **(Chance)**	Lotterien Kasinos Pferderennen Wetten	Börsenspekulationen	Aberglaube Astrologie usw.
mimicry **(Verkleidung, Verstellung)**	Karneval Theater Kino Starkult	Uniform Etikette Zeremonie Repräsentationsberufe	Entfremdung Verdopplung der Persönlichkeit
ilinx **(Rausch)**	Alpinismus Skisprung Trapezkunst Rekordrausch	Berufe, deren Ausübung die Beherrschung des Rausches voraussetzt	Alkoholismus Drogen

Tab. 1: Caillois: Die Spiele und die Menschen, S. 65.

Die in diesem Zusammenhang wichtigsten Spielformen sind alea (Chance) und ilinx (Rausch). Caillois führt dazu aus: »Alea. – Im Lateinischen bedeutet dieses Wort Würfelspiel. Ich verwende dieses Wort, um alle Spiele zu bezeichnen, die ganz im Gegensatz zu den agonalen Spielen auf einer Entscheidung basieren, die nicht vom Spieler abhängig ist und auf die er nicht den geringsten Einfluss hat, bei denen es infolgedessen weniger darum geht, einen Gegner zu besiegen als vielmehr das Schicksal zu bezwingen.«[4] Während es im Wettstreit um Geduld, Geschicklichkeit und Qualifikation geht, werden im Glücksspiel, so Caillois, »fachliches Können, Regelmäßigkeit und Training ausgeschaltet. Ergebnisse dieser Art vernichtet alea in einem einzigen Augenblick«.[5]

Ilinx (der Wirbel) dagegen bezieht sich mehr auf das Erleben selbst, auf dieses »Begehren nach Rausch«, der »für einen Augenblick die Stabilität

4 Caillois: Die Spiele und die Menschen. S. 24.

5 Ebd. S. 25.

der Wahrnehmung stört und dem klaren Bewusstsein eine Art wollüstiger Panik einflößt.«[6]

»Aus vollem Hals schreien, einen Abhang herunterrutschen, Toboggan, Karussell, vorausgesetzt, dass es sich schnell genug dreht, die Schaukel, wenn sie sich hoch genug hebt, liefern analoge Sensationen. Die verschiedenen Zustände, in welche der Körper versetzt wird, Sturz oder Schweben im Raum, rapide Rotation, Gleiten, Geschwindigkeit, die Beschleunigung einer geradlinigen Bewegung oder ihre Kombination mit einer kreisförmigen, rufen sie hervor.«[7]

Der Schwindel der Wahrnehmung und der Schwindel des Wissens als zwei Ausnahmezustände sind zwei Spieltypen, die auf einen ähnlichen Moment des Coups zusteuern: Bungee-Sprung, der eine Wahrnehmung des Todessprungs ermöglicht, und die rollende Kugel, die bei Gewinn oder totalem Verlust plötzlich stillsteht; dieses radikale Jetzt, in dem die Zeit in ihrer Dauer suspendiert ist, hat einen besonderen epistemologischen Charakter, der für die Frage nach dem damit verbundenen Wissensspiel von entscheidender Bedeutung ist.

Nichtwissen

Wenn man nicht wie Johan Huizinga vor allem das Wettspiel zum zentralen Modell erklärt, sondern das Glücksspiel, haben Spiele ein eigentümliches Verhältnis zum Wissen: Denn sie stellen Techniken der Erzeugung von Nichtwissen dar: Das Spiel erzeugt während seines Verlaufs eine notwendige Unsicherheit und es ist zu Ende, wenn das Wissen wiederhergestellt und alle Unsicherheit beseitigt ist. Der abgegrenzte Raum des Spiels markiert somit die Notwendigkeit der Erzeugung eines Nichtwissens. Im Glücksspiel wird das durch den Einbau eines Zufallsgenerators erreicht: die rollende Kugel oder die Mischung der Karten und ihre verdeckte Verteilung. In der Lotterie ist die Urne dieser Raum des Nichtwissens, der die Spielsteine unsichtbar macht und damit die Ziehung zu einer Zufallsoperation werden lässt. Der Mathematiker Jakob Bernoulli hat im frühen 18. Jahrhundert die Urne in die Wahrscheinlichkeitsrechnung eingeführt, die als schwarze und weiße Kugeln enthaltende ›Black Box‹

6 Ebd. S. 32.

7 Ebd. S. 33.

zum Zufallsgenerator wird. Anstelle der vollständigen Übersicht als Ermöglichung von Wissen und Handeln steht hier das blinde Herausgreifen von Kugeln, das möglichst wahrscheinliche Aussagen über die Verteilung der Kugeln generieren soll. »Wenn man nämlich die Urne z.B. durch die Atmosphäre oder auch den menschlichen Körper ersetzt, welche so wie die Urne die Steinchen eine Unmenge mannigfacher Veränderungen bzw. Krankheiten enthalten, wird man jedenfalls genauso ›wie im Fall der Urne‹ durch Beobachtungen bestimmen können, um wieviel leichter in diesen Bereichen dieses oder jenes Ereignis eintreten könnte.«[8] Die unterschiedlichen Spielformen von Hasard-Spielen stellen den spezifischen Prozess einer Operationalisierung von Nichtwissen dar, sie sind damit eigentlich kein Modell für den Aufbau von stabilen Wissensordnungen.

Ereignis

Eng verbunden mit diesem konstitutiven Nichtwissen ist die Gestaltung einer besonderen probabilistischen Ereignislogik, wie sie sich im Ziehen von Karten oder Losen oder mit der rollenden und stehenbleibenden Kugel zeigt: Es handelt sich dabei um den Coup, diesen radikalen Moment der Entscheidung. Hier werden Ereignisse aus jeglicher Kausalität und Kontinuität herausgerissen: Ein ›wenn‹ zieht hier kein eindeutiges ›dann‹ nach sich. Es gibt lediglich eine sehr limitierte Erwartbarkeit im Sinne des Wahrscheinlichkeitsfaktors, doch der besagt nichts über das nächste singuläre Ereignis. Der nächste und entscheidende Moment ist völlig offen, ob rot oder schwarz, ja oder nein, alles oder nichts. Obwohl etwa der Würfel jede Zahl mit einer Wahrscheinlichkeit von $1/6$ erwartbar macht, ist das einzelne nächste Ereignis radikal kontingent und nicht von seinem vorherigen Zustand abhängig.

Dieser Ereignistyp des Spielens erzeugt ein Geschehen, das in mehrfacher Hinsicht bemerkenswert ist. Es ist als Zeitkonstellation eine Serie von völlig atomistischen Ereignissen: In welcher Form auf jeden Moment ein nächster folgt, ist völlig unbestimmt. René Descartes hat diese Unbestimmtheit einer Abfolge als Element seines epistemologischen Zweifels in seinen *Meditationen* in aller Klarheit formuliert: »Denn man kann die

---

8 Jakob Bernoulli (1713): Ars conjectandi. Zit. nach Ivo Schneider: Die Entwicklung der Wahrscheinlichkeitstheorie von den Anfängen bis 1933. Darmstadt 1988. S. 67.

gesamte Lebenszeit in unzählig viele Teile teilen, deren jeder von den übrigen in keiner Weise abhängt. Dann folgt also daraus, daß ich kurz zuvor existiert habe, keineswegs, daß ich jetzt existieren muß, es sei denn, daß irgendeine Ursache mich für diesen Augenblick gewissermaßen von neuem schafft, d.h. mich erhält. Betrachtet man nämlich aufmerksam die Natur der Dauer, so leuchtet ein, daß es durchaus derselben Kraft und Tätigkeit bedarf, um irgend-ein Ding von Augenblick zu Augenblick zu erhalten, wie um es von neuem zu erschaffen, wenn es noch nicht existierte. [...] Daher muß ich jetzt mich selbst fragen, ob ich irgendeine Kraft besitze, durch die ich bewirken kann, daß ich, der ich jetzt bin, auch eine Weile später da sein werde.«[9] Diese Kraft führt Descartes auf ein äußeres, göttliches Prinzip, durch das diese zeitliche Folge von Augenblick zu Augenblick überhaupt hergestellt wird, so als wäre jeder Augenblick ein Zug, der von einer zusätzlichen Kraft getan werden muss. Solange hier eine göttliche Kraft vermutet wird, kann dieser Übergang noch als vorhersehbar und gesichert gelten. Doch ohne eine solche göttliche Sicherheit bleibt dieser Sprung vom Jetzt zum Jetzt ein kontingentes Ereignis, ein Zug, dessen Erwartbarkeit nicht mehr real sondern wahrscheinlich ist.

Denn es ist ein radikales Jetzt, das sich unvorhersehbar einstellt, es ist wahrscheinlich, und damit nicht mehr real oder ontologisch im klassischen Sinne: Der Mathematiker Condorcet hat dies in seiner Wahrscheinlichkeitstheorie *Essai sur l'application de l'analyse à la probabilité des décisions* von 1785 in aller Deutlichkeit so formuliert:

»Ein Ereignis muss notwendig eintreten oder nicht eintreten: Es ist deshalb sicher, dass eines der beiden gegensätzlichen Ereignisse eintritt; die Summe ihrer Wahrscheinlichkeit wird mit einer 1 angeschrieben.«[10] Das Nicht-Ereignis erhält denselben Wert, ist dieselbe Positivität wie das tatsächliche Ereignis. Solche wahrscheinlichen Ereignisse sind in einem sehr radikalen Sinne virtuell, sie fallen völlig aus einer Logik des Realen heraus. Oder, um es mit Jacques Lacan zu formulieren: »Der Begriff selbst von Wahrscheinlichkeiten und Chancen setzt voraus, dass ein Symbol ins Reale eingeführt wird.«[11]

9 René Descartes: 3. Meditation § 36 und 37.

10 Marie J. A. N. C. Condorcet: Essai sur l'application de l'analyse à la probabilité des décisions rendue à la pluralité des voix. Paris 1785. S. VI. (Übersetzung vom Verf.)

11 Jacques Lacan: Das Ich in der Theorie Freuds und in der Technik der Psychoanalyse. Olten 1980: S. 232.

Das Spiel der Chancen verändert damit radikal den Realitätscharakter: Es führt eine symbolische und virtuelle Dimension ein, die in einem Ereignistyp kulminiert, der sich als virtuell und wahrscheinlich auf einen und den entscheidenden Moment zuspitzt. Im Falle des Spiels ist dies der Coup, welcher schockartig die Möglichkeit des alles oder nichts in einem Moment entfesselt.

Auch wenn die Wahrscheinlichkeitstheorie genau genommen eine Art »Taming of Chance« ist, wie es Ian Hacking formuliert hat,[12] indem dieser Ereignistyp in seiner Radikalität berechenbar, vorhersagbar und damit zähmbar erscheint, so ist der diskontinuierliche Einschnitt, der Coup, dieser Schockmoment in seinem singulären Ereignen dennoch unbestimmbar: Selbst wenn also seine Serie dem Gesetz der großen Zahlen, wie man seit Poisson sagt,[13] oder eben speziellen Regeln der Wahrscheinlichkeitsrechnung gehorcht, der Würfelwurf bleibt in seinem konkreten Ereignen ein Ereignis, das nicht von vorangehenden Ereignissen abhängt. Wenn man dabei noch die Etymologie der galloromanischen Sprachen bedenkt, die besagt, dass »Datum« von Würfel abgeleitet ist,[14] wird deutlich, dass unser Wissen ein in dieser Ereignislogik formatierter Datensatz ist.

Dabei ist die historische Verbindung von Glücksspiel und Wahrscheinlichkeitsrechnung interessant: Denn in ihren Anfängen ist die Wahrscheinlichkeitstheorie von Pascal und Fermat bis Huygens vor allem eine Theorie des Teilungsproblems von Gewinnen, das dann auftritt, wenn Glücksspiele abgebrochen werden. Denn wird ein Glücksspiel zu Ende gespielt, ist alles klar und eindeutig: Schließlich handelt man vorher Prozeduren, Würfelwürfe oder Kartenzüge aus und bestimmt günstige und ungünstige Fälle sowie die Gewinnsumme und begibt sich damit ins Spiel der Möglichkeiten, das am Ende exakt Gewinn und Verlust bestimmt. Doch nicht dieses Spiel als kontrollierte Entfesselung einer Welt des Zufalls ist die Urszene der Wahrscheinlichkeitsrechnung, sondern der Abbruch des Glücksspiels, der im 18. Jahrhundert durch das weit verbreitete Verbot sehr häufig geschah. Ein erzwungener Spielabbruch erzeugt das noch rasantere Spiel, bei dem der Coup, die Sekunde, angehalten und aufgeschoben wird. Dann bleiben

---

12 Ian Hacking: Taming of Chance. Cambridge 1990.

13 Siméon-Denis Poisson: Recherches sur la probabilité des jugements en matière criminelle et en matière civile. Paris 1837. S. 7 ff.

14 Walther von Wartburg: Französisches Etymologisches Wörterbuch. Eine Darstellung des galloromanischen Sprachschatzes. Leipzig 1934. S. 20.

die fehlenden Züge offen und leiten über in die Frage der Gewinnteilung. Dieses Teilungsproblem der Gewinne als Wahrscheinlichkeitstheorie wird dann auf alle möglichen Wissensfelder angewendet. Damit etabliert sich eine »soziale Physik«, wie sie Adolphe Quételet formuliert[15]: Die Gesellschaft agiert nach statistischen Gesetzen, in denen die individuellen Willkürhandlungen und Ereignisse sich als Regelmäßigkeiten zeigen. Durch Maxwell und Ludwig Boltzmann wird diese soziale Stochastik schließlich in die Naturwissenschaften übertragen, wenn es gilt, dass sich Gase wie Menschenmengen verhalten.[16] Die Formen der Wahrscheinlichkeit und ihre spielerische Umsetzung und kulturelle Implementierung im Sinne von Versicherung, Spieltheorie, Ökonomie, Informationstheorie und nicht zuletzt unser virtuelles Wissen zeigen, dass wir die Grenzen dieses Spiels längst nicht mehr ziehen können: Das Wahrscheinliche ist im Realen angelangt.

Schock

Mit dem Ereignistyp des Coups, dieses schockartigen Moments, ist ein spezifischer Affekt verbunden, der den Handlungstypus der Spielenden ausmacht und aber auch auf alle kulturellen Formen übergreift, die von dieser probabilistischen Ereignislogik bestimmt werden. Es ist diese Extase, dieser Kontrollverlust im Moment des Coups, diese ruckartige Handbewegung, dieser Spielzug und symbolische Einschnitt. Es ist dieser Moment der Entfesselung und des Rausches, den Caillois beschrieben hat, den die Schaukel als Spielzeug verkörpert, der Bungee-Sprung, der Elfmeter, der ›sudden death‹, als besonderer thrill und plötzlicher Kick, der eine intensive Affekt-Energie auslöst. Das zeigt, dass es nicht um eine wissende Kontrolle geht, sondern umgekehrt um die Erzeugung eines Kontrollverlustes: Der Zufallsgenerator untergräbt die Souveränität des Wissenden und der Könnerin und setzt die Agierenden einem ganz anderen Handlungsmodell aus. Walter Benjamin hat für diesen Moment ganz unterschiedliche kulturelle Szenarien in der Moderne identifiziert, wenn er im Anschluss an Edgar Allen Poe und Charles Baudelaire diesen Coup der

15 Vgl. Adolphe Quételet: Physique sociale. Paris 1869.

16 Vgl. Theodore Porter: A statistical Survey of Gases. Maxwell's Social Physics. In: Historical Studies in the Physical Sciences Vol. 12, No. 1. 1981. S. 77–116.

Spielenden mit dem Erfahrungstyp des Menschen in der Großstadtmasse und dem Industriearbeiter identifiziert. Es geht um Schockszenarien, die moderne Ereignisse in dieser Radikalität formatieren: »Der Handgriff des Arbeiters an der Maschine ist gerade dadurch mit dem vorhergehenden ohne Zusammenhang, dass er dessen strikte Wiederholung darstellt. [...] Was der Ruck in der Bewegung der Maschinerie, ist im Hasardspiel der sogenannte coup.«[17] Gerade die Geschichte des Traumas und der Unfälle bilden Szenarien, in denen diese Ereignislogik des Spiel längst die vorbestimmten Spiel-Räume verlassen hat: Und dies bezieht sich natürlich auch auf das Kriegsspiel und die damit verbundenen Praktiken und Realitäten, und nicht zuletzt auch auf die symbolischen Maschinen, die uns permanent diesem Schockszenario aussetzen.

Soziales Ereignis

Einen spezifischen sozialen Charakter erhält das wahrscheinliche Ereignis durch seinen seriellen Charakter und durch die dabei involvierte Masse: Denn als isoliertes Ereignis wäre es ein bloßer Zufall ohne jede weitere Konsequenz. Die Berechenbarkeit der Wahrscheinlichkeit eines Ereignisses verleiht ihm die Bezogenheit auf das sichere Ereignis »1«, das immer eintritt. Insoweit ist jedes einzelne Ereignis zugleich auch auf alle möglichen bezogen. Der Unfall als Wahrscheinlichkeitsereignis im Rahmen einer Versicherung wird damit von einem Zufall zu einem sozialen, wiederholbaren und kalkulierbaren Ereignis. Dies gilt ebenso seit Shannon für Information mit ihrem probabilistischen Kern. Darüber hinaus jedoch hat John von Neumann mit seiner Spieltheorie noch eine weitere Dimension im Sinne des Gesellschaftsspiels eingeführt, das gegenüber dem Wahrscheinlichkeitsereignis im Glücksspiel noch den Willen aller Spielenden als Variablen einbezieht. So schreibt von Neumann in dem Aufsatz »Zur Theorie der Gesellschaftsspiele« (1928): »Schon der Name ›Glücksspiele‹ zeigt, dass das Hauptgewicht auf die vom Zufall abhängigen Variablen x_μ, und nicht auf die vom Willen der Spieler abhängigen Variablen y_ν gelegt wird. Aber gerade das ist es, was uns hier beschäftigen wird. Es soll versucht werden, die Rückwirkungen der Spieler aufeinander

17 Walter Benjamin: Über einige Motive bei Baudelaire. In: Gesammelte Schriften, Bd. I.2. Frankfurt/M 1980. S. 633.

zu untersuchen, die Konsequenzen des (für alles soziale Geschehen so charakteristischen!) Umstandes, dass jeder Spieler auf die Resultate aller anderen einen Einfluss hat und dabei nur am eigenen interessiert ist.«[18] Auf diese Weise wird aus dem Glücksspiel das Gesellschaftsspiel, das eine ganz neue Unbestimmtheit im Sinne der sozialen Dimension der Spieler_innen einführt. Schon bei n=3 wird das Spiel bei von Neumann derart komplex, dass er keine Regel mehr angeben kann. Insoweit treffen im sozialen Netzwerk eines Spiels zwei Formen der Unbestimmtheit zusammen: die symbolische, berechenbare Maschine des Computers[19] und, um mit Niklas Luhmann zu sprechen, die unberechenbare Maschine der Gesellschaft.[20]

Spiel des Nichtwissens

Wie also ließe sich dieses erhabene Spiel in ein Lernspiel des Wissens verwandeln, wenn die eigentliche Dimension des Spiels das radikale Operieren mit dem Nicht-Wissen ist? Lernspiel wäre insoweit nicht als Erweiterungsstrategie für das Wissen oder für die Ausweitung eines Kenntnisstandes zu verstehen, sondern als eine Art Zerstörungsspiel: Lernen ist dramatisch, weil die neuen Elemente wie ein Coup alles vorgängige Wissen ruinieren und suspendieren. Diese Momente der Unbestimmtheit sind die einbrechenden Elemente eines neuen Wissens, das eine fundamentale Unsicherheit herstellt. Das Spiel der Chancen – und das scheint ja das einzige Spiel zu sein, das wir spielen können – ist damit ein abgründiges Spiel: Es führt uns vielleicht nichts anderes vor als die tatsächlichen Bedingungen unseres gegenwärtigen Wissens, denen wir nirgendwo entkommen. Deshalb ist es an der Zeit, vielleicht auf der Basis solcher Elemente des Nicht-Wissens, des Schocks und des Ereignisses, wie ich sie kurz skizziert habe, eine neue »condition du savoir« zu beschreiben. Jean-François Lyotards Modell etwa müsste da von dem Wettstreit unterschiedlicher Sprachspiele, der nicht mehr entschieden werden kann, den

---

18 John von Neumann: Zur Theorie der Gesellschaftsspiele. In: Mathematische Annalen 100. 1928. S. 298.

19 Friedrich Kittler: Die Welt des Symbolischen – eine Welt der Maschine, in: ders.: Draculas Vermächtnis. Technische Schriften, Leipzig 1993, S. 58–80.

20 Diesen Unterschied markierte Niklas Luhmann in einer Diskussion mit Friedrich Kittler an der HU Berlin 1997.

weit radikaleren »Hazard« zum Ausgangspunkt nehmen, um damit die viel dramatischere und dynamischere Form des Nichtwissens zu beschreiben, also eher eine »condition du non-savoir«, die paradoxerweise eng mit unserer Überschüttung mit allzuvielen Daten zusammenhängt. Insoweit würden die Fragen, die jetzt zu stellen sind, folgendermaßen lauten: Wie kann man richtig nicht-wissen, und wie kann man dieses Nicht-Wissen lernen, wie sich in dieses Nicht-Wissen hineinstürzen, jetzt und unverbunden mit jedem weiteren jetzt? All das sind auch Fragen, die vor allem die Ökonomie heute nahe legt, ohne noch Regeln zur Bewältigung der Abläufe angeben zu können.

Aus diesem unseren Spiel gibt es keinen Ausweg: John von Neumann, der Architekt unserer digitalen Maschinen und Spieltheoretiker, weiß das schon 1928: »Es ist vielleicht nicht uninteressant, noch auf den folgenden Umstand mit Nachdruck hinzuweisen. Trotzdem der Zufall (durch die Einführung der Erwartungswerte und Streichung der ›Ziehungen‹) aus den zu betrachtenden Gesellschaftsspielen eliminiert wurde, ist er hier wieder von selbst aufgetreten: selbst wenn die Spielregel keinerlei ›hazarde‹ Elemente enthalt (d.h. Ziehungen aus Urnen), ist es doch unumgänglich notwendig, das ›hazarde‹ Element, bei der Angabe der Verhaltungsmaßregeln für die Spieler, wieder in Betracht zu ziehen. Das Zufallsabhängige (›hazarde‹, ›statistische‹) liegt so tief im Wesen des Spieles (wenn nicht im Wesen der Welt) begründet, dass es gar nicht erforderlich ist, es durch die Spielregel künstlich einzuführen: auch wenn in der formalen Spielregel davon keine Spur ist, bricht es sich von selbst die Bahn.«[21]

21 von Neumann: Zur Theorie der Gesellschaftsspiele. S. 306.

Sebastian Schwesinger

All In

Die Psychologie von Spiel und Ökonomie bei Karl Groos und Gabriel Tarde

Scheinen die kulturellen Sphären des Spiels und des Wirtschaftens oberflächlich wie Gegensätze, so ist ihre Verschränkung doch nicht erst im Zuge der gegenwärtigen Diskussion um *gamification* problematisiert worden. Die harsche Trennung von Arbeit und Spiel ist eine Diskursoption, die seit dem 18. Jahrhundert durchschlägt und das Spiel als existenzielles Betätigungsfeld nur bis zum Abschluss der Adoleszenz duldet. Erst mit dem Erwachsenwerden der ersten Gamer_innen-Generation scheint diese Trennwand zwischen persönlichen Entwicklungsphasen endgültig durchlässig geworden zu sein. Nicht nur ist das Spiel als Freizeitvergnügen – z.B. auf der PlayStation im Wohnzimmer oder als App auf dem Smartphone – in der Lebensmitte präsent geblieben, sondern es sind vor allem Spieltechniken der Quantifizierung, Incentivierung oder Stratifizierung, die in der Konsum- und Arbeitswelt zunehmend Einsatz finden. Die Basis dieser Verschmelzungen stellt ein Konzept des Menschen als spielendem Wesen dar, das zur Blaupause für ein von Faszination, Motivation, Involvement und Engagement durchsetztem Verhaltensideal für nahezu alle Bereiche des sozialen Lebens geworden ist. Die stets zu erneuernde und zu bekräftigende Verbundenheit von Kund_innen oder Mitarbeiter_innen mit Produkten, mit (anderen) Kund_innen oder Mitarbeiter_innen des Unternehmens und mit dem Unternehmen als solchem steht hierbei im Mittelpunkt einer Aufmerksamkeitsökonomie. Dabei konvergieren die Psychologie des Spiels und der Ökonomie und es steht deshalb an, zu fragen, unter welchen Voraussetzungen dies alternativ hätte gelingen können und zu welchen Konditionen es bis dato geschehen ist. Vor allem, um damit die mitunter hitzige Diskussion um aktuelle Trends der Verschränkung von Spiel und Wirtschaft auf die Beurteilung zu fokussieren, inwiefern die historischen Variablen jener Konzepte einer Revision bedürfen.

Konjunkturen des Spielwissens

Mit Schillers Briefen »Über die ästhetische Erziehung des Menschen« setzt um 1800 eine wirkmächtige Diskussion des Spiels unter der Schirmherrschaft der philosophischen Ästhetik ein (Schiller 1795). Dieser Einschnitt ist bis heute Fixpunkt einer historisch informierten Auseinandersetzung mit dem Spiel geblieben, auch weil das Spiel hierin zur fundamentalen und ganzheitlichen Wesensbestimmung eines Menschheitsideals gereift ist. Im Laufe des 19. Jahrhunderts, vor allem jedoch in seiner zweiten Hälfte, zerfällt diese romantisch-euphorische Betrachtungsweise in disziplinäre Einzelinteressen, die das Spiel im Rahmen der Psychologie vor allem bezogen auf die kindliche Entwicklung und das Verhalten von Tieren sowie aus ethnographischen Beobachtungen heraus wieder vermehrt positivistisch in den Blick nehmen. Allerdings führt in der ersten Hälfte des 20. Jh. der Weg zurück zu einer holistischeren Perspektive, die in der ersten kulturwissenschaftlich-anthropologischen Bestimmung des Menschen als Spielwesen von Johan Huizinga (2004 [1938]) kulminiert. Die anschließende, kriegsbedingt verzögerte Rezeptionsgeschichte des *homo ludens* bezeugt die Faszination, die das Spiel in der Theorie bis heute ausübt, auch wenn es etwas Zeit brauchte, bis die spätmoderne Welle der Begeisterung für dieses Phänomen – durchaus getragen vom Interesse am Computerspiel – endgültig in den deutschen Diskurs übergeschwappt ist.

Gewiss ist dieser geschichtliche Strang der wissenschaftlichen Auseinandersetzung mit dem Spiel in den Geistes- und Sozialwissenschaften wohlbekannt. Er wird in wiederkehrenden Zusammenstellungen adressiert, wie der kürzlich von Knut Ebeling herausgegebenen Edition des dem »Homo Ludens« vorausgehenden Vortrages Huizingas über »Das Spielelement der Kultur« und den darauf erfolgten Bezugnahmen etwa durch Roger Callois, Eric Voegelin und Georges Bataille (Huizinga/Ebeling 2014). In den von Hans Scheuerl bereits 1955 zusammengetragenen und bis 1997 gelegentlich leicht aktualisiert aufgelegten »Theorien des Spiels« (1966) wird diese Tradition durchgängig bedient. Zwar taucht die

Gegenüberstellung von Spiel und Arbeit als ein wirksames wie streitbares Diskursscharnier, an dem sich nach den Aufklärern und Romantikern auch Proto-Phänomenologen wie Julius Schaller abarbeiteten, auch darin immer wieder auf, dennoch findet die Theoretisierung des Spiels in der Ökonomie bzw. die Bedeutung des Spiels für die Ökonomie auffällig wenig Berücksichtigung. Wenngleich Knut Ebeling in seinem Vorwort auf die altersübergreifende und breitenwirksame Aktualität des Spiels hinweist, führen die mathematisch-ökonomische Spieltheorie und die geistes- und sozialwissenschaftlichen Reflexionen über das Spiel ein merkwürdiges Parallelleben:

> »Gerade die sich in Krisenzeiten häufenden Querverweise zwischen Ökonomie und Spieltheorie, die den ›Kasino-Kapitalismus‹ spieltheoretisch unterfüttern, weisen darauf hin, dass Huizingas *play element* die Kultur in ihrer ganzen Breite durchsetzt.« (Ebeling 2014, S. 10)

Die gesellschaftliche Skepsis gegenüber einer Spielifizierung, wie sie im Wirtschaftssystem als Exzess oder in der Arbeitswelt als Ausbeutung kritisch diagnostiziert wird, erhält ihr argumentatives Fundament aus einem pathologischen Spielverständnis, nach welchem spielerische Dynamiken allzu leicht fehlgeleitet oder manipuliert werden könnten. Die kulturelle Wirkmächtigkeit der dunklen Seite des Spiels soll keineswegs in Abrede gestellt werden, dennoch lässt sich über sie wie über die Konzeptionen des Spielens und des/der Spielenden im Allgemeinen erst dann trefflich streiten, wenn die Erkundung der Bedingungen ihres Gewordenseins alternative Möglichkeitsräume neuer Genealogien offenlegt. Angestachelt durch gegenwärtige Erscheinungen und ihre diskursive Indienstnahme als ›Kasino-Kapitalismus‹ oder ›*gamification*‹ werden historische Fährten skizzierbar, die eine Interdependenz zwischen Spiel und Ökonomie zurückverfolgen.

Der Diskursverdichter und der verfemte Diskursstifter

An der Wende zum 20. Jh. steht die Philosophie mehr denn je vor der Herkulesaufgabe, ihre als *prima inter paris* verstandene Stellung unter den akademischen Disziplinen durch die Synthesen der einzelwissenschaftlichen Erkenntnisse zu behaupten. Als Forschungsgegenstand hat sich das Spiel zu dieser Zeit bereits in Disziplinen wie Ästhetik, Biologie, Psychologie, usw. verflüchtigt. Mit der Gelehrsamkeit eines diese Vielzahl an internationalen Forschungsaktivitäten Überblickenden unternimmt Karl Groos seinen Versuch einer wesentlichen Zusammenschau. In seinem 1896 erschienenen, weltweit erfolgreichen Werk »Die Spiele der Tiere« verarbeitet er »biologische, psychologische und metaphysische Aspekte« (Stollberg-Wernigerode 1966, S. 130) zu einer biologischen Psychologie des Spiels, die 1898 auf Englisch und 1902 auch auf Französisch erscheint. Darauf aufbauend veröffentlicht Groos 1899 »Die Spiele der Menschen«, die ebenfalls breit rezipiert und 1901 auf Englisch verlegt werden. Mit dem Ziel einer Zusammenführung und Überbrückung von Biologischem und Geistigem, von Ontogenese und Phylogenese, von Kindheit und Erwachsenenalter, von Individuellem und Kollektivem verdichtet und synthetisiert Groos alle ihm zugänglichen Wissensbestände. Unter direkter Bezugnahme zur vorangegangenen Studie erweitert er seine Einübungstheorie des Spiels auf die menschliche Sphäre. Nach dieser Theorie werden über die Spielform verschiedener Triebe die biologischen Anlagen des Menschen vor allem im Kindes- und Jugendalter ausgereift.

> »Die so durch die Einrichtung einer Jugendzeit ins Leben gerufene Einübung unfertiger Anlagen ist das Spiel. […] Die Leistungen des Spiels bestehen demzufolge erstens in einer Ergänzung der unfertigen Anlagen zu einer völligen Gleichwerthigkeit mit fertigen Instinkten und zweitens in einer darüber weit hinausgehenden Höherentwickelung des Ererbten zu einer Anpassungsfähigkeit und Vielgestaltigkeit, die gerade bei vollkommen vererbten Anlagen unmöglich wäre.« (Groos 1899, S. 485)

Im zweiten Schritt führt Groos das Spiel von dieser biologischen und physiologischen Basis aus auch bis in die höheren Sphären des Sozialen und der Ästhetik, welche individuell wie kollektiv über das Jugendalter hinaus bedeutsam bleiben. Die Psychologie des Spiels dient ihm dabei als Vermittlungsinstanz zwischen natürlichen Voraussetzungen und kulturellen Auswüchsen, kulminierend in einem ontogenetischen wie phylogenetischen »Wachstum« (ebd., S. 188, 490). Die Grundlage jeden Spiels bildet ihm zufolge eine psychologische Triebstruktur, die individuell wie kollektiv sinnträchtig erscheint. Das durch Lust und Unlust getriebene »spielerische Experimentieren« mit den Trieben bietet ihm so ein allgemeines Prinzip auf dem Weg zu einer philosophischen Anthropologie noch vor Max Scheler und Helmuth Plessner (Stollberg-Wernigerode 1966, S. 130).

Gabriel Tarde arbeitet noch als Richter in Sarlat in der Dordogne, als er 1890 seine soziologische Studie »Les lois d'imitation« (dt. Die Gesetze der Nachahmung, 2004) veröffentlicht. Dieses Buch macht ihn als Gegenspieler zu Émile Durkheim bekannt und führt ihn nicht nur in leitender Position ans Justizministerium in Paris sondern auch als Professor ans renommierte Collège de France. Mit sicheren Schritten vermisst er in den Folgejahren das Areal zwischen Psychologie und Soziologie. Im Ausland widmet unter anderem Ferdinand Tönnies den Argumenten Tardes viel Aufmerksamkeit und versucht, zwischen »der individualistischen Position Tardes und der holistischen Position Durkheims« (Bertschi 2010, S. 267) zu vermitteln. 1902 veröffentlicht er sein umfassendes Spätwerk, die »Psychologie économique«, in der er seine Kernthesen der Imitationstheorie erweitert und auf die Sphäre des Ökonomischen überträgt. Im Gestus einer Neubegründung versuchte er so, die ökonomische Wissenschaft seiner Zeit auf eine sozialwissenschaftliche Grundlage zurückzuführen. Ihm zufolge findet sich die »quantifizierbare Wurzel« (Latour/Lépinay 2010, S. 22) der Ökonomie nur unzureichend und als Effekt ausgedrückt in »monetären Zeichen« (Tarde 1902, S. I–67; die deutsche Übersetzung der Tarde-Zitate erfolgt nach Latour/Lépinay 2010, hier S. 20). Um die ökonomische Wissenschaft vom Kopf auf die Füße zu stellen, müsse man die Quantifizierung der Begehren und Überzeugungen in komplexeren und umfassenderen inter-psychologischen Registern betreiben. Auf diese Art gelangt man zu den eigentlichen Dimensionen wirtschaftlicher Aktivität, die nicht Produktion, Distribution und Konsumtion, sondern Invention, Wiederholung, Opposition und Anpassung heißen. Was wir zur Analyse dieser Systematik verfolgen müssen, sei »die fortwährende und unsichtbare Passage von Seelenzuständen, ein Austausch von Überzeugungen und Erregungen – durch Gespräche, durch Zeitungen, durch das Beispiel –, der den kommerziellen Austauschprozessen vorausgeht, sie oft überhaupt erst ermöglicht und stets dazu beiträgt, ihre Bedingungen festzulegen« (ebd., S. II–30, bzw. S. 57–58). Gabriel Tarde ist mit diesem revolutionären Ökonomieverständnis kein Erfolg beschieden. Während seine Soziologie der Nachahmung zur damaligen Zeit viel Anklang findet – und erst durch die historische Hegemonie der Durkheim-Schule in Vergessenheit geriet, bis sie um die letzte Jahrtausendwende wiederentdeckt wurde – wird seine sozio-psychologische Konzeption des Wirtschaftens zumeist als literarische Ökonomie abgetan. Lediglich Zeitgenossen, die den Formalisierungstendenzen ihrer Zunft kritisch gegenüberstehen, rezipieren sein Werk als grundsätzlich richtigen Ansatz, jedoch unzureichend im Lichte einer aufkeimenden Institutionenökonomik.

> »It will also continue to be valuable on account of that easy and graceful presentation which has given his work its wide vogue, as well as on account of the cogent manner in which he argues for, and illustrates, the thesis that social and economic institutional structure is always and everywhere an outcome of the play of psychological forces.« (Veblen 1902, S. 148)

Erst heute scheinen sich die Gegenstände des Ökonomischen bzw. des ökonomischen Interesses soweit virtualisiert und immaterialisiert zu haben, dass sich eine tiefgreifende Quantifizierung als Grundlage einer medial verfassten Ökonomie natürlich erst dank verfügbarer »Kommunikationstechniken« und »Berechnungsvorrichtungen« (Latour/Lépinay 2010, S. 97) abzeichnet. Erst in diesen lassen sich Erregungen und Aufmerksamkeiten messen, die Kunden – oder eher »Produser« (Bruns 2008) – in ihren eingerichteten und ausgestalteten digitalen Produktumgebungen freizügig preisgeben.

Spielkameraden im Geiste

Es bedarf einer genaueren Betrachtung, um die Überschneidungen beider Autoren vor dem Hintergrund der noch eng verbundenen und in den Kinderschuhen befindlichen Wissensfelder der Psychologie und Soziologie um 1900 herauszuarbeiten. Nichtsdestotrotz wird sich zeigen lassen, wie ausgehend von Groos eine ludische Bestimmung des Menschen greift, die Tarde für seine Rekonfiguration einer ökonomischen Wissenschaft voraussetzt. Beiden Denkern ist dabei eine merkwürdige psychologisierende Anthropologie gemein, also der in Form von Trieben und Beweggründen suchenden Aufklärung individueller und kollektiver Verhaltensformen. Sowohl Groos als auch Tarde ist daran gelegen, auf diese Weise Grundfeste unserer Gesellschaften aufzudecken und beide finden bei ihrer Suche die Leidenschaften. Nach Groos beherrschen sie den Menschen in verschiedenen Spielformen, die er anhand der dabei tätigen Triebe und ihrer Mixturen zu systematisieren sucht. Besonders in seinen Ausführungen zum Nachahmungstrieb und Nachahmungsspiel referiert er auf die Tarde'schen Thesen zur sozialen Imitation und bemüht sich, sie in seine Einübungstheorie einzubinden bzw. sie durch selbige physiologisch und psychologisch zu fundieren. In Tardes »Psychologie économique« finden sich keine direkten Verweise auf Groos, dennoch lässt sich mit dessen Hilfe der Stellenwert des Spiels in der »Ökonomie als Wissenschaft der leidenschaftlichen Interessen« – so der deutsche Titel der Einführung in die ökonomische Anthropologie Tardes von Bruno Latour und Vincent Lepinay (2010) – als grundlegendes Prinzip freilegen.

Zunächst teilen beide Autoren in ihren jeweiligen Gebieten eine evolutionäre Perspektive. Für Groos ist der ›Spieltrieb‹ kein eigenständiger Instinkt, sondern eine Disposition unserer Triebe, deren zunächst unausgeprägte Form in zweierlei Hinsicht der Gattung zum evolutionären Vorteil gereicht. Einerseits behält sich eine im und durch das Spiel ausgereifte Instinkt- und Triebstruktur eine gewisse Plastizität für die Anpassung an spezifische Kontextbedingungen vor (vgl. Groos 1899, S. 485–486). Andererseits bürgt das Spiel für die Verknüpfung von physiologischen und sozialen Tatsachen. So fokussiert Groos das Spektrum seiner Untersuchung über die einzelwissenschaftlichen Interessen hinaus, was ihm ermöglichen soll, »Gebiete [zu] erschliessen, an deren [verknüpfte] Behandlung man von einem anderen Standpunkt aus vielleicht gar nicht gedacht haben würde« (ebd., S. 6). Während Groos also von der Ontogenese ausgehend die spielerische Triebstruktur in den Rahmen einer auch kulturellen Gattungsentwicklung integriert, ist Tarde daran gelegen, mit der evolutionären Peitsche die naturwissenschaftlichen Ambitionen einer auf prästabilierte und gesetzmäßige Harmonie verpflichteten politischen Ökonomie zu geißeln (vgl. Tarde 1902, S. II–220, bzw. Latour/Lépinay 2010, S. 117). Gleichzeitig korrigiert er einen falsch verstandenen Sozialdarwinismus, welcher dem Darwinismus fälschlicherweise »eine künstliche Struktur, einen Gesamtplan, eine Zweckbestimmung hinzufügt« (Latour/Lépinay 2010, S. 62), die sich aus dem Wettstreit und dem *survival of the fittest* ergeben müsse. Die von Tarde beschriebenen basalen ökonomischen Prozesse, z.B. der Ansteckung, der Adaption oder der Verdichtung belehnen nicht nur ein biologisches Vokabular, sondern sind nur vor dem konzeptionellen Hintergrund eines Biologismus des Sozialen verständlich. Auch Groos begründet seine Anthropologie in der »biologischen Betrachtung«

(Groos 1899, S. 486) des Spiels. Auf diesem Fundament bzw. durch diese Perspektive erhält die Psychologie ihre Gerichtetheit und ihren Zweck. Was Tarde Begehren und Groos Lust und Unlust nennt, ist die Triebfeder der von beiden beschriebenen Handlungen und prägt maßgeblich deren Charakter. Die Leidenschaften sind bedürftige und getriebene Neigungen, die sich im Modus des Spielerischen entfalten. Die Spieldefinition, die Groos seiner Untersuchung voranstellt, ist entsprechend bilateral:

> »Das biologische Kriterium des Spiels besteht darin, dass wir es nicht mit der ernstlichen Ausübung, sondern nur mit der Vorübung und Einübung der betreffenden Triebe zu thun haben. Eine solche Übung ist, weil es sich um die Befriedigung von Bedürfnissen handelt, von Lustgefühlen begleitet. Daher entspricht dem biologischen das psychologische Kriterium: wo eine Thätigkeit rein um der Lust an der Thätigkeit selbst willen stattfindet, da ist ein Spiel vorhanden.« (Ebd., S. 7)

Wie schwierig diese scheinbar radikalen Grenzziehungen vor allem in den sozialen »Spiele[n] der Menschen« aufrecht zu erhalten sind, erfährt Groos in seiner Untersuchung an Spielweisen, bei denen entweder nur schwer nach innerem und äußerem Anreiz zu unterscheiden ist oder sich die Grenze zwischen Übung und Ernst in einen graduellen Übergang verwandelt hat (vgl. ebd., S. 188–189).

Soziale Spiele

Groos liefert in vieler Hinsicht die biologischen und psychologischen Grundlagen für Tardes Beschreibungen des ökonomischen Verhaltens der Menschen, die letzterer in Ablehnung der ökonomischen Orthodoxie seiner Zeit analysiert. Hinter seiner Kritik am rationalen Nutzenmaximierer steht die Bemühung, die Erkenntnisformen der klassischen Ökonomen zu historisieren und kontextualisieren. Nach Tardes Ansicht sei der *homo oeconomicus* keine unumstößliche Gewissheit, sondern »eine natürliche Folge seiner Frömmigkeit und seines Glaubens an Gott. Hinter dem egoistischen Menschen gab es den wohltätigen Gott, und die Apologie des Egoismus des ersteren war in Wahrheit nur eine Hymne in Prosa auf die unendliche Güte des letzteren« (Tarde 1902, S. I–137, bzw. Latour/

Lépinay 2010, S. 101). Wenn die Ökonomen also »daher damit fortfahren, die politische Ökonomie auf das Postulat des reinen menschlichen Egoismus und auf den Kampf der Interessen zu gründen, nachdem sie die Idee der Vorsehung getilgt haben, haben sie, ohne es zu bemerken, den Schlußstein des Systems beseitigt« (ebd., bzw. S. 102). Entlang vergleichbarer Dekonstruktionen z.B. des sozialistischen Ökonomieverständnisses versucht Tarde aufzuzeigen, dass die Ökonomik keine unumstößlichen Naturgesetze zutage fördert, sondern im Rahmen ihrer gesellschaftlichen Organisationsformen lediglich »unterschiedliche Weisen [performed], die leidenschaftlichen Interessen zu organisieren und zu verteilen« (Latour/Lépinay 2010, S. 99). Erst hinter solchen allzu holzschnittartigen Konstruktionen ökonomischer Akteure liegt Tarde zufolge das umfassendere Gefüge menschlicher Begehren verborgen, bei dem eine richtig verstandene ökonomische Wissenschaft ansetzen müsste.

Diese Begehren werden für ihn greifbar, sobald sie intersubjektiv und damit ausschlaggebend für die Entwicklung und Instandhaltung einer sozialen wie ökonomischen Sphäre werden. Dabei spielt die Nachahmung eine entscheidende Rolle. Groos akzentuiert diesen Umstand für die Beziehung des Spiels zur Gesellschaft in direktem Rekurs auf Tarde:

> »[W]enn auch die Tarde'sche Formel ›la société c'est l'imitation‹ die unvermeidliche Einseitigkeit eines Schlagwortes besitzt, so ist es doch nicht zu verkennen, dass dieser Trieb von fundamentaler Bedeutung für die Entstehung und Erhaltung des gesellschaftlichen Zustandes ist. Die Gemeinsamkeit des Handelns und Fühlens, ohne die ein sociales Zusammenarbeiten nicht möglich wäre, wird wesentlich durch den imitatorischen Trieb unterstützt, und zwar durch seine unwillkürliche Form, die uns aus der ansteckenden Wirkung des Hustens oder Gähnens so wohl bekannt ist.« (Groos 1899, S. 431)

Darüber hinaus betont Groos den Kampfinstinkt als komplementären Trieb, der in seinen spielerischen Formen des Wetteifers und Wettkampfes, also besonders »in seiner Vereinigung mit dem Nachahmungstrieb« (ebd., S. 250), für einen gesellschaftlichen Fortschritt verantwortlich wäre. Dennoch bildet auch für ihn »das Bedürfnis, sich zu einer socialen Gruppe zu vereinigen« überhaupt die Grundlage, auf der sich andere

Triebe – »sogar die auf den Kampf gerichteten« (ebd., S. 433) – ausbreiten können. Tarde stellt der Nachahmung hingegen die Invention zur Seite. Sie setzt und hält die Dynamik aus Wiederholung, Opposition und Anpassung in Gang, indem sie als Differenz, »sobald sie einmal wiederholt worden ist, unzählige Kämpfe auslöst, aus denen man nur durch andere Erfindungen herausfindet« (Latour/Lépinay 2010, S. 51). In dieser Form gerät das Duo allerdings noch tiefer in den Sog des Spiels, genauer des Nachahmungsspiels. In den Augen von Groos hat vor allem der amerikanische Sozialpsychologe James Mark Baldwin gezeigt, »wie die wiederholten Nachahmungsversuche des Kindes (persistent imitation) in dem Ringen um eine befriedigende Copie eine Menge von neuen Combinationen als Nebenfolge hervorrufen müssen, die zwar für den eigentlichen Zweck nicht genügen, aber zum Theil die Aufmerksamkeit des Kindes auf sich ziehen und von ihm als seine eigenen Erfindungen genossen werden« (Groos 1899, S. 372); oder auf eine knackige Formel gebracht: »[F]ast alles spielende Reproduciren ist auch ein Produciren« (ebd., S. 371).

Wie oben für das »spielerische Experimentieren« der Triebe im Allgemeinen beschrieben, versucht Groos auch für den Nachahmungstrieb solche entwicklungspsychologischen Beobachtungen, erstens, auf biologische Instinkte zurückzuführen, was ihm für den lediglich »instinkt-ähnliche[n]« (ebd., S. 370) Nachahmungstrieb Probleme bereitet. Die frühkindliche Bewegungsimitation bedarf seiner Analyse nach einer Bedürfnisorientierung, um den Drang zur Ausführung sowie das Lustempfinden zu gewährleisten (vgl. ebd.). Bereits auf dieser basalen Entwicklungsstufe des Nachahmungsspiels bilden Begehren also die intrinsischen Motivationsfaktoren. Zweitens unternimmt Groos auch beim Nachahmungstrieb den Versuch, mithilfe des Spiels zwischen individueller und kollektiver Ausprägung zu vermitteln, was hier mit dem Rekurs auf Tardes Gesellschaftskonzeption problemlos aufgeht. Der spielerische Genuss an den Nachahmungen im Kindes- und Jugendalter ist für Groos überhaupt der Motor einer jeden individuellen Entwicklung zur Fähigkeit der Teilhabe an Kollektivität und Sozialität. Die gemeinsamen Spiele – unter die Groos auch so Alltägliches wie das gesellige Gespräch subsumiert – bilden für ihn »die sociale Schule des heranwachsenden Menschen« (ebd., S. 433). Die spielerische Nachahmung ist für deren Gelingen allerdings die Grundvoraussetzung:

»Ein wirkliches Eindringen in die seelischen Zustände anderer Individuen, eine objective Würdigung dessen, was von ihnen gefühlt und erstrebt wird, ist ohne die Uebung in dieser Selbstversetzung schwerlich möglich.« (Ebd., S. 385)

Das Spielen ist demnach sowohl Voraussetzung als auch Folie für ein Erwachsenenleben, in dem auch Groos Teilbereiche ausmacht, die sich ihrer spielerischen Dimension nur schwer entledigen können. Die Ereiferung und Ansteckung, die im Wett- und Glücksspiel aller Altersklassen herrscht, findet er ebenso beim »Spiel an der Börse« (ebd., S. 264). An Stellen wie diesen gerät Groos' Einübungstheorie in dem Maße ins Wanken, wie seine Unterscheidung zwischen intrinsischer und extrinsischer Motivation als Definitionskriterium des Spiels suspendiert wird. Entsprechend ist nicht mehr aufzuzeigen, wie die riskanten Ansteckungen der Börse nicht dem spielerischen Modus derselben ›sozialen Triebe‹ folgen sollen, nur weil sie in einen gesellschaftlich funktionalen Kontext eingebettet sind und nicht isoliert um der Lustempfindung selbst willen erfolgen.

Tardes Konzeption der Ökonomie der leidenschaftlichen Interessen basiert auf eben dieser Einsicht, dass das Soziale bei aller Ernsthaftigkeit seiner zivilisatorischen Funktion ein Spielelement implementiert, dessen Art und Weise man sich in den von Groos beschriebenen Kinder- und Jugendformen des Nachahmungs- und Wettkampfspiels vertraut gemacht hat. Anstelle spielerisch Gesellschaft einzuüben, erlernt man demnach eher das ›Spiel der Gesellschaft‹. Die kollektiven Wellen und Zyklen, die Tarde beobachtet, ergeben sich aus individuellen Verkettungen, welche das gesamte Spektrum zwischen Konformität und Differenz, der ökonomisch gedachten Imitation und Invention ausnutzen und -prägen. Dieses Verhalten entspricht im Sinne Groos' einer individuellen wie kollektiven Fortführung der sozialen Spiele – vor allem des produktiven Nachahmungsspiels – im Erwachsenenalter. Das Spiel als grundlegender Gesellschaftsmodus dient auch über die Adoleszenz hinaus der Vermittlung zwischen Instinkt- und Vernunfthandlung (vgl. ebd., S. 360). Groos und Tarde sind sich dabei einig, dass sich aus der Biologie und Psyche des Individuums heraus die Gesellschaft als Spiel mit offenem Ausgang ereignet und erhält.

»Diese Vorgehensweise unterscheidet sich von den vorherbestimmten Harmonien oder den linearen Entwicklungen darin, daß sie, anstatt den sozialen Zug auf einem einzigen und stets demselben Gleis fahren zu lassen, ihm sehr viel mehr Spielraum läßt.« (Tarde 1902, S. II–220, bzw. Latour/Lépinay 2010, S. 118)

Wie die Vermittlung zwischen Individuum und Kollektiv bildet auch die Integration zeitlicher Horizonte eine Kernaufgabe, der sich die beiden Autoren mit dem Blick auf das Große und Ganze verpflichtet haben. Das ergebnisoffene ›Spiel der Gesellschaft‹ zeitigt neben der kurzfristigen auch eine langfristige Form des Nachahmungsspiels. Das genealogische Prinzip der sozialen Vererbung ersetzt dafür die balanceorientierte und statische Systematik ökonomischer Orthodoxie. Tarde erklärt in den Metaphern des Keims und des Keimblatts den Unterschied zwischen dem, was man als immaterielles vom materiellen Kapital absetzen könnte (vgl. ebd., S. I–334, bzw. S. 73 f.). In der Menschheitsgeschichte akkumuliert sich nach seinem Dafürhalten nur ersteres, das Reservoir an Erfindungen, Modellen und Ideen. Für Groos ist dieser Umstand dem Nachahmungstrieb und seiner spielerischen Ausübung zu verdanken, »ohne den es kein Erlernen, keine Überlieferung gäbe« und der somit »der unentbehrliche Träger einer continuierlichen und damit die nothwendige Voraussetzung einer sich steigernden, nicht immer wieder ab ovo beginnenden Kultur« (1899, S. 364) sei. Die fortschreitende Traditionsbildung und -überwindung ist demnach das langfristige Resultat einer offenen Gesellschafts- und Wirtschaftskonzeption unter den Vorzeichen des Spiels.

Alternative Ökonomien

Auch wenn die Ideen Tardes und Groos' mithilfe des Nachahmungsspiels ineinander aufgehen, bleibt noch zu eruieren, was damit für die gegenwärtige Annäherung von Spiel und Wirtschaft gewonnen sei. Welche Alternativen oder Erweiterungen bieten sie zur ökonomischen Spieltheorie oder zu gängigen *gamification*-Ansätzen? Die Anthropologie eines spielerisch-sozial veranlagten Menschen bestärkt grundsätzlich die heute hinlänglich bekannte Kritik, der Modellagent der Ökonomik bilde nicht annähernd die relevanten Motivatoren ökonomischen Handelns ab. Entscheidender ist allerdings, wie mit Groos' stellvertretender Einbettung des zeitgenössischen Spieldiskurses in die Interpretation Tardes diese Wesensbestimmung des Menschen fundamental für dessen Gesellschafts- und Wirtschaftsanalyse wird. Die Begehren und Leidenschaften ökonomischer Akteure sind nicht nur umfangreicher, sondern auch verspielt. Darüber hinaus können wir nun mit beiden Autoren sogar behaupten, dass die sozioökonomische Dynamik einer Gesellschaft gar als Spiel – vor allem als Nachahmungsspiel – beschreibbar wird. Für heutige Verhältnisse lässt sich diese Kritik also insofern zuspitzen, dass die unterstellte Nutzenmaximierung wirtschaftlicher Modellagenten nicht bloß unter Umständen spielerisch erfolgt, sondern das Wirtschaftsleben immer eine Ökonomie der spielerischen Begehren ausprägt. Damit ist, erstens, eine in Nutzen kalkulierende Spieltheorie überwunden, die Spielentscheidungen hochgradig vom Willen zu Gewinnen abhängig macht. Denn auch Groos zufolge sind die sozialen gegenüber den agonalen Trieben primär zu verstehen. Über diese bipolare Ordnung und Hierarchisierung – Wettkampf versus Nachahmung – bei Groos (vgl. Hantke 2015, S. 126) und Tarde hinaus lassen sich die in ihrer Systematik sicherlich zu kritisierenden Triebe von Groos in eine umfassende Architektur dynamischer Spielmotivatoren überführen, die eine gesellschaftliche wie wirtschaftliche Dynamik aufrechterhält. Das Spiel ist demnach, und zweitens, falsch verstanden, wenn es als ein aufpfropfbares *topping* bestehender Arbeitskontexte, als ein *added value* zum Anstacheln und Ausreizen vorhandener Begehrensstrukturen Anwendung findet. Anstelle einer räumlich und zeitlich begrenzten Spielsphäre, in der sich der ludische Mensch entfaltet, kann man im Sinne Tardes das Spiel als einen – oder gar den – grundsätzlichen Modus vergemeinschaftenden Verhaltens auffassen. Unabhängig ob agonal, imitatorisch, kooperativ, erotisch, chaotisch, destruktiv, etc. – welcher Art und Zusammensetzung die Begehren oder Bedürfnisse auch sein mögen, die den Spielmodus des Einzelnen (vorübergehend) beherrschen –, die Motivation zum Gesellschaftsspiel besteht in ihnen selbst. Man mag sich über die Rechtfertigung und Form dessen, was Groos und Tarde als soziale Triebe fassen, streiten, die Idee allerdings, dass sie als Spiel wirken, scheint die gegenwärtige Verfasstheit einer so umfänglich ökonomisch durchwirkten ›gesellschaftlichen Wirklichkeit‹ einfangen zu können. Der Argumentation Tardes folgend war die Gesellschaft schon immer eine genuin ökonomische, nur haben wir es erst im Zuge des Ausgreifens des tertiären Wirtschaftssektors zu spüren bekommen. Deshalb erscheint uns die ökonomische Analyse Tardes – im Gegensatz zu seinen Zeitgenossen – so seltsam selbstverständlich und gegenwärtig, erfasst sie doch sehr feinsinnig, wie Andrew Barry und Nigel Thrift meinen, wie heutzutage an post-subsistenziellen und post-industriellen Wirtschafts- und Gesellschaftsformen partizipiert wird.

> »The ›economy‹ described by Tarde is perhaps closest in form and spirit to modern consumer ›flock and flow‹ economies which are based on tracking and periodically initiating consumer enthusiasms, not least by drawing on the inventions of consumer as well as those who are located within the firm, so as to make the extraordinary into an ordinary (or, at least, calculable) state of affairs. It is an economy which depends on tracking as well as generating the propagation of desires.« (Barry/Thrift 2007, S. 518–519)

Es ließe sich daraus lernen, dass das Phantasma der Prognostizierbarkeit für die Ökonomie ein grundlegendes Erkenntnishindernis darstellt. Berechenbarkeit und Unberechenbarkeit gehen im Spiel Hand in Hand. Mag es, wie von Tarde beschrieben, die falsche Wurzel sein, die man quantifiziert hat; mag es der gängige Irrtum sein, dass man »[u]nter dem Namen Wahrscheinlichkeit […] Wirklichkeit unterstellt und ihre Unterstellung verwendet« (Campe 2002, S. 7) hat. Von diesen Fehlberechnungen bleibt dennoch eine fundamentale Unberechenbarkeit im Spiel zu unterscheiden. Tarde erdenkt eine Architektur, um den Inventionen auf die Spur zu kommen, die *ex post* keine Verlaufsgesetze offenbaren sollen, sondern lediglich die Trajektorien offenlegen können, die im weitesten Sinne ökonomisch, d.h. auch sozial, ästhetisch, etc. wirksam sind. Dazu sollte man die Prinzipien verstehen, nach denen die dabei wirksamen Begehren ausgespielt werden. Gleichzeitig sollte man sich aber davon verabschieden, sie bespielen zu wollen. Dies erweise der Gesellschaft nämlich einen Bärendienst, wann man der Analyse Bernard Stieglers folgt. In dessen ähnlich gelagerter Theorie einer umfassenden Libidoökonomie finden neben »wirtschaftlichen Objekte[n] im gängigen Sinne« auch »moralische, wissenschaftliche, ästhetische, geistige und politische Objekte« (Stiegler 2010, S. 39) ihren Platz. Sie alle vereint, dass sie im Zuge zivilisatorischer Sublimierung dessen erzeugt werden, was Freud im Rahmen seiner Kulturtheorie als libidinöse Energie identifiziert hat. Eben diese leide seiner Einschätzung nach unter der zunehmenden Kapitalisierung der oben genannten Objekt- und korrespondierenden Lebensbereiche.

»Die Organisation der Libidoökonomie durch den Kapitalismus, [...] hat diese Ökonomie zerstört und die libidinöse Energie erschöpft [...]. Nachdem sich in den letzten Jahrzehnten gezeigt hat, dass sich dieser Verlust nicht von alleine erneuert und regeneriert, ist unter dem Gesichtspunkt einer – mit Georges Bataille gesprochen – allgemeinen Ökonomie die Wiederherstellung der libidinösen Energie von höchster Dringlichkeit. Dafür ist innerhalb der Ökonomie im gängigen Sinne eine Um- und Aufwertung dessen, was Freud Sublimierung nannte, notwendig: Man muss das Wirtschaftsleben, die Investition, den Kurs technologischer Entwicklungen, die Industriepolitik etc. auf der Sublimierung als einer gesellschaftlichen Kraft neu begründen.« (Ebd., S. 37–38)

Stieglers Aufruf, sich der sozioökonomischen Sublimierung neu zu vergewissern und sie umzugestalten, setzt allerdings nicht in der Tiefe des Aktionsmodus der Triebe an. Er verbleibt im Rahmen psychonalytischer Erklärungsmuster, die reißbrettartig und holzschnittartig die Gebäude des Sozialen und der Kultur aus abstrakten Kausalbeziehungen innerhalb des psychischen Haushalts des Einzelnen aufbauen. Empirisch gesättigter lässt sich mit Tarde dafür begeistern, dass die Anerkennung der spielerischen Ausübung der ›sozialen Triebe‹ experimentellere Formen politischer »Kunstgriffe« (Tarde 1902, S. I–229, bzw. Latour/Lépinay 2010, S. 96) einfordert. Mit der Einsicht, dass Vorstellungen universaler ökonomischer ›Naturgesetze‹ oder Gleichgewichte eines ökonomischen ›Organismus‹ nur wissenschaftlich und politisch temporär stabilisierte Weisen der Organisation der leidenschaftlichen Interessen abbilden, entledigt man sich des Ballastes, der die Erprobung alternativer Formen wirtschaftlicher Ordnungen, die den gesellschaftlichen Spielraum entsprechend erweitern oder verkleinern, bis dato stark behindert hat. Politische Intervention müsse in diesem Sinne an der Wurzel der spielerischen sozialen Triebe ansetzen, und wie beispielhaft an den Diskussionen um ein bedingungsloses Grundeinkommen ersichtlich wurde, deren Entwicklungsspielraum als solchen organisieren, anstelle zweckdienliche Wert- und Verhaltensmuster zu propagieren und subventionieren.

Bibliographie

Barry, A. / Thrift, N.: ***Gabriel Tarde. Imitation, Invention and Economy***. In: Economy and Society, 36(4). London (Routledge / Taylor & Francis) 2007. S. 509–525.

Bertschi, S.: ***Im Dazwischen von Individuum und Gesellschaft***. Topologie eines blinden Flecks der Soziologie, Bielefeld 2010.

Bruns, A.: ***Blogs, Wikipedia, Second Life, and Beyond. From Production to Produsage***. New York 2008.

Callon, M.: ***What Does It Mean to Say That Economics Is Performative?***. In: MacKenzie, D. / Muniesa, F. / Siu, L. (Hrsg.): Do Economists Make Markets? On the Performativity of Economics. Princeton 2007. S. 311–357.

Campe, R.: ***Spiel der Wahrscheinlichkeit. Literatur und Berechnung zwischen Pascal und Kleist***. Göttingen 2002.

Ebeling, K.: Vorwort. In: ***Huizinga, J./Ebeling, K. (Hrsg.): Das Spielelement der Kultur. Spieltheorien nach Johan Huizinga von Georges Bataille, Roger Callois und Eric Voegelin***. Berlin 2014.

Groos, K.: ***Die Spiele der Tiere***. Jena 1896.

Groos, K.: ***Die Spiele der Menschen***. Jena 1899.

Hantke, M. (2015): ***Geistesdämmerung. Das Philosophische Seminar an der Eberhard-Karls-Universität Tübingen 1918–1945***. Dissertation, online: *https://publikationen.uni-tuebingen.de/xmlui/bitstream/handle/10900/63403/Geistesdaemmerung%20Tobias%20LibPDFA.pdf?sequence=1&isAllowed=y* (letzter Abruf am 11.08.2017).

Huizinga, J.: ***Homo Ludens. Vom Ursprung der Kultur im Spiel***. Hamburg 2004 [1938].

Latour, B. / Lépinay, V.: ***Die Ökonomie als Wissenschaft der leidenschaftlichen Interessen. Eine Einführung in die ökonomische Anthropologie Gabriel Tardes***. Berlin 2010.

Scheuerl, H.: ***Beiträge zur Theorie des Spiels***. Weinheim 1966.

Schiller, F. von: ***Ueber die ästhetische Erziehung des Menschen in einer Reyhe von Briefen, Teil 1–3***. In: Die Horen, 1., 2. & 6. Stück. Tübingen 1795.

Stiegler, B.: ***Hypermaterialität und Psychomacht***. Zürich 2010.

Stollberg-Wernigerode, O. zu: Karl Groos. In: ***Neue Deutsche Biographie***, Band 7, Grassauer – Hartmann. Berlin 1966. S. 130.

Tarde, G.: ***Psychologie économique***. Paris 1902.

Tarde, G.: ***Die Gesetze der Nachahmung***. Frankfurt 2003.

Veblen, T.: ***Review of Psychologie économique by Gabriel Tarde***. In: Journal of Political Economy, 11. Chicago (UvChicago Press) 1902. S. 146–148.

Anne Dippel & Sonia Fizek

Laborious Playgrounds[*]

Citizen science games as new modes of work/play in the digital age

New modes of work/play in the digital age

> *If anything could be said to characterize new modes of work/play, it would be precisely this sort of interplay.*
> (O'Donnell 2014, 12)

The computer screen gradually fills up with ever more complex geometrical patterns. Thousands of players go online to combine and rearrange colorful building blocks. With every level, the shapes become more refined, the patters harder to build, and the achievements more difficult to obtain. The leaderboards with the highest scores are published online and available to the entire playing community. Also the in-game mission outcomes are shared via social media platforms.

The game outlined above would not differ substantially from other abstract online digital puzzles, such as *Bejeweled* (2001) or *Candy Crush* (2012), if it were not for one crucial detail – its collaborative drive for an external goal. *EteRNA* (2010) constitutes a big data-driven digital laboratory (*Virtual Lab. Play a Game. Change the World.*), where more than 38.000 citizen

---

* An earlier version of this article was originally published as a chapter in the collected volume *The Playful Citizen: Knowledge, Creativity, Power.* (Amsterdam University Press 2016)

player-scientists assemble shapes representing ribonucleic acids (RNAs), tiny molecules that are the basis of every living cell. The best virtual RNA designs are selected and synthesized in the biochemistry laboratory at Stanford.

Like numerous other citizen science games (also known as serious games, human-based computation games, or games with a purpose, GWAP), *EteRNA* is an example of a much broader playful/laborious phenomenon, which has been emerging in recent years. The term itself is opening up three significant fields for the understanding of citizen science games as playful collaborations for a common goal lying outside of the game itself.

The »citizen« emphasizes the importance of the collaborative social element, lying at the etymological heart of the Proto-Germanic word »game« (*ga* – together, *mann* – man). In digital games such as *EteRNA* masses of citizens are crucial, for their collaborative endeavors not only influence the gameworld, but more importantly reach outside of it, and contribute to the production of knowledge. The »scientific« dimension provides an external goal for the citizen players. It is placed in the realm of seriousness, associated with work. The »game« on the other hand, with its freedom of action within internal rules, achievement-based mechanics, and playful aesthetics, belongs to the realm of play performed for leisure. Those three aspects become the points of departure in the analysis of this recent phenomenon as a work and play interference, where both qualities permeate each other.

Citizen science games could be discussed in terms of gamification (Deterding et al. 2011) of science (introducing playful elements into an originally non-game context), but this explanation seems to be leading only in one direction – play entering the non-game domain and changing it into a playful entity. However, in this encounter, not only the gamified or ludified activity changes, but also play itself is undergoing transformation. Citizen science games may be perceived as laborious playgrounds, placed between the two poles of *ludus* and *labora*, oscillating between qualities associated previously either with pastime or with productive or useful time.

In the following article, drawing upon interdisciplinary academic approaches of game studies, media theory and socio-cultural anthropology, we are going to discuss this relationship, and analyze citizen science games as the new modes of work/play, where both qualities overlap.

Collaborative gaming with purpose

> *We're calling on gamers to help connect the dots by creating a physical, visual 3D map of the brain.*
>
> (Eyewire n.d.)

Large collaborative online environments such as citizen science games are the most recent incarnation of ideas that were put into practice already a few decades ago. The first attempts to use collaborative power of humankind in combination with games were proposed at the beginning of the 1960s by Buckminister Fuller, who introduced the *World Game*, an educational simulation for solving the problems of overpopulation and uneven distribution of global resources. As the author himself claimed, he had played it without the assistance of computers since 1927. The *World Game* that Fuller envisioned was to be a place where individuals or teams of people compete, or cooperate, in order to:

> *[m]ake the world work, for 100% of humanity, in the shortest possible time, through spontaneous cooperation, without ecological offense or the disadvantage of anyone.*
>
> (Buckminister Fuller Institute n.d.)

Fuller conceptualized a playful systemic tool that could engage masses of participants in a strategic game based on the statistical data concerning the world, its minerals, manufactured goods and services, humans and their needs (Buckminister Fuller Institute n.d.). However, what he did not have at his disposal, were the essential components of today's collaborative digital games with purpose: big data, the calculating machine able to process the deluge of information, and a network that would connect thousands of minds. The turning point came in 1989 with the invention of the World Wide Web (at CERN by Tim Berners-Lee). Its rise contributed to the development of a new gameplay phenomenon – a massively multiplayer online game (MMOG).[1] It is only in the 1990's and the beginnings of 2000's that a game world could be populated by millions

1 The first multiplayer real time virtual worlds, such as Multi User Dungeons (MUDs) rose at the end of 1970's and 1980's. They could be, however, played online exclusively as experiments in the ARPANET network or within internal university networks.

of players simultaneously. One of the most recognizable MMORPG titles, *World of Warcraft* (2004), in its peak had 12 million active players (Statista).

What if those millions of participants, instead of performing fictitious online battles, were united in order to solve existing and potentially problematic scenarios, following Fuller's vision? Collectively, we spend three billion hours a week gaming (McGonigal 2010). Why not turning this affluence of pastime into productive time, and collaborative gameplay into socially positive ends – asked game designer Jane McGonigal (2010, 2011)? To achieve this McGonigal used Alternate Reality Games (ARGs), combining the physical world with the online world, where role-play turns into real-play, as she emphasizes. In 2007 *World without Oil* – »a massively collaborative imagining of the first 32 weeks of a global oil crisis« – launched online. The players contributed with their own stories and possible scenarios via e-mail, fora, uploaded video material, or comics. The game attracted 1.800 players. *Evoke* (2010), the next collaborative ARG, brought together more than 20.000 people all over the world with a common goal to find solutions to the most urgent social problems, such as food shortage, water crisis, or women empowerment, amongst others.

The productive, anticipatory and systemic real-play has been perfected in the most recent collaborative ludic phenomenon – citizen science games. In contrast to previous ARGs, citizen science games unite all the players online within a consistent game platform with specific rules and tasks to perform. Within those big data collaborative play spaces players solve puzzles, categorize, identify and tag data, participate in challenges, and by doing so contribute to the advancement of scientific research. The free digital labor (Scholz 2013) of thousands of amateur science-players helps researchers deal with numerous questions, from biology, neuroscience, astronomy, high-energy physics, to linguistics and history of art, amongst others. The players predict protein patterns (*EteRNA*), map neural retina pathways (*Eye Wire*), classify the morphologies of galaxies (*Galaxy Challenge*), program algorithms identifying the Higgs boson (*Higgs Boson Machine Learning Challenge*), tag social language (*Metropolitalia*) or art works (*ARTigo*).

One of the first citizen science games was *FoldIT* (2008 »Solve Puzzles for Science«). It was developed as an online challenge of synthesizing molecules. The input from the online playful laboratory turned out to be so successful that its initial prototype transformed into a worldwide ludic experiment renamed *EteRNA* (2010 »Make Molecules, Advance Science«), developed as a scientific project at Stanford and Carnegie Mellon Universities. Its gameplay is based on the complex pattern recognition process. The player's task is to assemble shapes representing ribonucleic acids (RNAs). Since humans are currently much more efficient in deciphering and predicting the structures of proteins than the existing computer algorithms, the initiators of the project decided to use the form of an online puzzle to attract potential participants. Their actions are collected in a big data assemblage with the aim to improve the development of algorithms for pattern recognition.

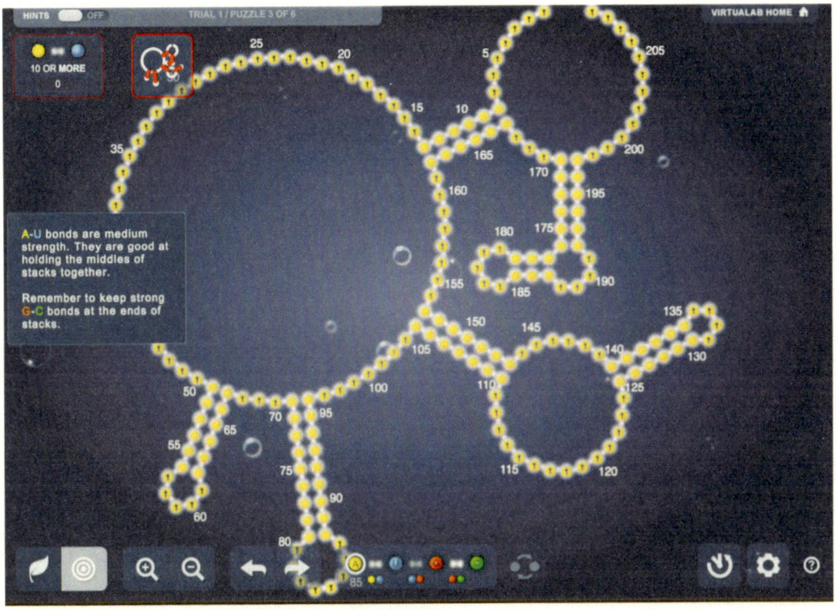

Fig. 1: A screen from the gameplay in *EteRNA* (2010)

Big data collaborative games and challenges have become such an effective scientific tool in the past few years that they led to the development of entire online platforms for collaborative volunteer research such as Kaggle[2] or Zooniverse[3], amongst others, where academic institutions

2 Available at: *http://www.kaggle.com.*

3 Available at: *http://www.zooniverse.org.*

and research centers may create their games, outsourcing the challenges to the citizens around the world.

Those lofty and idealistic attempts to change the world by turning gaming into something productive embody what Alexander Galloway (2013) refers to as contemporary romantico-cybernetic understanding of play. On the one hand, play is perceived as a spontaneous, careless and almost childlike activity. On the other, in many instances, it has become almost synonymous with complex iterative systems. Commercialization and systematization of play, gamification, or productive collective gaming operate in accordance with the systemic and structural quality of play. At the same time, they draw from the Huizingian spirit, associating play with something pure, almost poetic, and above all else meant to entice pleasure. And this romantico-cybernetic fusion invites the humans into the world of something they intuitively associate with pleasure and frivolity, all the while performing productive tasks with an external purpose.

Work and play interference

> *Play turns to seriousness and seriousness to play.*
> (Huizinga 1938/1992, 8)

The process of blurring the work-play and seriousness-playfulness lines was first brought to attention in the last chapter of *Homo Ludens* (1938/1992), where Johan Huizinga discusses the loss of the purity of a frivolous playful experience and emphasizes the confusion of where play ends and non-play begins. To support his claim, he uses the example of professional sports, which systematizes pure play and corrupts it through the principles of paid work. He then moves on to the world of commercial rivalry and emphasizes the *agon* element in business, noticing that »[...] some of the great business concerns deliberately instill the play-spirit into their workers so as to step up production« (Huizinga 1938/1992, 200). By doing so, according to Huizinga, they turn business into play, and as a result play becomes business. The two allegedly mutually exclusive aspects of human practice, work and play, interfere and transform the everyday life. Their boundaries collapse and as a result playfulness leaks into labor, and the latter unfolds moments of drudgery within play.

Huizingian distinction between play and work, and the portrayal of the latter as a productive and paid activity relates to the Marxist understanding of work ethic. For Karl Marx work is defined as a useful and productive activity that may be translated into the value of commodities produced. It is also part of a natural human behavior, »[...] a productive expenditure of human brain, muscle, nerve, hand, etc.« (Marx 1887/2015 n.d.). In the *Grundrisse* he also points out the Abrahamic definition of work as toil which seems to have been placed on the human shoulders in the moment of the ancestral sin: »In the sweat of thy face shalt thou eat bread, till thou return unto the ground; for out of it wast thou taken: for dust thou art, and unto dust shalt thou return« (Genesis 3:19; KJV). While the foundational text of Abrahamic monotheism represents work in terms of a curse enforced upon humans by God, Marx departs from it and defines work as a chance for the »individual's self-realization«, an *a priori* act of utmost freedom, which encompasses happiness, even if throughout history mostly corrupted, self-alienated forms of work or »external forms of labour« have become visible (1858/1973, 611). In this, he rejects the understanding of Adam Smith, who argued that work » [...] obtains its measure from the outside through the aim to be attained and the obstacles to be overcome in attaining it« (Elster 1999, 59).

The differentiation between work and play appears already in Aristotle's *Nicomachean Ethics* (1971). Both above qualities, according to Aristotle (1971), are required in order to achieve happiness and freedom. Gregory Bateson (1972), on the other hand, differentiates between play and combat, drawing from the animal kingdom. Here, playing is opposed to serious activities required for life sustainment or defense from danger. In such dualisms Brian-Sutton Smith (1997) notices the rhetoric of frivolity, which carries in itself implicit work ethics, moving play into the domain of fun, non-seriousness and nonsense. Salen and Zimmerman notice that in modern times this sort of rhetoric inverts the classic work ethic view of play, »against which all the other rhetoric exist as rhetoric of rebuttal« (2003, 305).

Games and play seem to be determined by their self-sufficiency and closely defined »magic circle«, which is creating a temporary world within the ordinary one (Huizinga 1938/1992, 10). They remain on the opposite end of drudgery as long as they are non-serious (Huizinga 1938/1992, 10), unproductive (Caillois 1958/2001, 10), joyous (Scheuerl 1979, 69), and utterly absorbing (Huizinga 1938/1992, 10), making the players lose themselves in the constellation of playful time and space. The magic element within the play experience points towards the very suspension of time, as if past and future did not exist. The time within play is defined and perceived as pastime, for the players need to be entirely captured by the game in order to play it. Pastime seems to synchronize permanence and simultaneity and enclose them within what the German pedagogue Hans Scheuerl (1979, 69) defines as presence and inner endlessness. The experience of being suspended in time and lost within the game has been also theorized from the perspectives of flow (Csikszentmihalyi 1990/2008) and immersion (Calleja 2011; Tekinbaş Salen and Zimmerman 2003).

Following the above logic, we may come to the conclusion that play itself makes no sense, but simply exists within its internal logic. Play creates sense and meaning and lays them upon its players. In contrast to work, it does not need any external references to be defined as such. Play carries its goal in itself. It is *autotelic*.

Unlike play, work is a productive activity, which leads to meaningful, often profit-oriented goals. In the 13th century labor (from Latin *laborem*) designated a task to be performed. In the late 14th century it was mostly associated with exertion of the body, possibly originating from the notion of »tottering under a burden« (from Latin *labere*) (Dictionary). The Middle Ages brought the meaning of work onto the path of till and hardship. Not without a reason, in the Anglo-Saxon linguistic tradition, the term also designates the suffering women experience while »in labor«. Etymologically, labor seems to be connected with productivity, effort, and suffering, qualities through which it fundamentally differs from play. The laborious effort is undertaken for the value of work lies outside of it and is encapsulated in its produced commodities. Work is therefore *exotelic*.

In the digital age the differentiation between work and play gradually disappears and dissolves, and while doing so, it encodes the Protestant and capital-oriented logic of a productive human existence into play. As much as play enters the allegedly play-free domains of life, such as workspace, seemingly non-ludic practices pervade playgrounds. And it is precisely at the intersection between those ostensibly distinct practices of play and work, or playfulness and seriousness, where new spaces and forms come into being; where the lines between the imaginary, the symbolic and the real are blurred.

The digital machine itself unites those two seemingly mutually exclusive qualities. On the one hand, a computer is a digital calculator based on mathematical game theory (von Neumann 1928), performing work-related tasks; on the other, an entertainment center used in free time. From its early years the computer has found itself entangled at the intersection between work and leisure-related playful activities. It served as a computing and simulating aid at governmental departments, universities, research and cultural institutions. At the same time that very same assemblage of hardware and software was used to program the first games. In 1961 a group of researchers at the Massachusetts Institute of Technology developed *Spacewar* (1961), a space combat simulation, in order to demonstrate the capacities of the computing machines to the public in a compelling way. Today, in the developed parts of the world, the most popular digital machines (personal computers, smartphones, or tablets) are an indispensable part of work and leisure, permeating both spaces.

As Joost Raessens (2010, 6) notices when discussing the ludification of culture, play is not only characteristic of leisure, but also turns up in those domains that once were considered the opposite of play, such as education (e.g. educational games), politics (playful forms of campaigning, using gaming principles to involve party members in decision making processes) and even warfare (interfaces resembling computer games, the use of drones – unmanned remote-controlled planes – introducing war à la PlayStation). This flooding of life with game elements leads naturally to the presence of play (the activity of play) and playfulness (the attitude of play) in the domains previously reserved for or associated with serious endeavors, such as work. However, in order to understand this play-centered dynamics we need to realize that the process of ludification of culture is not a one-way road. Our everyday life and work practices might resemble play. But equally so, our playgrounds seem to be turning into workspaces. As Alexander Galloway emphasizes »[...] labor itself is now play, just as play becomes more and more laborious« (2012).

This mutual effect has been also noticed in the most recent collected volume *The Gameful World* (2015), devoted to ludification of various domains of life. Its editors emphasize that not only games and play move towards the center of our cultural, social, and economic existence, but also other realms of life impress their forms onto play (Deterding and Walz 2015, 7). Games migrate into new, also non-leisure, territories and while doing so, undergo changes. The latter phenomenon, in contrast to the ludification of culture is named the cultivation of ludus. Following the same logic, we have introduced the concept of *labourization* (Dippel and Fizek 2015) as a contrasting term to that of gamification (Deterding et al. 2011)[4] or ludification (Raessens 2006, 2010, 2014; Mäyra 2015). It denotes the process of the permeation of play with work elements. However, the work-play relationship is neither fully embraced by the concepts of gamification and ludification, nor that of labourization.

In order to encompass the overlay of the work-play relationship, we are proposing the concept of *interference*, borrowing a term that originally was used in Physics to denote the superposition of waves. This concept allows us to describe the interactions between phenomena, and their transformative character. The elements, dynamics, and logics of play are moved into the workspace, and by doing so they modify it (ludification). At the same time the opposite process of influencing play with the elements of work is taking place (labourization). The proposed *work/play interference model* (fig. 2) delineates the relation between supposedly non-productive playful activities and productive work-related behaviors. It illustrates the dissolving distinction between the two qualities, and surpasses a strictly dualistic mode of thinking. By doing so it has the chance to characterize the complexities and impurities of social praxis more accurately.

Within the model of interference, work and play appear as polar modalities of human interaction. On the one hand, they may be described separately from each other. On the other, they influence each other reciprocally, and within the moment of hermeneutical analysis and empirical research may be observed in their overlaying condition (Dippel and Fizek 2015). When the seriousness of work turns into jolly playfulness, and when the playful frivolousness transforms back into serious work, one may observe the processes of work-play interference.

4 In its purely mechanistic understanding, gamification is described as the implementation of game design elements into originally non-game contexts with the aim of influencing human behavior.

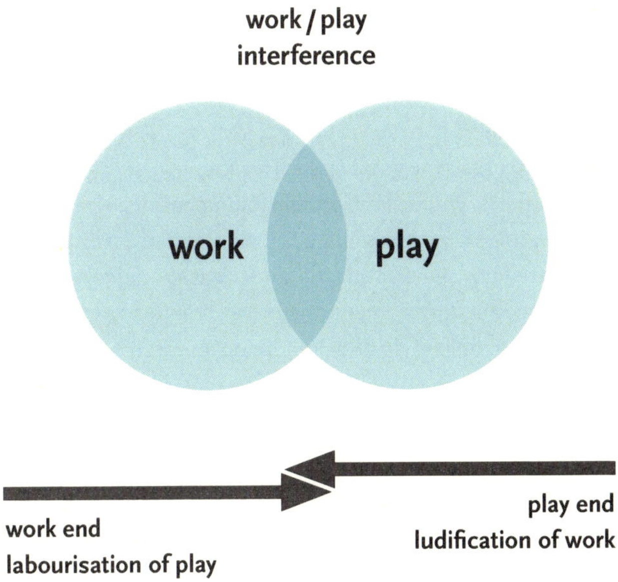

Fig. 2: A diagrammatic visualization of the work and play continuum as work/play interference model.

Online citizen science ludic laboratories are considered *a priori* pleasurable and leisure-oriented game spaces, they are especially successful in enabling »productive activities of connected human minds« (Terranova 2013, 42). The players make a voluntary decision to contribute to the digital economy. They are not motivated by the monetary compensation for hours of their immaterial work. Similarly to other participants of the digital economy (fan fiction writers, »modders«, amateur web designers), they are acting out of the desire for cultural production. They are willingly contributing to the development of knowledge, being motivated and rewarded on numerous levels, for instance by the internal elements of the game's system itself – from points, levels, and badges, to status in the gaming community. *EteRNA* operates according to reinforcement strategies based on leveling up. The player folds the ever more complex patterns and is awaiting the results, while watching the animated test-tube simulating a chemical process. Such animations introduce a dramatic climax that may be resolved in the epiphany of a successful protein assemblage, and allow the players to experience little eureka moments within the game. Those scientific discoveries reinforced by the numerical system give the player a luring promise of completion. The motivation to perform playful citizen science is also enticed by external factors, such as the will to contribute to something greater than the game itself. The scientists recognize the citizen community's efforts, and test the protein fold-up results of the best players in their laboratories or acknowledge the players in the academic papers. This immediate leverage of a playful and pleasant activity with socially productive outcome, the element of competition in a large collaborative environment, and the feeling of belonging to a research community with a common goal, form the basis of citizen science games as the examples of work/play interference.

What remains fascinating in this work/play constellation is the relationship between the human, the machine, and the data. The human agents contributing to research in the big data collaborative online games for science are of two kinds – the scientist and the citizen science player. Their roles played out in the human-machine assemblage are distinct and contrasting although both of them rely upon the ludic simulation. A team of scientists in the laboratory is analyzing the already sieved data in search for the significant pieces. The deluge of data is beforehand classified, labeled, and identified by players, each sitting in front of their own computer, which together with thousands of other calculating machines form a networked production line. In this sense, citizen science games resemble virtual assembly lines where big data is mined in an iterative factory-like system. The machine, on the other hand, stores the big data, runs the game, calculates the results delivered by thousands of players, communicates between the players and the scientific team, and networks the whole community. Most importantly, it learns from the human behavior.

Into the Age of Interferences and Postludification

> *[W]hat becomes of games when the sharp line dividing their ideal rules from the diffuse and insidious laws of daily life is blurred?*
>
> (Caillois 1958/2001, 43)

Playing is a fundamental human activity (Tomasello 1999, 91). There is no culture known to ethnologists, historians, archaeologists or missionaries that would be devoid of games (Bally 1966, 61; Mäyra 2008, 37). The proclaimed century of play we are currently experiencing is not necessarily a novelty. Already in 1751 Daniel Bernoulli, a Swiss mathematician and physicist, wrote, »The century that we live in could be subsumed in the history books as: Free Spirits' Journal and the Century of Play« (Bernoulli 1769, 387; quoted in Bauer 2006, 377 and Fuchs 2014, 131)[5]. Also, a few decades before the »Manifesto for a Ludic Century« was written (Zimermann 2013) and the ludification of culture entered the academic discourse (Raessens 2006, 2010, 2014), Huizinga and Brian Sutton-Smith analyzed play as a universal element permeating other domains of our lives – from language, myths, rituals (Huizinga 1938/1992, 13) to thought games, television, theatre, sexual intimacy, humor, celebrations and festivals, or gossip (Sutton-Smith 1997, 5).

The above examples point to a great diversity of play and the extension of play through other domains of life. They all, however, belong to the sphere of free time and entertainment. What has changed in the digital times is not as much the extent to which games permeate our everyday, but more importantly the interfering spaces of this permeation. As we have shown on the example of citizen science games, play has entered domains that previously had little to do with joyousness. In the case of games with purpose, play is as much a frivolous as a productive activity.

Also such free-time activities as fan fiction writing, modifying existing software and video games (developing »mods«), managing communities, or

5 In original: »Das gegenwärtige Jahrhundert konnte man in den Geschichtsbüchern nicht besser, als unter dem Titel: Das Freygeister=Journal und Spielsaeculum nennen« (Bernoulli 1769, 387).

sharing content via social networks, are being monetized and respectively »laborized«. Those leisure-related, playful and free activities are assigned monetary value and become products of the digital economy. After all, free labor is not only based upon idealism of creativity abundance and community building, but also on the capitalistic understanding of knowledge as added value. More importantly, free digital labor is performed voluntarily and is perceived as a pleasant activity – »[i]t does not feel, look, or smell like labor at all« (Scholz 2013, 2). And this aspect is particularly interesting as it further blurs the distinction between playfulness and work.

The complexities of work and play and their mutual interdependencies and superpositions are also the subject of a recent anthropological study, describing and analyzing the collaborative work practices amongst videogame developers and the significance of play in workspace respectively (O'Donnell 2014). Building upon T. L. (2006, 72–73), he refers to this playful labor or laborious play dimension as *work/play interplay*, and observes the overlaps on numerous levels, from the collaborative team work and the playful work conduct to the very arrangement of space in companies, where employees can climb, play volleyball, or lift weights.

As idyllic as the above vision of labor may seem, O'Donnell emphasizes that the new modes of work practice, based on the blurred distinction between what is work and what is play, may as well dissolve into »destructive work practices« (2015, 31). For as much as such playful work scheme encourages people to think creatively, it also pushes them to invest more time into work, giving the videogame producers and publishers the possibility to extend the developer's work week even to up to 80 hours.

In such blurring of lines and the opening of the magic circle Caillois saw a contamination and corruption of play, which no longer remains within its fictitious boundaries. In his reasoning, the four elements of play (*agon*, *alea*, *mimicry*, *ilinx*) when devoid of playful convention transform into destructive activities, such as violence (the corruption of competition), superstition (the corruption of chance), alienation (the corruption of simulation), or alcoholism and drug addiction (the corruption of vertigo) (Caillois 1958/2001, 53–54).

The capital-oriented forms of laborized play or ludified work and destructive human drives described by Caillois are taking yet another form of skepticism with regards to citizen science games. Here, it is the interference between human and non-human players that may cause concerns. Currently, humans are excelling at solving puzzles and predicting patterns – skills, which form the basis of citizen science gameplay. However, the unparalleled power of the human brain in pattern recognition may soon be challenged by such algorithms as EteRNAbot, which is already on its way to synthesizing excellence. The learning digital machine is enticing fears born in the age of industrialization. The uncertainties of the past are mirrored in the digital age as journalists paint bleak visions of future games, in which humans are not competing against one another, not even against the machine, but in which we all serve as »intelligence-gathering slaves« in a playful factory simulated by a digital brain, playing with human pawns (Koerner 2012). We should realize, however, that such fearsome visions are still deeply rooted in the model of human-machine co-existence, where the main role of people is to supervise the machines, and the main role of the machines is to obediently perform upon the human command. In the digital times, when the machines and algorithms are ever more present and refined, we need to constantly re-negotiate and re-think our place in the playful and laborious everyday.

It is precisely such interferences, interplays, transgressions, crossed boundaries or blurred lines, which paint a large part of the most recent ludic landscape, and lead to the rise of the new modes of work/play. And these are possibly taking us into the age of *postludification*. The age in which we are not only saturating the everyday with playful forms of expression, but also immersing the frivolous play in productivity and labor. Or as Sicart also puts it, moving play into the realms of efficiency, seriousness and technical determinism (Sicart 2014, 5). At the outbreak of the *postludic* era proposed here, we need to decide whether we are embracing the transgressing playful technologies and phenomena as empowering, engaging, and participatory, or observing them with caution, restraint, or even suspicion in Caillois' spirit.

References

Aristotle (1971): ***Nikomachische Ethik***. Leipzig: Reclam Verlag.

Bally, Gustav (1966): ***Vom Spielraum der Freiheit. Die Bedeutung des Spiels bei Tier und Mensch***. Basel/Stuttgart: Schwabe.

Bateson, Gregory (1972): ***Steps to an Ecology of Mind***. Chicago, IL: University of Chicago Press.

Bauer, Günther (2006): Mozart, Kavalier und Spieler. In: ***Mozart: Experiment Aufklarung***, ed. By Herbert Lachmayer, 377–388. Hatje Cantz.

Bernoulli, Daniel (1756/1769). In: ***Anonym, Die Kunst die Welt erlaubt mitzunehmen in den verschiedenen Arten der Spiele, so in Gesellschaften höhern Standes, besonders in der Kayserlich=Königlichen Residenz=Stadt Wien üblich sind***, Bd. II, Nürnberg.

Blizzard Entertainment. (2004): ***World of Warcraft***. PC.

Buckminster Fuller Institute. ***World Game***. *https://bfi.org/about-fuller/big-ideas/world-game.*

Caillois, Roger (1958, 2001): ***Man, Play and Games***. Chicago: University of Illinois Press.

Calleja, Gordon (2011): ***In-Game: From Immersion to Incorporation***. Cambridge, MA: The MIT Press.

Carnegie Mellon University, Stanford University (2010): ***eteRNA***. PC. *http://www.eternagame.org/web.*

CERN (Conseil Européen pour la Recherche Nucléaire) (2014): ***Higgs Boson Machine Learning Challenge***. PC. *https://higgsml.lal.in2p3.fr.*

Csikszentmihalyi, Mihaly (1990/2008): ***Flow: The Psychology of Optimal Experience***. New York: Harper Perennial Modern Classics.

Deterding, S., Khaled, Rilla, Nacke, E. Lennart, Dixon, Dan. (2011): ***Gamification: Toward a Definition***. *http://gamification-research.org/wp-content/uploads/2011/04/02-Deterding-Khaled-Nacke-Dixon.pdf.*

Deterding, Sebastian, Walz, P. Steffen eds. (2015): ***The Gameful World. Approaches, Issues, Applications***. Cambridge, MA: The MIT Press.

Dictionary.com. (1995/2016): ***Based on American Heritage and Harper Collins***. *http://dictionary.reference.com.*

Dippel, Anne, Fizek. Sonia (2015): ***Playful Laboratories. The significance of games for knowledge production in the digital age***. A conference paper presented at: Digital Games Research Association, DiGRA: Diversity of Play, Centre for Digital Cultures, Lüneburg, Germany, May 14–17, 2015). *http://digra2015.org.*

Elster, Jon (1999): ***Karl Marx: A Reader***. Cambridge, New York, NY: Cambridge University Press.

Fuchs, Mathias (2014): Predigital Precursors of Gamification. In: ***Rethinking Gamification***, eds. Mathias Fuchs, Sonia Fizek, Niklas Schrape, Paolo Ruffino. Lüneburg: meson press.

Galloway, Alexander (2013): ***The Interface Effect***. Malden, MA: Polity Press.

Holy Bible (2011): ***Genesis 3: 19***. In: Holy Bible: King James Version. New York, NY: HyperCollins Publishers.

Huizinga, Johan (1938/1992): ***Homo Ludens: A study of the play-element in culture***. Boston, MA: Beacon Press.

ITVS Interactive (2007): ***World Without Oil***. Multimedia. *http://worldwithoutoil.org*.

King (2012): ***Candy Crush***. Web browser. Apple iOS. Android.

Koerner I. Brendan (2012): New videogame lets amateur researchers mess with RNA. ***The Wired***. July 5. *http://www.wired.com/2012/07/ff_rnagame*.

Ludwig-Maximilian University of Munich (2010): ***ARTigo***. Web browser. *https://www.artigo.org*.

Ludwig-Maximilian University of Munich (2012): ***Metropolitalia***. Web browser. *http://www.metropolitalia.org*.

Marx, Karl (1858/1973): ***Grundrisse. Introduction to the Critique of Political Economy***. Transl. from German with a Foreword by Martin Nicolaus. New York, NY: Random House.

Marx, Karl (1887/2015): The Fetishism of Commodities and the Secret Thereof. In: ***Capital. A Critique of Political Economy***. *https://www.marxists.org/archive/marx/works/1867-c1/ch01.htm#S2*.

Massachussets Institute of Technology (1961): ***Spacewar***. PDP-1.

Mäyrä, Frans 2008. ***An Introduction to Game Studies***. Games in Culture. London: Sage Publications.

Mäyrä, Frans (2015): ***Playful Culture: Are We Undergoing a Ludic Turn?*** (keynote presented at: Clash of Realities, Cologne, Germany, Nov. 4, 2015). *http://www.clashofrealities.com*.

McGonigal, Jane (2010): ***Gaming can make a better world*** (TED video presentation). *https://www.ted.com/talks/jane_mcgonigal_gaming_can_make_a_better_world*.

McGonigal, Jane (2011): ***Reality is Broken. Why games make us better and how they can change the world***. New York, NY: Penguin Press.

O'Donnell, Casey (2014): ***The Developer's Dilemma. The Secret World of Video Game Creators***. Cambridge, MA: MIT Press.

PopCap Games. (2011): ***Bejeweled***. PC. Webbrowser. Apple iOS. Android.

Raessens, Joost (2006): Playful Identities, or the Ludification of Culture. ***Games and Culture. A Journal of Interactive Media 1*** (1): 52–57.

Raessens, Joost (2010): ***Homo Ludens 2.0. The Ludic Turn in Media Theory***. Utrecht: Utrecht University Press.

Raessens, Joost (2014): The Ludification of Culture. In: ***Rethinking Gamification***, eds. Mathias Fuchs, Sonia Fizek, Niklas Schrape, Paolo Ruffino. Lüneburg: meson press.

Scheuerl, Hans (1979): ***Das Spiel. Untersuchungen über sein Wesen, seine pädagogischen Möglichkeiten und Grenzen***. Weinheim/Basel: Beltz.

Scholz, T., ed. 2013. In: ***Digital Labour: the Internet as Playground and Factory***. New York, NY: Routledge, 2.

Scholz, Trebor (2013): Introduction: Why Does Digital Labor Matter Now? In: ***Digital Labour: the Internet as Playground and Factory***, ed. by Trebor Scholz. New York, NY: Routledge.

Sicart, Miguel (2014): ***Play Matters***. Cambridge, MA: The MIT Press.

Statista. Number of World of Warcraft subscribers from 1st quarter 2005 to 3rd quarter 2015 (in millions). *http://www.statista.com/statistics/276601/number-of-world-of-warcraft-subscribers-by-quarter*.

Sutton-Smith, Brian (1997): ***The Ambiguity of Play***. Cambridge, MA: Harvard University Press.

Taylor, T. L. (2006): ***Play between Worlds: Exploring Online Gaming Culture***. Cambridge, MA: MIT Press.

Tekinbaş Salen, Katie, Zimmerman, Eric (2003): ***Rules of Play. Game Design Fundamentals***. Cambridge, MA: The MIT Press.

Terranova, Tiziana (2013): Free Labor. In: ***Digital Labour: the Internet as Playground and Factory***, ed. Trebor Scholz. New York, NY: Routledge.

The Citizen Science Alliance (2007): ***Galaxy Zoo***. PC. *http://www.galaxyzoo.org.*

The Galaxy Zoo (2013): ***Galaxy Challenge***. *https://www.kaggle.com/c/galaxy-zoo-the-galaxy-challenge.*

Tomasello, Michael (1999): ***A Natural History of Human Cognition***. Cambridge, MA: Harvard University Press.

University of Washington (2008): ***FoldIT***. PC. *https://fold.it/portal.*

Von Neumann, John (1928): Zur Theorie der Gesellschaftsspiele. ***Mathematische Annalen*** 100 (1): 295–320.

Wired Differently (2012): ***Eye Wire***. PC. *https://eyewire.org/signup.*

World Bank Institute (2011): ***Evoke***. Multimedia. *http://www.urgentevoke.com.*

Jean-Pierre Lenz

Skyshard Legends

Interaktionsplanung in einem Augmented Virtuality-Spiel

Skyshard Legends[1] ist ein kooperatives Multiplayer-Spiel, lauffähig auf allen mobilen Geräten, die ein iOS- oder Android-Betriebssystem verwenden und eine Kamera besitzen. Man kann es ausschließlich online spielen, und alle Spieler_innen agieren in einer gemeinsamen virtuellen Welt. Hauptaufgabe ist es, ein Dorf aufzubauen und in diesem Abenteurer_innen auszubilden. Diese werden dann von dem/der Spieler_in ausgesendet, um Gefahren in der Spielwelt zu bekämpfen.

Die zentrale Grundidee des Spiels ist, dass die Spielenden physische Objekte aus ihrem Alltag in die virtuelle Spielwelt überführen können – sodass das Spiel nicht nur in der virtuellen Welt (und auf dem Bildschirm) stattfindet, sondern die physische Welt des/der Spielenden selbst Teil des Spiels wird.

Dieser Vorgang, eine virtuelle Welt mit Informationen aus der realen Welt anzureichern, wird als *Augmented Virtuality* (erweiterte Virtualität)[2] bezeichnet. Die bereits im Jahr 1991 veröffentliche Spielkonsole *Barcode Battler*[3] nutzte Strichcode-Scannen als Möglichkeit, um die reale und die

1 Das Spiel wird seit Februar 2015 von Ghibbsmere-Soft (Hamburg) entwickelt und ist seit Dezember 2017 im deutschen Google Play Store erhältlich.

2 Milgram, P., Taekmura H., Utsumi, A., Kishino F.: Augmented Reality – A class of displays on the reality-virtuality continuum. In: SPIE Vol. 2351, Telemanipulator and Telepresence Technologies (1994). Abgerufen am 17.03.2016 auf: *http://web.cs.wpi.edu/~gogo/hive/papers/Milgram_Takemura_SPIE_1994.pdf*

3 Vgl. Wikipedia-Artikel »Barcode Battler« Abgerufen am 14.07.2016: *https://en.wikipedia.org/wiki/Barcode_Battler.*

virtuelle Welt zu verbinden. Als Schnittstelle beider Welten haben sich diese Codes als besonders praktikabel erwiesen: Die weltweite Verbreitung des GTIN (*Global Trade Item Number*)-Strichcodes sorgt für eine leichte Identifizierung von einer Vielzahl von Objekten, die im Handel erworben werden, und macht sie technisch für die Spieleentwicklung ›greifbar‹. Dank der heutigen Verbreitung von Smartphones können Spieler_innen mithilfe ihrer mobilen Kamera relativ unkompliziert Gegenstände scannen, ohne dass sie ein eigenes Gerät dafür erwerben müssen, wie es noch bei *Barcode Battler* der Fall war. Da die allgemeine Verbreitung des GTIN-Strichcodes in den letzten 20 Jahren stetig zugenommen hat, wird eine zuverlässigere Erkennung ebenfalls erleichtert. Durch den Scanvorgang wird das physische Objekt sozusagen in ein virtuelles ›transformiert‹ (Abb. 1) – die so generierten virtuellen Objekte werden im Spiel Himmelsscherben (*skyshards*) genannt, da sie in Form eines kristallenen Meteoriten die Spielwelt betreten.

Eine besondere Herausforderung in der Entwicklung lag in der möglichst konsistent gestalteten Verknüpfung zwischen physischem Objekt und virtueller Repräsentation. Aus Strichcodes auslesbare Informationen geben zunächst nur wenige Details über ein Objekt preis, die sich sinnvoll in das angestrebte Spielerlebnis einbinden lassen und den Spieler_innen eine Interaktion mit den gesammelten Objekten erlauben. So sind im Strichcode Informationen hinterlegt wie der Herstellungsort und eine Identifikationsnummer des Herstellers, jedoch nicht spezifische Informationen über das Produkt, wie z.B. sein Inhalt oder Preis.

Daneben ist durch den weltweiten Vertrieb des Spiels die Zuverlässigkeit einer gemeinsamen, aktuellen Datenbasis der Strichcodes nur eingeschränkt gegeben (Unternehmen sind nicht gezwungen, ihre Strichcodes bei einer zentralisierten Datenbank einzureichen). Daher wurde als Funktion implementiert, dass die Spielenden im Spielverlauf der Himmelsscherbe selbst eine Bedeutung zuordnen und diese nicht unveränderlich vom Spielsystem vorgegeben ist. Innerhalb der Spielwelt sind die Scherben doppelt belegt: Sie markieren einen eindeutigen Ort, an dem sie zu finden sind, und initiieren ein jeweils spezifisches Abenteuer (Quest-System) mit einer besonderen Belohnung, die es zu entdecken gilt. Ein *Skyshard* kann als Heimatbasis deklariert werden, sich als Gruppe (Clan) um diesen versammeln sowie Besitzanspruch erheben. Als Objekte aus einer ›anderen‹ Welt sind die Scherben jedoch auch potenziell gefährlich für die Integrität der Spielwelt und treiben in diesem Sinne als Katalysatoren den Spielverlauf voran. So muss sich jede_r Spieler_in am Ende eines Abenteuers entscheiden, ob ein *Skyshard* ›geerntet‹ werden soll, oder ob dieser ›gesäubert‹ wird. Durch Ernten erhält man ein wertvolles Stück der Himmelsscherbe, verringert jedoch die Stabilität aller Himmelsscherben im Spiel. Beim Säubern wird die Stabilität der Himmelsscherben erhöht. Auf dem Spielserver werden die gesamten Entscheidungen ausgewertet und so wird über den Zeitpunkt entschieden, an dem alle Scherben auf der Welt zerbrechen und eine neue Spielrunde eingeleitet wird. In jeder neuen Spielrunde werden alle Besitzansprüche der Spieler_innen zurückgesetzt – somit wird Allen erlaubt, zuvor von anderen Spieler_innen belegte *Skyshards* nun für sich zu beanspruchen.

Abb. 1: Aus einem gescannten Strichcode eines physischen Objekts wird im Spiel eine virtuelle Himmelsscherbe generiert, die Spieler_innen bauen ihre Städte um diese herum auf. © Ghibbsmere-Soft

Auf diese Weise entfaltet sich eine etwas andere Art der Aufbausimulation, in der Himmelsscherben gesucht werden, individuelle Dörfer ausgebaut und Abenteurer_innen für künftige Entdeckungsreisen ausgebildet werden, die wiederum Ressourcen für den Städteaufbau generieren. Im Gegensatz zu artverwandten Spielprinzipien können Spieler_innen in *Skyshard Legends* nicht die Städte anderer Spielenden angreifen, stattdessen können sie mitentscheiden, was in der Spielwelt geschieht – und sich auf sogenannten *Leaderboards* mit Mitspieler_innen messen.

Physische und virtuelle Objekte korrespondieren entsprechend dahingehend, dass sich in beiden Fällen die Frage stellt, wie sie nutzbar und in Handlungen überführt werden. In der Spieleentwicklung hängen mit diesen Kernfunktionen eine ganze Reihe von Planungsschritten zusammen, von denen hier exemplarisch die geplanten Interaktionen von Spieler_in und Spielsystem im Rahmen des Städteaufbaus beleuchtet werden sollen. Die beiden dafür wichtigsten Spielelemente – Ressourcen aus Quellen zu beschaffen und zu investieren – müssen von den Spielenden schnell identifiziert und intuitiv verstanden werden, damit sie die vom Spiel gestellten Aufgaben bewältigen können. Bereits das erste Spielkonzept sollte daher mehrere Möglichkeiten der Interaktion zwischen Spieler_in und Spielwelt inklusive der jeweiligen Handlungskonsequenzen berücksichtigen. Bei *Skyshard Legends* wurde hierfür das *Machination Framework* von Ernest Adams und Joris Dormans verwendet.[4] Dieses wurde entwickelt, um (Spiel-)Systeme und deren Interaktionsmuster in einer für Designer_innen und Entwickler_innen leicht verständlichen Oberfläche zu erarbeiten. Es bietet den Komfort, dass häufige Interaktionsprinzipien und etwaige zukünftige Probleme im Ablauf vorab ›simuliert‹ und analysiert werden können, bevor sie in dem erheblich aufwändigeren Prozess der Implementierung durch den Programmcode (oft zu spät) erfahrbar werden. Zu solchen früh identifizierbaren Problemen gehören beispielsweise Ressourcen-Engpässe, die die Handlungsfreiheit des/der Spielenden bei der Stadtgestaltung einschränken, obwohl aus seiner/ihrer Sicht sinnvoll gewirtschaftet wurde. Ein weiteres Problem stellen Entscheidungen dar, die im Spiel von dem/der Spielenden gefordert werden – ohne dass diese_r sich im Klaren ist, warum die Entscheidung getroffen werden muss und welche Konsequenzen sie nach sich ziehen kann.

Ein weiterer praktischer Vorteil des *Machination Frameworks* besteht darin, dass entscheidende Gemeinsamkeiten zwischen den einzelnen geplanten

4 Vgl. Adams, E., Dormans, J: Game Mechanics: Advanced Game Design. New Riders Games. Berkeley 2012.

Handlungen aufgrund der Abstraktionsebene (im wahrsten Sinne des Wortes) ›ersichtlich‹ werden und somit Möglichkeiten erfasst werden können, das primäre Interaktionsmodell für die weitere Benutzung zu generalisieren (Abb. 2).

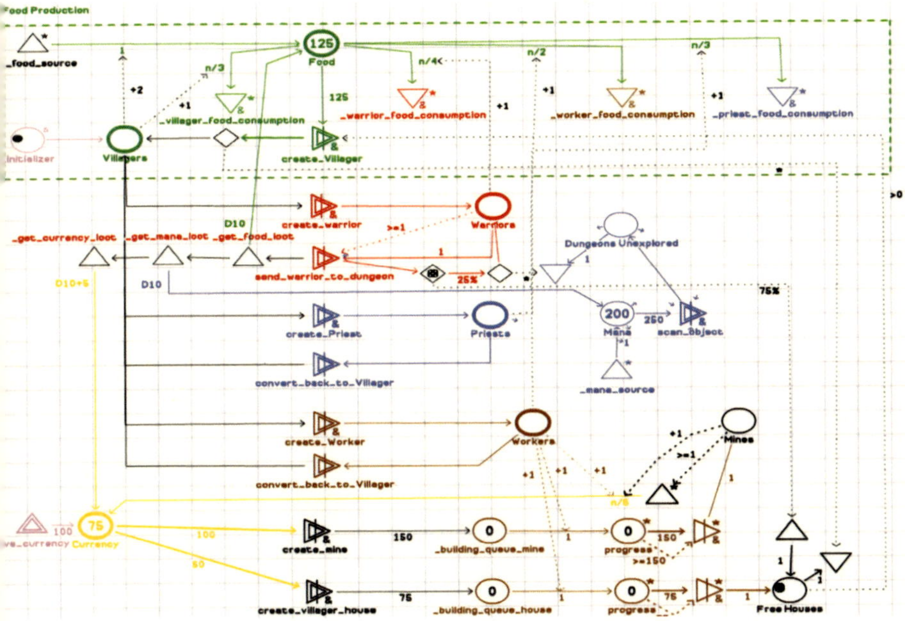

Abb. 2: Interaktives Machination-Diagramm der Stadtökonomie in *Skyshard Legends*. Vertikal in der Bildmitte sind die zentralen Handlungsoptionen des/der Spielenden (Rekrutierung neuer Spielfiguren »create_villager«, Bestimmung der Einsatzgebiete), deren Konsequenzen im Spiel (Verbrauch von zur Verfügung stehenden Ressourcen, s. obere Zeile »worker_food_consumption«) sowie daraus resultierende Interaktionsmöglichkeiten aufgelistet. Über dieses Diagramm lässt sich die Simulation direkt beeinflussen und bei Bedarf anpassen – entsprechende Hauptaktionen und ihre Relevanz für den Spielverlauf werden unmittelbar deutlich. © Ghibbsmere-Soft

Ressourcen-Speicher: Ressourcen werden hier gesammelt und indizieren somit die Anzahl an Elementen im Ressourcen-Speicher (z.B. Anzahl von Dorfbewohner_innen).

Ressourcen-Quellen: Versorgen den/die Spielende_n mit wichtigen Ressourcen, die er/sie für definierte Aktionen benötigt (z.B. Nahrungsproduktion)

Ressourcen senken: Entfernt Ressourcen aus dem System (z.B. Nahrungskonsum von Dorfbewohnern)

Interaktionsmöglichkeiten: Hier können Spieler_innen aktiv handeln und z.B. entscheiden, wo und wie Ressourcen investiert werden (z.B. Abenteurer_in auf Reise schicken). Die Ressourcen werden bei Betätigung (z.B. Nahrung zu Dorfbewohner) transformiert.

Abb. 3: Detaillegende für Abb. 2. Für diesen Entwicklungsschritt liegt das Hauptaugenmerk auf der vierten Funktion (»Interaktionsmöglichkeiten«), nicht zuletzt da sie unterschiedliche Handlungsoptionen beinhaltet und sich am stärksten auf die Interface-Gestaltung auswirkt.

An dieser Stelle wurde im Entwurfsprozess auch zum ersten Mal konkret, welche Aspekte der Interaktion am Ende in interaktiven Elementen im Benutzerinterface resultieren, das heißt für den/die Spielende_n sicht- und nutzbar werden (Abb. 4). Diese Erkenntnis floss in die Planung und schrittweise Umsetzung eines allgemeinen Interaktionsschemas ein, das grundsätzlich durch die Handhabung von mobilen Endgeräten (begrenzte Bildschirmgröße, Beschränkung der maximalen Anzahl einblendbarer Elemente unter Wahrung der Übersichtlichkeit, Genauigkeit der Eingabe durch Finger) limitiert ist. Zugleich fiel die Entscheidung, diese zentrale Spielmechanik auch als Basis für andere Spielelemente zu verwenden.

In der weiteren Entwicklung wurden alle neuen Funktionen des Spiels anhand des definierten Interaktionsschemas dahingehend überprüft, ob sie über gleiche oder ähnliche Interaktionsformen implementiert werden können. In einem Großteil des fertigen Spiels findet sich diese Form der Benutzungsführung wieder: Erste Zielgruppentests zeigten, dass die gleichförmige Verwendung dieses Interaktionsschemas die Bewältigung von komplexeren Aufgaben erleichtert und gleichzeitig die Akzeptanz

Abb. 4: Das erste Anwendungsszenario der Generalisierung des Interaktionsmodells: Interaktionselemente für den Gebäudeaufbau im Interface des Spiels. Der blaue Pfeil symbolisiert die notwendige Drag and Drop- (Ziehen und Ablegen) Aktion, mit der die Dorfbewohner_innen auf einen der drei freien Arbeitsplätze der Farm abgelegt und damit zu Feldarbeitern gemacht werden. Der rote Pfeil hingegen symbolisiert die Drag and Drop-Steuerungsoptionen der Farmproduktion. Im Spiel selbst werden die Pfeile nur während der Tutorial-Phase des Spiels eingeblendet, um die Spieler_innen zunächst mit dieser Interaktionsform vertraut zu machen. © Ghibbsmere-Soft

gegenüber neuen Funktionen (etwa dem weiteren Stadtausbau durch Ausspielen von Karten) erhöht.

Mit der anschließenden Übersetzung der einmal definierten Funktionen in Programmcode wird die Planung der Interaktionsmöglichkeiten jedoch keinesfalls hinfällig. Sowohl die eigentliche Entwicklung als auch die spätere Weiterentwicklung des Spiels orientieren sich an den vorangegangenen Funktionskonzepten und erweitern diese bei Bedarf. Dies macht eine effiziente Planungsphase nicht nur zur Voraussetzung, sondern zeigt auch, dass die Planungsarbeit für ein Spiel keinesfalls linear mit einem fertigen Konzept oder Produkt enden muss.

Gespräch mit Manouchehr Shamsrizi

Das Interview führte Thomas Lilge.

Gaming & Prävention

Mit Computergames gegen die Volkskrankheit Demenz.

Thomas: Lieber Manouchehr, Du bist Mitgründer eines Startups, welches sich mit Spielen und Gesundheit beschäftigt. Wie bist Du dahin gekommen und warum war gerade der Themenbereich Spiel und Gesundheit für dich so interessant?

Manouchehr: Wir waren sechs Gründer, und haben unser Startup RetroBrain in unserer Zeit als EXIST-Stipendiaten an der Humboldt- Universität gemeinsam gegründet. Wenn man so will, ist schon die Idee für RetroBrain aus der Vernetzung und der ungewöhnlichen Nachbarschaft innerhalb der Universität entstanden. Das erste Mal habe ich mich mit dem Thema Spielen und Gesundheit im Rahmen einer Themenklasse des Deutschlandstipendiums beschäftigt. Diese war finanziert von der Schering Stiftung und zu dem Zeitpunkt an den Exzellenzcluster *Bild Wissen Gestaltung* angegliedert. In dieser Themenklasse haben wir uns mit Fragen zu Konsequenzen einer alternden Gesellschaft und des Alters als solchem beschäftigt.

In diesem Zeitraum wurde ich durch einen Demenzfall im erweiterten Freundeskreis zusätzlich für das Thema sensibilisiert. Eines der Dinge, die mir aus dieser Anfangszeit besonders in Erinnerung geblieben sind, ist die Diskrepanz zwischen dem Menschenbild, das die Gesundheits- und Pflegeökonomie unterstellt, und dem Menschenbild, mit dem meine Generation aufwachsen konnte, erkennbar daran, dass das Leitmedium meiner Generation das Computerspiel ist. Auf der einen Seite sehen wir den vielzitierten Homo Ludens – also einen aktiven, sozial interagierenden, inkludierten Spieler. Auf der anderen Seite gibt es den gesundheitsökonomisch definierten Patienten, mit dem entweder Prävention, Rehabilitation oder Therapie »betrieben werden« muss. Der Patient wird also oft fremdgesteuert durch ein System getrieben, das sich zum einen eher kurzfristige ökonomische Anreize gesetzt hat, und zum anderen kaum anders in Erscheinung tritt, als dass ein Arzt oder eine Krankenkasse sagt: Du musst dieses und jenes tun. Hier herrscht eine riesige Diskrepanz, die eigentlich, sobald man anfängt an der Oberfläche zu kratzen, gar nicht notwendig ist. Es muss nicht anstrengend, langweilig und furchtbar sein, seine Gesundheit aufrechtzuerhalten oder wiederzuerlangen – im Gegenteil, es ist nachhaltiger, zielführender, und ethisch wünschenswert, wenn es Spaß macht.

Thomas: Einerseits gibt es das Medium des Computerspiels mit den damit verbundenen Designprozessen auf Produzentenseite und den Erwartungen auf Konsumentenseite, und andererseits den Gesundheitssektor. Da prallen ja zwei normalerweise weit voneinander entfernte Sektoren aufeinander. Umso mehr verwundert es, dass es euch gelungen ist, eine Krankenkasse für euer Konzept zu begeistern. Wie habt ihr diesen Einstieg geschafft?

Manouchehr: Wir haben uns die guten Partnerschaften Schritt für Schritt aufgebaut – in mehreren Phasen unserer sozialunternehmerischen Entwicklung und unserer wissenschaftlichen Herleitung. Ich glaube aber tatsächlich, dass der eben von Dir genannte Gegensatz so nicht sein muss, bzw. ausschließlich historisch gewachsen und begründet ist.
Wenn man sich nämlich die Zeit, in der der Begriff des Homo Ludens entstanden ist, vor Augen führt, indem man beispielsweise bei Schiller nachliest, bei dem es heißt »der Mensch ist nur da ganz Mensch, wo er spielt«, dann werden diese beiden Sektoren, Gesundheit im umfassenden Sinne und das Spiel als Designprinzip bzw. auch als Kulturtechnik, gemeinsam gedacht. Wenn es bei Oliver Wendell Holmes, ebenfalls im 19. Jahrhundert – der übrigens auch Schöpfer der »Anästhesie« als Begriff ist – wenn es bei ihm heißt, dass man nicht aufhört zu spielen, weil man altert, sondern man alt wird, weil man aufhört zu spielen, dann waren wir in unserem Vorstellungsvermögen, wie sehr die Kulturtechnik des Spiels und Gesundheit zusammenhängen, eigentlich schon viel weiter, als wir es heute sind. Ich glaube eher, dass die Ökonomisierung in einer sehr

kurzfristigen Lesart zufolge hatte, dass wir diese beiden Ideen getrennt denken.

Thomas: Aber unter den heutigen Bedingungen habt ihr einen bedeutenden Akteur, eine gesetzliche Krankenkasse, für eure Idee gewinnen können. Wie kriegt man so etwas hin?

Manouchehr: Schlicht und ergreifend, weil wir das, was wir tun, als soziale Innovation erkannt und formuliert haben. Wir sind überzeugt, dass gestenbasierte und innovativ steuerbare Videospiele aus nicht-medikamentösen therapeutischen, präventiven und rehabilitativen Elementen bestehen können. Wenn man so eine soziale Innovation mit einer breiten Skalierung, also für möglichst viele von dieser Situation betroffene Menschen und Organisationen, zur Verfügung stellen möchte, dann schafft man das im streng regulierten und sehr politisierten Gesundheitswesen nur mit einem breiten und guten Stakeholdernetzwerk. Unsere Unternehmung würde man neudeutsch als Social Business bezeichnen, ein Begriff, der auf den Ökonom und Friedensnobelpreisträger Muhammad Yunus zurückgeführt werden kann. In diesem Sinne ist für uns das Unternehmerische letztendlich ein Vehikel, um eine solche soziale Innovation möglichst breitflächig und nachhaltig zur Verfügung zu stellen. Zu den Stakeholdern, die uns dabei helfen genau das zu erreichen, gehören natürlich insbesondere auch die gesetzlichen Krankenkassen. Der Türöffner in ihre Welt war für uns das Präventionsgesetz, das seit Sommer 2015 wirkt. Die Notwendigkeit dieses Gesetzes zeigt, wie sehr die Pole Spaßhaben und Gesundsein/-bleiben/-werden auseinander klafften: Der Gesetzgeber hat dies erkannt und möchte mit diesem Gesetz das gesetzliche Krankenversicherungswesen dahin bewegen, intensiver in Prävention zu investieren. Das ist die Grundaussage des Präventionsgesetzes. In Anbetracht dessen, dass es grundsätzlich weniger Ressourcen braucht und gleichzeitig für den einzelnen Krankheitsverlauf erfolgsversprechender ist, jemanden gesund zu halten, statt ihn hinterher mit mehr Aufwand und geringeren Erfolgsaussichten gesund zu machen, verpflichtet der Gesetzgeber mit dem Präventionsgesetz die Kassen daher, für sinnvolle Prävention ausreichend Gelder zur Verfügung zu stellen. Wie wichtig und richtig dieser Ansatz war, zeigt sich für uns auch darin, dass wir nun gemeinsam mit der BARMER, also der größten Kranken- und Pflegeversicherung in Deutschland, der Diakonie und der Humboldt-Universität dieses neue Präventionsgesetz erstmals umsetzen.

Thomas: RetroBrain habe ich immer eher in der Rehabilitation gesehen, gerade betonst Du aber besonders den Einsatz in der Prävention. Prävention beispielsweise im Sinne von Sturzvermeidung?

Manouchehr: Genau! Die Grundidee war eigentlich zu fragen: Können wir mit diesem neuen Medium des Computerspiels – in seiner intuitivsten, leicht steuerbaren, inklusivsten Form, die mit einem anderen Medium gar nicht möglich wäre – einen Beitrag leisten gegen die Volkskrankheit Demenz? Das war von Anfang an unser Anspruch. Demenz ist sicherlich eine der schrecklichsten Krankheiten unserer Zeit und wird, glaube ich, insbesondere deshalb so tabuisiert, weil sie die Identität angreift und verändert, direkter als beispielsweise Krebs oder ein Herzinfarkt, bei denen die Identität bis zum Schluss im Wesentlichen die gleiche bleiben kann.

Thomas: In diesem Zusammenhang frage ich mich: Wie reagieren die Anwender und Anwenderinnen vor Ort? Motiviert euch das als Team? Eure Zielgruppe besteht ja aus Personen, die mit dem Medium des Computerspiels mehrheitlich eher weniger vertraut sind, aber sehr wohl den Spieltrieb in sich tragen. Wie reagieren die?
Vielleicht hast Du ein paar Beobachtungen aus dem tatsächlichen Einsatz eurer Technologie, die Dir Kraft geben, diesen ganzen Aufwand zu betreiben.

Manouchehr: Ich nenne mal ein paar Beispiele: Da gab es den Krankenpfleger an der Charité, der zufällig den Beginn eines Spiels auf der MemoreBox ausgelöst hat. Er hat dann erst einmal ein paar Minuten gespielt, ehe er weiterging mit den Worten, das sei ja nur für die Patienten und nicht für ihn – obwohl sein Spielspaß das genaue Gegenteil dessen bewiesen hat, was er gerade formuliert hatte. Man konnte ihn dabei beobachten, wie er ein paar Minuten Spaß hatte, eher er sich daran erinnerte, dass er damit ja keinen Spaß haben sollte. Ein weiteres schönes Beispiel ist eine Gruppe von drei Seniorinnen in einer Hamburger Einrichtung, die bei ihrer Pflegedienstleitung dafür gesorgt haben, dass man sie jederzeit spielen lässt und nicht nur zu den Zeiten, an denen das Pflegeheim das eigentlich in seinen Tagesablauf eingeplant hatte. Auch wenn »jederzeit« für diese rustikalen Damen eben frühmorgens bedeutete. Letztendlich könnte ich jetzt vieles aufzählen, das Pathos beinhaltet. Das Pathetischste für mich war eindeutig, mitzuerleben, wie das Hospital zum heiligen Geist der Diakonie – das größte Altenheim in Deutschland, eine 800 Jahre alte Stiftung, die älteste Stiftung Hamburgs – wie man dort angefangen hat, benachbarte Kindergärten einzuladen, und wir plötzlich erleben konnten, dass unsere Ideen und unsere Entwicklung auf einer Ebene wirkt, die wir aktiv bis dahin nie in den Vordergrund gerückt hatten: Generationsübergreifend. Dass plötzlich auch Kinder angefangen haben ihren Besuch in einem Altersheim nicht mehr als primär mühselig zu verbuchen, sondern es cool zu finden, weil sie eben zocken konnten – also ihre ureigenste Kulturtechnik zum Einsatz bringen konnten. Das freut und motiviert uns alle.

Thomas: Das sind Effekte, die kann man gar nicht vorhersehen.

Manouchehr: Absolut nicht, nein. In diesem Sinne fungiert es auch als wertvolle Bestätigung zu erleben, wie insbesondere an Demenz erkrankte Seniorinnen und Senioren erfolgreich die eigene Lösung nutzen, man sie also unsere Spiele spielen sieht. Wir machen dabei in Interviews zum Spielerlebnis regelmäßig die folgende interessante Beobachtung: Auf die Frage »Hat Ihnen das Spaß gemacht?« wird mit »Ja« geantwortet, auf die Folgefrage »Glauben Sie, dass das Ihnen gesundheitlich etwas gebracht hat?« aber mit »Nein«. So paradox das erstmal klingt, das ist ja für uns der heilige Gral und die Validierung unserer Grundannahme. Natürlich hat die Bewegung etwas bewirkt, natürlich hat die kognitive Anregung etwas bewirkt, natürlich hat die Gleichzeitigkeit von all diesen Faktoren in einem engagierten Miteinander etwas bewirkt. Wird das als präventive oder therapeutische Intervention wahrgenommen? Nein. Muss es als solche Wirkung wahrgenommen werden? Nein! Es muss als Spiel wahrgenommen werden, und das wird es.

Interview mit Peter Lee

Das Interview wurde geführt von Christian Stein.

A whole world of games

CHRISTIAN: We are in the *Interdisciplinary Laboratory* again. We will talk about games today, right?

PETER: Thank you for inviting me. Good to be here.

CHRISTIAN: It's always good to have you here. Let's start with your children. What are they playing at the moment?

PETER: I have two sons. They both play Minecraft like crazy. My older one is 12 and he loves Minecraft too, but he also plays Civilization and these types of history-based games.

CHRISTIAN: A lot of children are totally into Minecraft these days. What do you think? What's so special about it?

PETER: I think it's about empowerment. Minecraft is not just like Lego. You build different things, but you build the whole concept of things. There are lots of things you can do. There are cultural people who are creating mods, and there are lots of things that they actually find outside of the game and share. It seems they really feel like they're in control of something where, in some sense, the possibilities seem endless. It's a sense of empowerment because there are lots of things you can control in the game. I think a big part of the excitement is what they find by talking to their friends, like, »Hey, I found this Pokémon mod, this is how you can get it.« In an interesting sense, these sorts of games are expanding their empowerment outside of the digital space. I think that's the big part of it because Minecraft is pure digital, but it has a presence in the real world and in kids' lives. I was surprised. In the beginning, when they just started playing Minecraft, they heard about a mod. They asked me to find it and to install it. It took me like weeks to figure it out. Now they don't ask me anymore. With their friends, these 10-year-old kids can figure things out that I just couldn't install.

Christian: So it's also a great way to learn because it's a great motivation to get things done.

Peter: Exactly. I'm really pro-digital experience because the society has changed. Lots of digital experience aren't about being inside a computer, but really about how these digital utilities and the powers that you have can change and affect your life in the real world.

Christian: Speaking of change, how did you get into gaming when you were young? And why were you interested in it?

Peter: I was very fortunate. I met who then became my good friend and business partner and collaborator, Eric Zimmerman. That changed my view on gaming. I really thank him for the initial encounter. I've always played games a lot when I was little. Digital, analog, board games and digital games. Lots of digital games just like any other teenager, you spend your whole life playing video games.

Christian: Yeah, what was your favorite at that time?

Peter: I played lots of console games. Back then, it was like Sega Genesis, Super Nintendo, things like that, so Mario definitely. And then there was an old game I remember, it wasn't a great game. The one game that I still remember, I don't think anyone else played it, was on Sega Genesis called Ghostbusters. The game takes about four hours to finish from the beginning to the end. There were months where I would just start and then finish the game, finish the game, finish the game. That was weird. I don't know why I did it. It was just like, after dinner, I went to my room, played it for four hours until like 2:00 a.m. and then going to sleep. I really loved this game. I had the Apple 2 when I was 10 years old. I really liked the gaming experience. But as I grew up and went to college I was like: »You know, I need to get serious. I need to get a job. This is a waste of time.«

Christian: So, games were the opposite of serious stuff?

Peter: I kind of put it on the side. And then I was a designer. But I was also a developer. I had a mixed skill set. It was in the late '90s and mid to late '90s, that's when the whole new media and the digital thing got started. My background as a designer and a programmer gave me lots of opportunities to work with Time Magazine and lots of media companies and advertising agencies. It was fun and exciting. But again, not discrediting traditional media or agencies, for me, as a creator, there was something missing on two hands.

On one hand, I wanted to express myself and talk to people. But I was more interested in not just talking about my story, but I wanted some sort of interaction happening with the people.

And the traditional form of making animations – there was something missing. You know, the Time Magazine, it's great. They know how to tell stories. But it's one way. For me, there was something missing. And then, I felt also as a creator there was something missing about my work. I design, I make a Website. For my Website, the design that I do is meaningful because it's a Website of something. I make advertising. It has a meaning because it's supposed to sell something. I didn't want to be a fine artist. That I didn't – that wasn't my goal. But as a creator, I kind of felt like what I create should have its own meaning of existence. If I draw something, it should have a meaning, just because of what it is. So I was working but also getting my master's degree at the New York University. That was when Eric Zimmerman was teaching for the first time. I was one of the first students in his first class. That's how I remember him. Age wise, we're pretty close. But his game design class, that changed the whole thing. I took it because I kind of thought that'll be fun. But in class, I suddenly realized a game is the purest form, it has a mostly commercial feel, but at the same time, a game exists because it is a game. Think about it.

There have been games out there too, like advert games and lots of other things. But all of it, even though you want to make advert games, a game has to be good as a game. Otherwise, it's not going to sell anything. In some weird sense, to me, suddenly gaming felt pure. Gaming exists because it's fun. It is what it is. A game is really not just about the designer. People have to play. It suddenly hit me: This is it. This is the field that I was looking for. This is pure. What I create will have a meaning because it is what it is. It was kind of weird. So that's how I got hooked. The collaboration with lots of interesting people at that time opened my eyes in terms of the possibility of games as an art, more like pop culture, and then the potential of games to change and to shape the worlds around us. There's just such a potential that I didn't know because I only saw it as an entertainment. In some sense fun or joy is what drives us and makes things go, right?

Christian: So suddenly the serious part of your life connected to the fun part.

Peter: Exactly. The whole shift happens that having fun and enjoying something isn't a waste of time. But that's the drive. That's what makes people go. From then on, I was in the traditional video gaming industry for over 10 years. Throughout this time, there were very active movements in the history of game development in the U.S.. All those movements sort of influenced me in terms of what could be done in education and culture. For example, there is one thing that really made me grow in my game design sensibility but also as a person. I think it was like the early 2000s when I was making games and gamelab, the company, started with Eric and me. We were going to the Game Developers' Conference, which is the big event for game developers in the U.S. and I think even on an international scale. There were lots of conversation in the community of game developers about that we need our own language to explain what we do. There were terms like cinema envy in order to explain how games work. Gaming has been out there for, like, thousands of years. But besides this sort of old-fashioned way of defining a game, how games were changing wasn't studied, or it wasn't explained properly. There was no language to explain what we were doing. And we borrowed lots of things from the cinema. Everyone was energetic and excited that we need our own language. We need to really think about it. It needs to be serious. We need to be taken seriously. This is a serious discipline. This is no more kids just having fun.

Christian: Do you think that this development was connected to digitalization in a way, or was it just the right time for the whole gaming part to be taken seriously?

Peter: I think it's a mix of many different things. I think technology had developed enough. I guess that was the right timing in terms of digital has started having enough influence, not just in isolated technology incidence.

For example, I think video games were an isolated event, right? You went to an arcade to play. You played it on a console. It was still very technology controlled. But I think, in 2000, that's when a sort of shifting started happening. Digital was no longer just in the box. Digital started to connect everything, and this started influencing our life. The combination of that with the huge presence that game developers had because of the whole economy. The industry was big, right? Now it sounds very old, but that was when they said the game industry generated more revenue than Hollywood. We're big. We were making big money. But what I think was great was that game developers, though they were still talking about money and focusing on that as well, who made games for a living, they wanted to think about the craft seriously. There was a lot of interaction, which happened with academics as well. And that's also when James Paul Gee wrote a book and then started thinking about games and learning. It was the perfect timing of what game developers needed and wanted to achieve. Lots of people thinking in terms of theories and intellectually about the craft they were doing, not just technology. I think the whole serious game thing or lots of those different aspects of gaming pretty much started from there because it's basically the craftsmen wanting to take their jobs seriously and wanting to respect their work. Respect internally, but also, they thought this is respectable work from outside as well, and it's meaningful.

Christian: This was like the birth hour of this whole development. What would you say? Where are we now? How is gaming perceived in the global society? And what is the agenda to come?

Peter: That's a big question. I think there are still lots of traditional gaming communities which still stay in the circle of the gaming community. However, the influence really grew a lot. Intentionally or not intentionally, games are overflowing from just the digital gaming community to the outside. Some people look at it from a marketing perspective and people wanted to use games and learning in this relation as well. So right now, I think gaming transitioned from just entertainment to gaming as a way of communications and as a media and a cultural methodology even, so as a discipline. I think that started happening. But right now, I think we still haven't seen it yet. I think we are at the beginning of the actual shift. I think games could change something other than just games, right?

Christian: So now it's really connected to the world and to real-life problems. But that relates a bit to the question that gets a lot of criticism lately, that gamification is in a way also misused to control people, to observe them, and to let's say, optimize their work power without paying too much for it. What would you say to that?

Peter: Yes, such a power could exist. I mean, it's like any power, if you use it well, then it'll be good. But to me, I think I'm sort of a believer. In the long run, I think that humanity has been going in a more positive direction. There are ups and downs. But I think, overall, we made some progress. I like the concept of gamification but I don't like the term and how some people think of it. What I think that gamification and the movement did well is that they really attracted people who didn't take games as something they could consider. I think it opens up opportunities. People couldn't connect because for many people games still are entertainment. I'm doing serious things. I want some fun, but how do I connect these needs? There's a distance. But with the gamification term, it made it easier for people to connect. I give credit for that. What I fear is in some cases, gamification tends to become batchification. You make a batch like, here are the 10 things you can do to gamify your workforce. I try to help people to be more involved in gamification or this process because people might misunderstand it and think it's a simple marketing scam.

Christian: They just have to follow some rules, and then it's gamified.

Peter: Right, and then it's never right. It's never that.

Christian: It's not designing a game.

Peter: What I worry about is by misunderstanding it, people think this is a gimmick. And then this whole vision of how games could change the world might just disappear because people think this was a gimmick from a year or two years ago. It doesn't work, doesn't sell. So that's what I fear because the potential is huge.

Christian: You have to make good games.

Peter: You still have to make a good game. It might attract a good crowd, but what you need is people who are going to stick around and really work hard to prove what it means. I'm worried about that. But I mean, the fact that it helped, it helped ...

Christian: To open the perspectives.

Peter: ... broadening the audience. I think, whoever is in this field now, it's their responsibility to make sure of this whether they like the term gamification or not. We should do what we think is right for the forms, media, games and especially game design. Gaming to me is a philosophy in how I see the world.

Christian: Related to that, what makes a good game? What would you say? What are the criteria?

Peter: What – so like, what makes good art? I don't know.

Christian: It has to be fun I guess.

Peter: You have to go to the definition of what is fun and many different things. I think it has to be something meaningful. You play it. And as a player, if it provides meaning to you, then I think it's a good game – the meaning that matters to you. It could be Tetris. I wanted to beat this game. I wanted to get the highest score. That's a meaning. Meaning doesn't mean it's life-threatening or it has something about life. But meaning could be something very simple. But when I do that activity or that work, then there is something satisfying about that.

Christian: That meaning has a value for you.

Peter: And meaning is like, you know, you get a nice cup of coffee from the local café. But it tastes better than in the franchise café, then that has a meaning, right? That coffee has a meaning. It could be that little. And sometimes, it could be life-changing as well. Because of this game, I suddenly see the world differently, you know? It could be many things. I think if I have to answer that I would say, a good game has something that somebody could see meaningful.

Christian: Yeah, I see. You pretty much know the U.S., South Korea, and Germany all pretty well, and of course, other countries, too. But sticking to these three, what would you say? Is there a major difference in how gaming is perceived and how gamers are seeing the whole topic of games in these three countries?

Peter: I think it's a kind of global phenomenon right now. All three countries take it somewhat similarly. I think it probably started sooner in the U.S. because there was a more active movement. There has been also some sort of known work that has been done in the U.S. It still has a long way to go I think. And I think it's similar in Germany right now.

Christian: But later developed in a way?

Peter: A little bit. I think partially because of the players. I was there when that transition happened to the game developers in the U.S. and how the surrounding academics and society responded to those changes. But also, what I see missing is a sense of »this means something«. I think we need this. We wanted to do this, but it seems there are a little fewer players here who actually expand beyond just entertainment.

Christian: So as game is such a big cultural phenomenon and there are also certain games being very successful in a certain country and in other countries not so much, would you say that it can also be a cultural thing if a game is just like fitting to a culture?

Peter: I think there's a certain extent. There is some aspect of that. I sort of believe that something universal exists as well. It doesn't matter what cultural background you have, you know what situation you're in. Most people respond in a certain way.

Christian: So is it like a world language then, the game, because through a game people of different cultural backgrounds can connect within the same system. Could you describe it as this connection point also?

Peter: Definitely. It's kind of like play in the sense. There's a fundamental joy in the interaction that people seek. So that sort of exists. It's a matter of once we go beyond that level and then say if it becomes more conceptual and specific about a certain culture, for example, then I think the take could be different. Let's say, for example, let's say if there's a game about refugees, right? It probably creates more meaning here in Europe and especially in Germany than in New York, because it's not happening there. There's a fundamental level of how gaming is universal but that depends on what's the ultimate message or conversation you wanted to engage with the game. This may have a different effect. And there may be more bias to the cultural aspect of it. I think it depends on, as a designer, where you're taking it. I truly believe there is a universal thing that plays in the games that universally works and applies to everybody. But unquestionably there is a cultural context and a message that resonates with certain age groups or certain parts of the world. It's like a food, for example. Like, Koreans love kimchi. Lots of more people around the world enjoy it. But for some, this is just a spicy thing. It just doesn't work. And then, for example, the taste France has, this nasty-smelling cheese. I don't know the name of it. It smells like a garbage dump, but it tastes good for the French. But do you know what I mean? All countries, all areas have this food that they love. And China like the rotten tofu or something like that, they can't stand the smell of it, but they love it. I think that, to me, like there's that level of something personal that definitely differentiates. But at the same time, we all eat. We love eating. We love drinking. We love dancing. And we love different dances.

Christian: We all also do not like to starve.

Peter: Exactly. I think there's an animal instinct, like the human level of things we all share. And as a game designer, I like to start from there.

Christian: That might directly connect to one of the very successful big games you have designed with Being Faust. This is also about connecting cultures in a way. There is the Faust text of Goethe. It started in Seoul, right, the first one?

Peter: Right.

Christian: It is a transfer of cultural goods through a game mechanic. And maybe you can tell a bit of how it is and how it developed.

Peter: We developed the Being Faust project with the Goethe Institute and we were interested in classical literature, the power of literature, but it's somewhat outdated nowadays because people consume that form less, right? So as a designer...

Christian: You have to be careful. I studied literature science. So, I'm outdated, too, now. *(laughing)*

Peter: But you know – no, no, not outdated, but you know what I mean. It's like the people consume most of the content in different forms. So to me, there's something amazing here that's less shared because things change. I wanted to bring some of the value into the new space that I'm in. I think the Goethe Institute also felt that as an institute which wants to spread this cultural icon to not just Germany but outside, needed something that can connect better. So that was the initial start. The Being Faust project is as the name implies not about the project. It's about you being – yeah, it's not about Faust, but it's about you being Faust. It's about you doing something. But however, we didn't want to do it in a way like, »Oh, here's a role-playing game. Play the character Faust.« We didn't want to do that because I think what gaming does provide as a form and a medium, that what gaming does is that, as a player, you have your choices. And then through the choices that you make that there are outcomes. And then there are emotional outcomes that happen because of the choices you made, meaning you're not role-playing. It's you are doing and you are making those choices. We wanted to do that. And so, this game in a sense is – there isn't much about, you know, Faust. I mean, there – the game is full of the Faust text. So, in that sense, it's very Faust.

Christian: Fausty.

Peter: Fausty. But for the players, we don't really say much about Faust. We just say something about thinking in a general sense. People know this is about some guy making a deal with the devil in exchange for his soul. It's about making deals. It's really about what you desire, how far you would want to go to achieve it. I think there's something fundamental about human desires. This game starts from the very beginning that we give tough choices or values that they could desire, like money, love, and family, and what not. And then the game starts with you deciding, what do you desire? The very first things you have to choose as a player is, out of those 12 values, you have to pick six values that you desire and then prioritize them. Is love most important, or no, money is most important. So again, all these choices happen. And again, the whole point is no one else can answer this question for you. This is a very subjective thing. The choices are given as a question for you to pick. It's simple. But in the context of how Faust is making a deal with Mephisto and that is represented in the core aspect. Like, what do you desire? What do you want to have? And then by giving them this very specific choice in the game, they think about life. Oh, yeah, love is important, and money is also important. But in real life, you don't have to decide. In the game, you have to decide, right? You have to press the button.

Christian: Your decisions are very clear as decisions and not something that happens to you.

Peter: Exactly. I think that's the power of what games could provide, meaning. Because it was a game, you were less stressful about making decisions. But the very act here's a button, I press the love button because that's what I want, the very act of choosing makes it more real than anything else.

Christian: It can trigger the reflection on what you actually chose and how to prioritize.

Peter: Exactly. We were working on lots of projects based on this principle. I think anything we do in life is as real as it gets. In the game of Being Faust, you choose what you wanted to do and have to do in order to get it. You have to sell your friends. You're not really selling your friends. But then again the action of selling your friends in the game is very awkward. All those things make it real because you made the decision. You really made a decision. And then in the context of the game, there are consequences. So, it matters. That's what we did with Being Faust. Because we're not trying to explain Faust. We have been travelling around 11 different countries, like Eastern Europe, Europe, and Asia, Southeast Asia, China. And it all worked in a sense that people clicked. People really get immersed in the experience of doing this. But for example, there are countries like Japan or Eastern Europe which are familiar with the big Faust or know classical literature. It's like they are aware of Faust and the meaning of it. They enjoy it because they know something about it, maybe. Not everyone read it. However, then we go to places like China or Southeast Asia. No one knows Faust. We go to people who don't know anything about Faust. And then they still get immersed into it. And they read it. And they kind of get interested. There's something about that effect, the experience. In essence, they're exposed to the world of Faust.

And they did something in the experience. Some even have developed a cultural knowledge of it. Some didn't. Didn't matter, you know? There's something that clicked, maybe the level of how it influenced them might change, but of course, it will be different because everyone has different taste. But overall, regardless of their age or their location, they were all really immersed, and they enjoyed the experience of thinking about what they want. In that sense, to me, I think there's something universal about it. But the interesting thing is that this is also intentional. We didn't want to push too much about »this is the meaning of Faust« but instead watch what you do. For example, in every country the values that the people pick are different. In Asia and in Europe, it's different. When we were in South Asia, I think the most desired value was knowledge. I think it reflects the current situation: more education means more money, a better life in Southeast Asia. And in Korea, all along, it was family. Even a year ago, it was family. But this year, actually, the Korean's most desired value has changed from family to freedom, which is actually at the moment reflecting the society. It's very interesting. There is definitely a difference in each culture of how they value things or how they see things, how something feels. But at the same time, there's some fundamental thing that everyone can understand, everyone could enjoy. And for me as a game designer, that is what is more exciting. Not the message that I wanted to tell everybody, but I sort of created this experience in the moment of choices and emotions. Then everyone has their own experience regardless of where they are. To me, as a game designer, that's the power of games, you know?

Christian: In a way, it is very individual and connecting throughout all cultures.

Peter: Definitely.

Christian: So that's really great. Can you tell us a bit about your next project? What's coming up?

Peter: A bunch of things. One of the projects that I want to do right now is about the Korean unification issue. There are huge political issues in Korea. It's very biased in Korea. There's that issue. But also unification, the complexity of unification itself, is so hard.
Through my exposure to the German side and having lots of interaction with German friends and German collaborators I sort of realized

something. I think unification is, especially at the moment, the Korean unification is a local issue. But at the same time, it's really about the human issue. It's a global issue about the conflict, how you're handling the conflict, and you know, what you can do about it. I think, right now, the message and the issues surrounding the unification of Korea actually could be sort of a global conversation about human rights and also about crisis and conflicts. So right now, I'm starting to propose the project with the title from DMZ to Berlin Wall. DMZ is a demilitarized zone seperating North Korea and South Korea. And it is kind of like the Berlin Wall was. There were two walls, and there was an in-between space. The DMZ in Korea is pretty much that space but much wider. The Berlin Wall came down years ago. And there have been issues surrounding it. In some sense, it's something that Germany has done already, and which is the past, ongoing past, but in Korea, the past of the separation still is the future and the present. It's a weird sort of conceptual paradigm of the past and future. The conflict is still existing in this space. I ask myself what other countries other than Germany and Korea can really talk about these conflicts? So by connecting it, I think we could make people really think about these conflicts or the other issues with refugees etc. I think people really still need to hear. Hopefully, the German past and then the Korean past and current can give an opportunity for people to really think about how we should move forward.

CHRISTIAN: And this connection you are planning to do with a game again?

PETER: Yes, because to me, I think that's the most effective way. In games, you are the player. You make the decisions. And then you may think differently, or you may make a decision that's different from others, but then you will actually get to know from your own perspective. You will have perspective on the situation. And I think that's the beginning of the conversation. You start having the relation. Then I think the rest will just fall into place.

CHRISTIAN: Perfect. Peter, thank you so much. We wish you all the luck with your projects. And maybe we are collaborating on this or that in the future. We wish you all the best and thank you for the interview.

PETER: Thank you. That was fun.

Gespräch mit Thorsten Wiedemann

Das Gespräch wurde geführt von Christian Stein und Thomas Lilge.

Playful Media

Über Independent-Games, Virtual Reality und das Lebensgefühl A MAZE

CHRISTIAN: Lieber Thorsten, du bist ein Spiele-Experte der ersten Stunde, begeisterter Spieler, VR-Pionier und Organisator des A MAZE Independent Game Festivals. Dabei hast du ständig mit experimentellen Spielen und experimentierfreudigen Spieleentwicklern zu tun. Anfang 2016 hast du dann mit der DISCONNECTED-Performance selbst ein Experiment am eigenen Leib unternommen und 48 Stunden nonstop in Virtual Reality zugebracht. Was hat dich dazu animiert?

THORSTEN: 2016 ist das Jahr der Virtual Reality, weil es auf einmal an die Masse herausgeht. Bei der DISCONNECTED-Performance ging es darum, sich den Entwicklungsstand im Jahr 2026 vorzustellen. Wie wird es dann aussehen? Vielleicht wird VR 2026 vielmehr Teil unseres Alltags: Die Schüler werden ausgebildet mit einer VR-Brille und brauchen vielleicht gar nicht mehr in die Schule zu gehen, sondern alles wird online unterrichtet. Solche Entwicklungen können rasend schnell passieren. Zum Beispiel bei Reisen ist es heute schon ganz normal, dass Werbung in virtuellem Content und in virtuellem Space auftaucht. So finden sich vielleicht Menschen, die sich eine Art von Reise wünschen, die ihnen wirklich gehört. Sie würden dafür bezahlen, ihren eigenen Planeten als ruhigen Rückzugsort zu haben. Dort könnten sie mal für acht Stunden entspannen bzw. virtuell einfach weggehen. Dort wäre alles außer das, was sie sonst in der Realität vorfinden. Früher hat man solche Erfahrungen mit Opiumhöhlen gemacht: Man ging da rein und klinkte sich vielleicht für drei Tage aus. Später gab es LSD und noch weitere Möglichkeiten. Diese Erfahrungen haben etwas mit der Performance DISCONNECTED zu tun. Die Performance war eine lange Drogenerfahrung. Auch in VR begibst Du Dich auf Reise in eine Traumwelt, auf die Du Dich im Vorhinein vorbereitest. Eine Drogenerfahrung benötigt ebenso eine Vorbereitung. Im Traum vermischen sich Erfindungen Deiner Vorstellungskraft mit Eindrücken aus der Realität oder mit Erfahrungen, die Du in der Realität gemacht hast. Im Endeffekt ist der Traum wie ein Flüstern, das Dir ins Ohr flüstert. Wenn Du wirklich zuhörst, wenn Du richtig träumen lernst, kannst Du aus dem Traum neue Verbindungen mit der Realität schaffen und somit den Traum die Realität bewirken lassen. Daraus können sich ganz neue Sachen entwickeln. Oder vielleicht verfolgst Du im Traum eine Wahnsinnsidee, deren Vorstellung alleine Dich glücklich macht.

Christian: Der VR-Traum ist ein viel kontrollierterer Traum. Vielleicht nicht für den Rezipienten, aber für das Traumdesign.

Thorsten: Genau! Wenn man darüber nachdenkt, will man natürlich nicht einfach nur in eine Welt reingehen, die irgendein Mensch gemacht hat. Sondern man will auch schon bestimmen, was da drin vorgeht. Es sollte kontrollierter sein. Ich denke, VR ist einerseits unglaublich aufregend, andererseits finde ich es sehr beängstigend, weil Du in eine Welt gehst, die irgendein Mensch gemacht hat. Gerade, wenn Du Spiele, Filme oder auch Journalismus ansiehst, die mit 360 Grad arbeiten: Das ist das neue Ding, mit dem man Journalismus betreibt. Kamera einschalten und Du bist da, das ist Realität hier. Es ist schon ziemlich krass, was es mit den Menschen macht. Deshalb finde ich, dass da irgendwann in den nächsten Jahren eine Instanz dazwischengeschaltet werden sollte, damit dieser Content für uns vorgefiltert wird. Hier gibt es eine Gefahr, denn Du kannst super schnell in diese Virtual Reality abfallen und manipuliert werden. Das will man ja nicht.

Thomas: Den Zusammenhang von Realität bzw. Traumerlebnissen und VR finde ich total spannend. Da wir mittels weniger technischer Tricks hochimmersive Erlebnisse erzeugen können, die der Realität ähneln, kritisieren wir damit die bestehende Realität auch in gewisser Weise?

Thorsten: Ich finde es gut, dass es eben nicht unbedingt die Realität widerspiegelt. VR sollte keine zweite Realität sein in dem Sinne, dass sie unsere Realität nachbildet. Es sollte keine Simulation unserer Welt werden. Das wäre sehr traurig. Damit hätten wir das Thema verfehlt. VR sollte in totale Extreme gehen dürfen. Aber so, dass es uns und der Weise, wie wir in der Realität mit den Menschen interagieren, nicht schadet. Es ist wichtig, dass wir die Beziehung zu dem eigentlichen Menschen nicht verlieren und nicht nur Beziehungen zu den Avataren aufbauen. Dass es eine Beziehung zwischen dem Avatar und dem Menschen gibt ist klar, aber trotz alledem sollte das Zwischenmenschliche und das Zwischen-Avatar-Menschliche gleich sein, sodass es Benimmregeln gibt, in der VR wie auch in der Realität. Dadurch kann natürlich eine Kritik darüber entstehen, was in der Realität falsch läuft. Ich denke VR ist ein perfektes Experimentierfeld. Ein großes Experimentieren, was tatsächlich verbessert werden kann. Ich finde, das ist das Schöne an der VR: Du kannst schnell etwas bauen. Du kannst irgendeine Game-Engine nehmen, Unity wahrscheinlich am allerbesten, weil es tatsächlich schneller ist als Unreal (für Unreal musst Du sehr viel Vorwissen haben). Mit Unity kannst Du Dich einfach eine Woche hinsetzen und dann hast Du schon einen Erfolg. Und das kriegst Du auch in VR hin. Das ist das total Spannende, dass Du schnell etwas machen kannst, schnell etwas ausprobieren kannst, Leute sich damit irgendwie auseinandersetzen lassen kannst. Du bekommst dann die Ergebnisse und das war es. Dann kannst Du da drauf aufbauen. Das finde ich sehr spannend.

Christian: Deshalb ist es vielleicht auch wirklich wichtig, VR als sozialen Raum aufzudecken. Es ist immer ein typischer Vorwurf, sowohl an Computerspiele als auch gerade an VR, dass diese vereinsamen. Wie könnte eine solche soziale Anwendung aussehen?

Thorsten: Soziale Anwendung gibt es. Wir haben ja schon z.B. Second Life gehabt und die ganzen Massively Multiplayer Online Games. Aber in VR kann alles natürlich sehr viel effektiver und viel schöner werden. Ich finde ja schon Social VR Games sehr toll, da gibt es z.B. VR Chats und AltspaceVR. Facebook arbeitet auch an etwas. Ich finde es einfach ganz toll, wie es vonstatten geht. Es ist schon ein ganz nettes Etikett und man lernt sich kennen, man reist von Parallelwelt zu Parallelwelt. Manche haben Time-Tunnel. VR Chat ist so ein »Loading Tunnel«, wo Du wie im Warteraum wartest, Du hast eine Spirale und es verdeutlicht, dass Du irgendwie reist und dann bist Du auf einmal in dieser Welt mit anderen Leuten. Es macht einfach Spaß, mit den anderen Leuten durch die Gegend zu hüpfen. Du kannst Dich sehr gut unterhalten. Es kann ein guter Ersatz für ein Skype Gespräch sein. Beim nächsten Interview können wir uns wahrscheinlich dann dort treffen, irgendwo im VR-Chat. Schön ist auch, dass es funktioniert mit den Avataren. Das ist kein großartiges Problem. Ich kenne Deine Stimme auch – und wenn ich Deine Stimme nicht kenne, ich weiß auf jeden Fall, dass eine Person dahinter ist. Von daher funktioniert die Kommunikation eigentlich ganz gut.

Christian: So gesehen kann man sagen, dass der physische Körper auch eine Art Avatar ist, den man gestaltet hat und der wieder erkennbar ist.

Thorsten: Ich finde, es spielt vor allem eine Rolle, dass man mit dem Ort interagieren kann. Deswegen finde ich die Vive, Roomscale und die Controller sehr toll. Bei den anderen kommt das zwar alles bald auf den Markt, aber Vive waren die allerersten. Bei den Controllern kannst Du etwas anfassen und damit spielen. Es gibt zum Beispiel dieses VR-Minigolf inklusive Multiplayer-Mode. Jeder kennt ja Minigolf, es ist auch ein sozialer Sport bei dem es nicht wirklich ums Gewinnen geht – nicht mir jedenfalls. Es war sehr schön bei dem 48-Stunden-Trip, weil ich auch mit dem Entwickler von VR-Minigolf aus Melbourne zusammengespielt habe und wir dabei einfach über ganz andere Sachen geredet haben. Wir haben uns ganz natürlich unterhalten, wir haben gespielt. Es kam auch die Idee, Business-Meetings da zu machen, oder Freunde zu treffen: Es macht viel mehr Sinn, viel mehr Spaß als einfach über Skype zu reden. Auch wenn ich irgendwie da so einen blöden Avatar vor mir habe. Es ist eigentlich totaler Blödsinn aber trotzdem funktioniert es besser, als wenn ich Dich auf Skype auf dem Screen sehe und Du machst Deinen Mund auf und zu. Es ist eigentlich nicht mehr relevant ein Kamerabild der Person zu sehen, weil Du mit der Person im selben Ort interagierst. Das wertet die Interaktion spürbar auf.

Thomas: Vielleicht kannst Du ein bisschen mehr zu Deiner Erfahrung sagen, weil Du Dich wirklich als Testperson zur Verfügung gestellt hast. Wie und wann war das und wie viele Stunden warst Du da drin?

Thorsten: Ich habe mich als Testperson nicht zur Verfügung gestellt, sondern bin selbst auf die Idee gekommen. Das Konzept war tatsächlich, dass 2016 das Jahr ist, bei dem viel in VR passiert und 2026 ist das Jahr, wo alles ausgewachsen sein wird. Ich war 48 Stunden lang im Game Science Center und war im Endeffekt so etwas wie ein Ausstellungsobjekt. Unternommen habe ich das mit Sara Lisa Vogl, sie war meine VR-Schamanin, ich war der VR-Naut. Am Freitag habe ich mir die Brille aufgesetzt und Sara hat mich dann gefüttert, hat mir gezeigt, wo die Stühle sind, wo die Toilette ist etc.. Mich hat es interessiert, das einfach als Kunst-Performance zu machen, etwas zu zeigen, was extrem ist, aber was auch in irgendeiner Form Leute inspiriert, wo Leute aber auch anfangen, zu reflektieren. Und vor allem zu sehen: Ist das unsere Zukunft? Sieht es so vielleicht aus? Irgendwie ist es schon ganz gut gelungen. Leute haben auf einmal großes Interesse an dem Thema gehabt.

Christian: Wie war es nach der Halbzeit, sagen wir 24 Stunden, wenn man sich schon komplett daran gewöhnt hat?

Thorsten: 48 Stunden kenne ich schon von den 48 Stunden Game-Jams, aber da habe ich immer auch geschlafen, bin rausgegangen, um mal etwas anderes zu tun und hatte die ganze Zeit Leute um mich. In dem VR-Marathon dagegen war ich ganz alleine.

Christian: Wie fühlt sich das an nach 24 Stunden?

Thorsten: Für mich war es schon nach nur einer Stunde ganz schön hart ehrlich gesagt, weil ich vorher noch nie länger als eine Stunde in VR war. Ich bin eigentlich nie wirklich ruhig und muss ständig etwas machen. Ich habe sehr viel Sport gemacht und Sachen ausprobiert. Sara hat auch die ganze Zeit langweilige Parts rausgenommen. Und langsam bin ich dann reingekommen. Nach 24 Stunden ging es eigentlich noch ganz gut. Ich habe dann auch zwei Stunden mit der VR-Brille auf geschlafen und bin dann in VR aufgewacht. Es war alles nicht so beeindruckend, wie ich gedacht hatte. Du wachst ja auch da auf, wo Du einschläfst. Deswegen war es nicht so ein Schock für mich, dass ich auf einmal irgendwie eine computergenerierte Welt um mich herum hatte. Aber nach 24 Stunden hatte ich eine Panikattacke, die fast zwei Stunden angedauert hat. Das hatte aber möglicherweise auch damit zu tun, dass ich nicht wirklich gegessen hatte und in Kombination mit dem Imodium Akut im Endeffekt in einem Unwohl-Modus drin war, der vielleicht zu der Panik-Attacke beigetragen hat. Ich hatte aber auch im normalem Leben früher Panikattacken. Aber es war auch ein Stressmoment und alles Mögliche kam zusammen ...

Christian: Aber es gab keine Szene, die Auslöser war?

Thorsten: Nee, überhaupt nicht. Ich hatte glaube ich ein paar Spiele gespielt, bei denen man auch die ganze Zeit körperlich aktiv sein muss, und danach war glaube ich gleich der Cut. Ich hatte mit Henning Steinbock an einem VR-Game gearbeitet und da war ich selber die ganze Zeit in der Brille natürlich und er hat gecodet und da war die ganze Zeit der Wechsel zwischen beiden Ebenen – dem Code und der Welt. Irgendwie war die Grafikkarte nicht stark genug, dann hat es manchmal so geshattert weil der Code noch nicht optimal war. Das hat mich glaube ich fertig gemacht und auf einmal war ich völlig still und konzentrierte mich nur noch auf die kleinen Details und ich glaube das war einfach ein bisschen zu schnell, der Sprung zwischen Rumspringen, Adrenalin und Stille. Ich habe dann Herzrasen bekommen, aber Sara konnte mich dann beruhigen. Sie hat mir Massagen gegeben und ich habe mich hingelegt, habe angefangen Schokolade zu essen ...

Thomas: Die Augen zugemacht?

Thorsten: Ja, ich habe zwischendurch natürlich auch die Augen zugemacht, aber bei Panikattacken macht man die Augen nicht wirklich zu. Gerade wenn man dieses Gefühl hat, dass man stirbt, ist es eh meistens so, dass man die Augen offenlässt. Aber es hat dann doch irgendwie geklappt und nach 26 oder 27 Stunden war ich dann wieder okay.

Thomas: Es ist auch eine heftige Nummer, dass Du es nicht abgebrochen hast.

Thorsten: Ich dachte mir, es wäre schade! Es war so gedacht, dass es erfolgreich sein sollte. Wenn es meine allererste Panikattacke jemals in meinem Leben gewesen wäre, dann wäre ich auf jeden Fall rausgegangen. Aber da ich schon bestimmt 50 Panikattacken in meinem Leben hatte, habe ich mich dann einfach daran erinnert.

Christian: Was denkst Du, wie ist das mit dem Aufbauen des Erlebens von Welten? Glaubst Du, dass man in VR seine VR-Welten bauen und modifizieren wird? Oder glaubst Du, dass es eher getrennt bleibt?

Thorsten: Nein, damit arbeiten ja schon einige. Wir, aber auch beispielsweise Unity arbeiten damit jetzt auch schon. Man ist tatsächlich in der Welt und kann um sich herumbauen. Eigentlich funktioniert es jetzt schon. Die arbeiten an einem Tool, ich denke mal die Asset Stores usw. sind eh voll mit dem ganzen Kram. Man muss es einfach nur reinziehen und dementsprechend skalieren und dann anpassen. Wie gesagt, man kann in der Zukunft sehr schnell Welten bauen. Ich denke, es wird auch so sein, dass jeder vielleicht einfach mal seine Welt bauen kann. Es wird für alles ein Toolbox-System geben. Es muss keine Sandbox sein, sondern einfach jeder hat seine Toolbox, die er zum Entwickeln hat.

Christian: Der reine Nutzer wird immer mehr dann auch zu demjenigen, der seine eigene Welt selber bauen wird.

Thorsten: Ja, das wäre doch wichtig! Wenn Du Deiner Mutter beispielsweise eine Welt schenkst zum Muttertag! Hier hast Du Deine Welt, statt einem Bild! Ich finde es super, wenn es so einfach wie möglich gehalten wird, dennoch sollte man auf Qualität achten. Es wird große, aber auch kleine, unabhängige Produktionen geben, die sozialkritisch, die politisch sind, die aktivistisch sind. Die Vielfalt sollte nicht verloren gehen. Es ist nicht wie beim Filmen, man muss irgendwie jemanden kennen, oder man muss einen Namen haben, um überhaupt etwas machen zu dürfen. Das finde ich so toll in dieser ganzen Zeit, dass jeder, der sich mit Technologie auseinandersetzt und auch auseinandersetzen möchte, auf einmal die Möglichkeit hat, auch kreativ damit umzugehen und etwas zu bauen, eine Welt zu bauen, ein Spiel zu machen, vielleicht aber auch eine interaktive Story zu erzählen.

Christian: Erzähl doch mal, was es mit A MAZE auf sich hat.

Thorsten: Das A MAZE Festival wurde 2008 gegründet. 2010 hat es mit dem Club transmediale ein Festival gemacht, welches das A MAZE Festival auf ein höheres Level gehoben hat. Dann kam es zu einem Sprung nach Südafrika in Verbindung mit dem Festival 2010. Dort war ein südafrikanischer DJ, der die Ausstellung gesehen hat und meinte: »Hey, wäre es denn vielleicht etwas mit Südafrika und A MAZE?« Ich war noch ziemlich jung und steckte noch nicht so tief in der Sache drin und bin dann 2011 nach Südafrika und habe 2012 das Festival zum ersten Mal dort gemacht. 2012 war das Jahr, wo A MAZE eine Linie gefunden hat. Davor war es eher so: Wir machen ein bisschen Game Art, ein bisschen Computerspiel, ein bisschen Medientheorie. Seitdem Michael Liebe, der ja auch im Gründungsteam war, dann 2010 nach dem Festival rausgegangen ist, war es für mich klar: Ich will in diese experimentelle, independent, alternative Szene rein. Ich möchte schauen: was gibt es »beyond the Mainstream« Ich möchte verrückten Kram sehen. Ich möchte einfach surreale Sachen sehen. Ich möchte Themen haben, die mich als Erwachsenen ansprechen. Ich möchte keine Kinderspiele spielen. Nicht, dass die Kinderspiele schlecht sind, Kinderspiele sind großartig, aber ich möchte einen Content haben, der vielleicht auch etwas mit mir zu tun hat. Natürlich hat Musik damit zu tun, Life-Style, Fashion, Drogen ... Im Endeffekt alles, was mich im Berliner Leben geprägt hat. Das würde ich auch gerne in Computerspielen sehen. Viele machen das jetzt auch. Seitdem 2012 der A MAZE Independent-Games Award ausgeschrieben wird, kommen immer mehr Leute aus der ganzen Welt. Ich finde das Festival außerordentlich gut, weil es keine Grenze gibt. Die einzige Grenze ist schlechter Geschmack. Wir sind Tastemaker, wir machen was uns richtig gefällt. Einerseits ist es alternativ und independent, aber trotz allem gefällt es eben auch. Euch gefällt es ja auch, weil es experimentierfreudig ist, weil es frisch ist. Es ist nicht etwas, was man unbedingt ins Museum stellen möchte. Es ist etwas, an dem man direkt weiterarbeiten möchte. Es ist etwas, was das A MAZE Festival ausmacht. Vor allem geht es darum, international talentierte Leute zusammenzubringen. Die ganze Szene ist international organisiert, aber auch selbst-organisiert. Es gibt eine Independent Game Entwickler Industrie, von der wir auch Teil sind. Es gibt Entwickler, die wollen richtige Produkte machen, dann gibt es natürlich die Independent Game Entwickler, die »Independent Content« machen wollen. Es ist keine Business-Bezeichnung in irgendeiner Art und Weise, sondern wir wollen einfach unabhängig kreativ arbeiten. Wir wollen unsere Leidenschaft daran, unsere persönliche Erfahrung einbringen. Uns ist es nicht so wichtig, was die Leute tatsächlich sagen. In meinen Augen sind die Game Entwickler vom A MAZE Festival alle Künstler der digitalen Zeit, weil sie die Tools kennen, sie wissen einfach wie das Internet funktioniert, sie wissen wie verschiedene Vertriebsmodelle im Internet funktionieren. Sie sind durchschnittlich 25 Jahre alt. Sie kennen sich unglaublich gut aus. Sie kennen sich nicht nur mit den Tools aus, sondern sie wissen auch haargenau, wie alles funktioniert. Klar brauchen sie auch die Publisher, weil sie nicht das Geld haben, um nach draußen zu gehen und zu sagen: »Hey! Das Spiel ist jetzt fertig!«. Facebook und Twitter alleine reichen dabei nicht. Man muss halt schon ein bisschen Marketing-Power haben. Und ich hoffe, dass ein Festival wie das A MAZE Festival in Zukunft helfen kann und eine Plattform für diese Leute darstellt. Ich denke immer, gib denen einfach mal einen richtigen Batzen Geld! Ich bin gespannt, was dabei rauskäme, wie sie dann tatsächlich auch Leute erreichen könnten. Viele Spiele im Mainstream Bereich funktionieren einfach wahnsinnig gut, weil extrem viel Marketing-Geld da ist. Das fehlt im Independent-Bereich leider und es gibt so viele tolle Independent-Games, die verschluckt werden durch die Masse!

Thomas: Das ist noch mal ein wichtiger Punkt. Dein Anliegen als A MAZE Organisator und Veranstalter ist es, dort eine Plattform zu bieten. Durch was könnte man diese Dynamik noch unterstützen? Dass man den Noise, den die großen AAA-Firmen machen, durchbricht mit Independent Produktionen? Du bist vorne mit dabei mit dem Festival. Was bräuchte es noch? Oder was würdest Du dir wünschen?

Thorsten: Die Förderinstitutionen müssen auch mitspielen. Sie müssen sich davon verabschieden, Business-Modelle zu fördern. Im Games Bereich ist das oft so. Klar, da sind auch kreative Games darunter. Gerade Medienboard Berlin-Brandenburg ist da ganz gut, sie haben immer eine tolle Auswahl an Games, die sie auch wirklich fördern. Aber sie wollen irgendwann natürlich das Geld zurückbekommen. Das ist auch klar. Trotz alledem, im Filmbereich ist es so, dass nicht wirklich jeder darauf schaut, ob jemals das Geld eingespielt wird. Es ist einfach wichtig, dass es passiert. Wenn es wirklich ein tolles Spiel ist, gerade wenn es zeitlich auch passt, wenn es sozialkritisch ist, sollte man es auf jeden Fall fördern. Game Entwicklung ist sowieso ein Problem, weil es zwei bis vier Jahre dauert, um ein richtig gutes Game zu machen. Wenn Du ein Game hast, das einfach nicht nur ein Mobile Game ist, wo Du ein bisschen rumtippen musst, sondern wo eine Storyline dabei ist, wo alles Grafische noch aufgearbeitet ist, wo eine Game Mechanik dahinter ist, die auch über mehrere Stunden funktioniert – da muss man natürlich länger daran arbeiten. Die Förderinstitutionen müssen im Endeffekt auch lernen bzw. sehen: Ein Film wird auch nicht innerhalb von einem Jahr gemacht. Eine Filmproduktion dauert vier Jahre vom Skriptschreiben bis es abgenommen ist. Die reine Produktionszeit ist vielleicht tatsächlich ein Jahr, aber im Endeffekt fördern sie einen längeren Zeitraum, nicht nur die Produktion. Das ist da, wo sie genau gucken müssen: Warum macht man so einen Unterschied mit Games? Und die Presse muss mitmachen! Ich bin immer sehr erstaunt, wie wenig sich die Presse für Spiele interessiert. Klar, die großen, erfolgreiche Sachen – die auch erfolgreich auf Twitter sind – kommen in die Presse. Manchmal habe ich das Gefühl, dass die Presse sich nicht gut genug auskennt. Vielleicht haben die Journalisten gar keine Zeit, etwas selbst zu suchen. Ich weiß es nicht. Es ist wahrscheinlich bei anderen Medien genauso. Vielleicht wünscht man sich das einfach immer nur. Ich spreche über die Tageszeitungen, die große Presse. Die Gamer-Presse dagegen ist großartig: Independent-Games werden dort gehypt ohne Ende. Auch viele digitale Blogs sind super gut. Was fehlt ist aber, dass man tatsächlich rauskommt aus diesem rein Digitalen, dass man das einfach ganz normal Kultur oder Kunst tituliert, damit es eine ganz andere Zielgruppe erreicht. Es geht darum, die Zielgruppe zu erweitern. Es geht nicht darum, immer die gleichen Leute zu füttern. Die wissen das ohnehin schon und kriegen es schneller mit als Spiegel-Online oder ähnliches. Es geht einfach darum, neue Zielgruppen zu erreichen. Das macht die Presse im Moment noch nicht wirklich. Dafür ist dann das A MAZE Festival da, dass man die Journalisten anzieht, ihnen sagt: »Wir machen sowieso unser Ding«. Im Endeffekt brauche ich die Presse nicht so sehr wie die Spielentwickler, weil ich mein Konzept habe, das ich jedes Jahr mit dem A MAZE Festival angehen möchte. Ich glaube, wenn es immer so ist, wenn ich immer meine Ideen umsetzen kann, die mir einfach so in den Kopf kommen, dann ist es auch immer spannend für die Presse. Deshalb kommen die Menschen vorbei und begeistern sich dafür.

Christian: Viel hängt ja beim Spiel mit Motivation zusammen, wie man Motivation erzeugt, aufrechterhält und auch Spaß erzeugt. Häufig ist aktuell die Rede davon, dass Spiel und Arbeit ja z. T. enorme Parallelitäten aufbauen: Spiele, die wie Arbeit funktionieren. Aber wie ist es andersrum? Ist nicht vielleicht das Spielebauen eine Art Metaspiel, das auch viele Independent Game Entwickler motiviert? Was ist das Motivierende daran, ein Spiel zu bauen?

Thorsten: Gute Frage. Ich denke, Independent Game Entwickler sind kreative Geister. Sie sind wahrscheinlich mit Spielen aufgewachsen und sozialisiert worden. Später haben sie wahrscheinlich gedacht, dass sie selber ein Spiel machen wollen. Die Grundmotivation liegt also in der Leidenschaft am Spielen. Außerdem ist es ein sehr dankbares Ausdrucksmedium. Die integrierte Interaktionsebene mit den Spielern ermöglicht dem Entwickler, die Spieler viel besser zu erreichen. Er kann sich viel näher und viel besser mit der Thematik beschäftigen. Den meisten Spielentwicklern geht es trotzdem hauptsächlich um den Spaß: Sie machen Spiele, damit Menschen Spaß haben und sich dabei die Zeit vertreiben. Aber es geht mir beim A MAZE Festival vor allem darum, Games mit der Botschaft zu verbinden, dass sie auch Kunst sein können. Was wird in Games ausgedrückt? Welche Thematiken kommen in diese Games mit rein? Es sind Thematiken, mit denen wir auch in der realen Welt konfrontiert sind. Die Spiele spiegeln diese auf eigene Art wider und bieten davon spielerische Erfahrungen. Die Motivation, solchen Thematiken im Spielkontext zu begegnen, ist vielleicht eine Entscheidung der Erreichbarkeit. Vielleicht erreichst Du mit einem Spiel mehr Menschen als mit einem Film. Zum Beispiel das Mobile Game Cosmic Top Secret, welches sich mit dem dänischen Geheimdienst beschäftigt, wurde von Dokumentarfilmemacherinnen gemacht. Sie haben dieses Jahr den The Most Amazing Game Award gewonnen. Sie kommen also aus dem Filmbereich. Trotzdem haben sie sich entschieden, Game Design zu lernen bzw. sich damit auseinanderzusetzen, weil das Medium wunderbar zur Geschichte passt. Tatsächlich sind es viele Quereinsteiger, die das Potenzial von Games als Ausdrucksmedium erkennen und die damit verbundene größere Erreichbarkeit schätzen. Wer geht ins Kino zur Filmvorführung eines völlig unbekannten Regisseurs? Und wer interessiert sich generell überhaupt für Dokumentation? Während Du mit einem Film im Kino vielleicht 50.000 Menschen erreichen kannst, kannst Du mit einem Game auch manchmal ein Millionenpublikum erreichen, vor allem wenn Du es zur kostenlosen Nutzung herausgibst.

Christian: Wie ist es mit dem Spielerischen im Spielebauen? Es gibt allerhand Regeln und Prinzipien anhand derer man feststellen kann, ob Spiele gut funktionieren. Diese Spielprinzipien kann man mit leichten Variationen zusammenstecken und in ein bestimmtes Narrativ oder optisches Korsett einbauen. Das Ergebnis ist ein Spiel, von dem man von Anfang an weiß, dass es funktioniert. Die Independent Szene setzt sich davon wahrscheinlich ein bisschen ab. Wie final sind eigentlich diese Spielprinzipien, die wir inzwischen in hunderttausenden Spielen gesehen haben? Gibt es Sachen, die neu sind?

Thorsten: Ja! Wir bekommen jedes Jahr Einreichungen für den A MAZE Award und es sind immer wieder ganz neue Sachen dabei. Wir suchen ja explizit nach experimentellen Games bzw. Spielnarrativen, die nicht noch ein weiterer Plattformer sind. In Games gibt es Standards oder Genres, in die immer wieder neue Narrative und Charaktere einfließen. Man kann es natürlich auch als reinen Baukasten sehen, aus dessen Bestandteilen ein neuer Charakter entsteht. Aber der Spieler erkennt es sofort, wenn bei der Konzeption nicht viel passiert ist oder einfach nur Teile ausgetauscht wurden. Der Spieleentwickler muss sich immer etwas Neues einfallen lassen. Denn Spielmechaniken sind sehr wichtig. Ein erfahrener Spieler merkt einem Spiel sofort an, dass viele Elemente geklaut wurden, oder einfach nicht funktionieren, oder doch nicht mit der Story übereinstimmen. Alles hängt von der Story ab: Für eine Story oder ein besonderes Narrativ braucht man vielleicht ein anderes Spielkonzept als für einen Plattformer.

Christian: Wie eine gute Mischung aus Prinzipien, die zueinander passen, wie ein Rezept, das mit den gleichen Zutaten unterschiedliche Ergebnisse realisiert?

Thorsten: Man kann alles vermischen. Es gibt sehr schwierige und ganz einfache Spiele. Auch ein Spiel sollte im Grunde genommen intuitiv sein, sodass die Spieler sich vom Schwierigkeitsgrad nicht komplett frustrieren lassen. Das gilt natürlich nicht für High Scores, wo es immer schwieriger werden muss.

Christian: Das heißt, wenn ich ein Spiel erdenke, muss ich fast schon die Spielerfahrung der Spieler antizipieren. Man spielt ein Spiel nicht zum ersten Mal, sondern meistens hat man schon hunderte Spiele gespielt. Die Erfahrungen dieser Spiele sind da – genauso wie die Assoziationen, Reaktionen und Verhaltensmuster. Das heißt, Spiele bilden nicht nur spezifische Realitätsszenaren ab, sondern genauso auch andere Spielwelten.

Thorsten: Es ist genauso, wie auch die Welt funktioniert. Wenn das System gut funktioniert, macht das Spielen Spaß. Wenn das System eine tolle Geschichte erzählt und sich mit der Story gut verwebt, ergibt das einen großen Mehrwert für das Spiel. Aber ich verstehe, was Du meinst: Sehr viele Menschen spielen Spiele, die sie stets miteinander vergleichen: Beim Film hast Du andere Standards zum Beispiel bezüglich der Kameraeinstellung. Im Game Bereich spielst Du auch ständig mit der Technik, zum Beispiel mit den Möglichkeiten einer bestimmten Game-Engine. Der Entwickler spielt damit rum, bis er den Plattformer doch ganz anders gestaltet als Super Mario. Das könnte dadurch erfolgen, dass man bei einem dreidimensionalen Plattformer die Blinkwinkel verändert, zwei Charaktere durch die Welt schickt, oder zu zweit spielt. Man muss nicht immer neue Sachen erfinden. Aber es macht keinen Sinn, Spiele von Anderen zu kopieren.

Christian: Als Abschlussfrage zwei Sachen, die in der Spieleentwicklung gerade verstärkt Zulauf erfahren: Einerseits die Big Games und World Games, die mit physischen Orten interagieren, die sozial sind, Digitalität nur als einen Baustein des Spiels verstehen, und andererseits die VR, die erstmal versucht alles auszuschließen, was nicht Spielwelt ist. Siehst Du einen Zusammenhang zwischen den Bereichen, oder sind es einfach nur die Versuche, die Grenzen des Mediums in beide Richtungen auszudehnen? Diese Spiele lassen sich beispielsweise mit dem Handy in der Stadt spielen. Peter Lee mit Nolgong hat beispielsweise Being Faust mit dem Goethe Institut zusammen gemacht. Das wäre so ein Beispiel.

Thorsten: Ja, Peter Lees Spiel wurde vor zwei Jahren bei A MAZE Johannesburg ausgestellt. Diese Art von Spielen an echten Orten sind sehr wichtig. Sie bringen den sozialen Aspekt rein. Man kennt das soziale Miteinanderspielen zum Teil aus der Kindheit, zum Beispiel bei Familienspielen. Diese Spiele sind gut, um grenzüberschreitend zu arbeiten. Gerade wenn man auch an brisanten Orten arbeitet: Ein Street Game hat in Johannesburg beispielsweise eine andere Dynamik, als dasselbe Spiel in Berlin. Zumal sind die Protagonisten, die damals in Johannesburg so ein Spiel konzipiert haben, mit außerordentlichen Situationen in der Zeit des Spieldesigns konfrontiert worden, die positiv aber auch negativ sein können. Aber auch der Spieler geht vielleicht zum Spielen an einen Ort, den er vorher nie besucht hat. In dem Moment hilft das Spiel ihm dabei, sich innerhalb des Systems sicher zu fühlen. Dadurch kommt er mit Menschen in Kontakt, mit denen er normalerweise nie in Kontakt treten würde. Local-Multiplayer-Games sind auch ein spannendes Phänomen, das jetzt seit einigen Jahren wieder hochkommt: Man trifft sich an einem Ort mit fünf oder sechs Spielern, jeder hat einen Game-Controller und man spielt gegeneinander bzw. miteinander. Es gibt auch die Massive Multiplayer Games mit Smartphones, wo man beispielsweise mit HappyFunTimes Ice-Hockey Spieler spielt. Diese Spiele haben natürlich einen anderen

Impact. Trotz alledem lassen sie sich nicht komplett von der VR lösen. Daraus werden auch keine unterschiedlichen Szenen. Jeder kennt dieses Bild mit Zuckerberg, der auf der Bühne läuft, und seine Zuschauer haben alle komische Brillen auf: Es ist auch ein witziges Massenphänomen! Man stelle sich vor, alle sind tatsächlich in der Facebook-Welt und sind aber nur als Hülle existent in diesem Konferenz-Environment. Es hat etwas Lustiges und sehr Performatives, obwohl sie nicht performen! Der soziale Aspekt besteht darin, dass sie später rauskommen, die Brillen absetzen, und sich darüber mit anderen austauschen. Ich würde Games und VR deshalb niemals trennen, denn es gehört zusammen. Games und VR sind nichts Anderes als Kommunikation. Interaktion heißt Kommunikation mit einer Welt. Ob VR oder nicht – Games sind selbstverständlich immer zwischenmenschlich.

Christian und Thomas: Thorsten, vielen Dank für das Gespräch.

Das Gespräch wurde geleitet von Thomas Lilge.

Über Gamification und Ungewissheit

Streitgespräch zwischen Mario Herger und Markus Rautzenberg

Ich »treffe« Mario Herger und Markus Rautzenberg zu einem Skypegespräch. Bereits auf dem Symposion hatten sich beide eine interessante Debatte geliefert. Vor diesem Hintergrund erschien es reizvoll, diese beiden sehr unterschiedlichen Persönlichkeiten zu einem Gespräch einzuladen.

Thomas Lilge: Das letzte Mal als wir uns trafen bestand aus meiner Sicht ein Höhepunkt Eurer Auseinandersetzung in Marios Aussage, man könne ja kritisch sein und auch ethische Bedenken haben gegen den Einsatz von Gamification, aber am Ende des Tages muss das Geld irgendwo verdient werden, auch, um damit Gehälter wie die von Herrn Rautzenberg zu bezahlen.

Markus: Richtig. Man muss sich die Kritik auch leisten können. Das ist der Punkt.

Mario: Die Kritik an Gamification kommt immer, weil man meint, wir manipulieren Leute. Das ist dieses große Ding: Wir manipulieren. Das ist aber nicht die magische Pille, die man da hat, um die Leute zu etwas zu zwingen, das sie nicht machen wollen. Wir verwenden das, um Leuten zu helfen, Entscheidungen zu treffen, die für beide Seiten von Vorteil sind. Und die Mitarbeiter arbeiten ja nicht in Unternehmen, um jetzt böse Sachen zu machen, oder weil sie ausgebeutet werden, sondern weil sie Geld verdienen wollen. Wenn sie sich die Firma gut ausgewählt haben, machen sie auch sinnvolle Sachen, die durchaus mit ihren eigenen persönlichen Zielen übereinstimmen. Wenn wir ihnen durch Gamification dabei helfen diese Arbeit mit mehr Freude zu machen, dann ist das doch positiv. Die Alternative ist, dass die Leute sich miserabel fühlen, weil sie keinen Spaß dabei haben und depressiv werden oder ausgebrannt sind. Da mache ich doch lieber etwas, was mir mehr Spaß macht. Der Fokus, dass man da hingeht und sofort sagt: »Man macht Gamification, um die Mitarbeiter auszubeuten.« ist ein Ansatz, der eigentlich aus dem Marxismus kommt. Ein Ansatz, der die Mitarbeiter gegen das Unternehmen oder den Unternehmer stellt, und das als Konflikt darstellt, was es eigentlich nicht ist, oder nur in einer sehr beschränkten Sichtweise ist. Das ist leider heute etwas, was von Gewerkschaften sehr stark vorgebracht wird und zu diesen Konflikten und zu dieser Arbeitsunzufriedenheit führt.

Markus: Die Kritik an Gamification könnte man vielleicht so formulieren: Anstatt einen belastenden, stupiden oder extrem anstrengenden zeitraubenden Job zu verbessern, wird auf der einen Seite ein bisschen Zuckerguss darüber gestreut. Sollte man da nicht eher überlegen, dass man diese Arbeit grundsätzlich auf eine Weise verändert, so dass diese Frustration, dieses Burnout, diese Selbstausbeutung gar nicht erst eintritt? Man könnte auf die Idee kommen, dass Gamification die billigere Lösung ist und damit den Unternehmen natürlich sehr viel mehr in die Hände spielt, als über grundsätzliche Veränderungen der Arbeitswelt nachzudenken.

Mario: Ob sie billiger ist, weiß ich nicht. Und natürlich kommt es darauf an, wie man Gamification an sich sieht. Wenn Du unter Gamification verstehst schnell ein paar Punkte darüber zu schmeißen und »Big« draufzukleben, dann hast Du natürlich Recht. Aber wenn wir wirklich die Lehren aus Videospielen oder Spielen generell ziehen, dann sehen wir, dass da mehr ist als nur Punkte. Wer spielt z.B. Angry Birds wegen der Punkte? Man spielt das wegen der anderen Dinge, die da sind. Was bei Berufen oder Arbeitsplätzen fehlt, bei denen man eine geringe Arbeitsplatzzufriedenheit hat, sind Elemente, die man aus Videospielen kennt, wie z.B., dass man selbst Entscheidungen treffen kann, dass man das Gefühl hat, Kontrolle zu haben, dass man bestimmen kann, wo man hingeht, dass man dabei Spaß hat, dass man dabei etwas Neues lernt. Nun gibt es Arbeitsumfelder, die all dies nicht bieten können. Jetzt ist die Frage: Was ist die Alternative zu Gamification? Hier entsteht nicht der

Widerspruch: Entweder ich mache die Arbeitsplätze besser oder benutze Gamification. Gamification ist ein Werkzeug, das ich dafür verwenden kann, Arbeitsplätze besser zu machen. Wir haben gesehen, wie das bei Spielen funktioniert, und daraus lerne ich jetzt und kann die Arbeitswelt besser machen.

Markus: Das historisch Interessante an diesem ganzen Achievement-System ist ja, dass es an sich bereits aus dem Spielbereich kam. Wenn ich richtig informiert bin, war es letztendlich bei der XBox Live, wo zum ersten Mal dieses Achievement-System in Spielumgebungen implementiert wurde. Das ist ja eine Art von Meta-Belohnungssystem, das noch mal eine weitere Ebene dazu bringt ins Spiel, und zwar eine Arbeitsform-Ebene. Achievement-Systeme bestehen darin, Grinding-Aufgaben in einem Spiel zu lösen, die mit dem eigentlichen Spielinhalt nicht viel zu tun haben. Es ist inzwischen ein eigener Interessensbereich geworden bei den Gamern, Sachen zu hundert Prozent oder zu tausend Punkten zu machen. Erst dann ist das Spiel durchgespielt. Und man muss mitunter sehr viel schwierigere und sehr, sehr zeitintensivere Grinding-Aufgaben bewerkstelligen, um diese tausend Punkte zu kriegen, die eigentlich mit dem Spiel gar nichts mehr zu tun haben. Das heißt, bereits da war es im Prinzip die Gamification einer arbeitsähnlichen Tätigkeit sozusagen im Bereich des Spiels.

Mario: Das Grinding ist ein sehr interessantes Feld. Im Spielbereich fragt man sich, warum muss man eigentlich dieses Grinding machen, das heißt dieses Wiederholen von sehr vielen eigentlich langweilig aussehenden Aufgaben wie zum Beispiel tausende Zombies erschießen. Das ist Grinding. Oder irgendwo ewig herumklettern bis man eigentlich zur ersten Action kommt. In der Arbeitswelt kann man es aus zwei Blickwinkeln betrachten: Da gibt es Grinding wenn ich zum Beispiel immer denselben Arbeitsschritt vornehme. Da kann man sich nun überlegen: Automatisiert man das jetzt, indem man eine Maschine dahinter stellt, die einem diese Arbeit abnimmt, wie beispielsweise den Deckel auf eine Dose geben oder die Schrauben in einem Auto anschrauben. Dann würde man diese Arbeitskraft für andere Aufgaben einsetzen können. Wenn man diese Möglichkeit vielleicht nicht hat, oder keine technische Lösung da ist, oder es wirtschaftlich nicht zumutbar ist, macht man diese Aufgabe unterhaltsamer? Hier muss man dann genau überlegen, wie man das macht. Denn wenn es eine sehr langweilige Aufgabe ist, wo man eigentlich nichts lernt, kann man diese typischen Spieleansätze eigentlich gar nicht verwenden, denn, da gibt es nichts zu lernen. Und dann kann man vielleicht Phänomene, die man aus dem Sport kennt, wie beispielsweise Swing-States wie sie beim Rudern geschehen, wo man eins wird mit dem Ding und in dieser Trance drinnen ist, verwenden. Die interessante Frage ist eigentlich, warum in Spielen Grinding überhaupt notwendig ist. Was bringt Dir das dort? Nämlich, dass Du sagst, Du hast es nicht einfach geschafft, sondern Du musstest Dich wirklich durcharbeiten, selbst wenn es eine blöde Aufgabe war. Das ist das Interessante, weil es eigentlich so widersprüchlich ist. Ein Spiel soll ja unterhalten und dann machst Du solche Sachen rein, wo eigentlich langweilige Arbeiten gemacht werden müssen.

Markus: Richtig. Wenn ich mir den kritischen Hut wieder aufziehe, könnte man natürlich sagen, wir sind in unserer Gesellschaft bereits so weit, dass selbst die Freizeit nur noch arbeitsförmig verrichtet werden kann. Das wäre ein etwas deprimierender kulturkritischer Ansatz zu sagen, wir sind in unserer Gesellschaft so weit, dass selbst die Freizeitangebote arbeitsförmig sind. Aus einem anderen Bereich fällt mir dazu ein berühmter Ansatz ein: Susan Sontag *On Photography* aus den frühen Siebzigern. Ein sehr berühmtes, einflussreiches Essay über die Fotografie in hochindustrialisierten Gesellschaften – wie gesagt wir reden von 1972; Deutschland, Amerika und Japan werden da genannt – dass da die Fotografie so eine Art von Arbeit ist, die man in die Freizeit mitnimmt. Das heißt, jetzt mal der Rassismus außen vor, die japanische Touristengruppe kann gar nicht mehr wirklich genießen, sondern muss einen Apparat mitnehmen, den sie zwischen sich und das Erlebnis stellt, um da zumindest ein bisschen Arbeitsförmigkeit zu haben, indem man die Eindrücke aufnimmt, sammelt und dann mit nach Hause schleppt – wie Jäger und Sammler. Das ist wie gesagt nicht meine Meinung, ich ziehe mir hier den Hut auf. In ähnlicher Weise könnte man formulieren, dass Videospiele, uns dazu bringen, uns selbst in der Freizeit noch auszubeuten mit sinnlosen Arbeitsvorgängen.

Mario: Vielleicht muss man das anders betrachten. Wir reden heute in unserer modernen Welt von: hier Arbeit, dort Freizeit. Dabei ist das eigentlich ein relativ neues und junges Konzept. Das gab es früher eigentlich gar nicht. Wenn Du früher zweihundert Jahre vor der industriellen Revolution auf dem Feld gearbeitet hast, dann ging das eine ständig in das andere über. Du hast Phasen gehabt während des Tages, wo Du nichts gemacht hast, dann wieder gab es Phasen, wo Du was gemacht hast. Ich glaube, wir haben diese Künstlichkeit durch die industrielle Revolution eingeführt.

Damals war es notwendig die Arbeitszeit zu beschränken, weil 12 bis 16 Stunden Tage einfach nicht möglich sind, und man auch mal freie Tage braucht. Wir sehen jetzt aber diesen umgekehrten Trend, nicht nur aufgrund der Art wie sich Jobs ändern – wir haben immer mehr kreative Jobs. In den USA alleine wird gerechnet, dass bis zum Jahr 2020 50% der Jobs von Freelancern verrichtet werden, also dass es immer weniger dieser klassischen Jobs gibt, bei denen Du angestellt bist in einem Unternehmen. Und damit wird die Grenze verwischt. Ich bin von 14 bis 16 Uhr eigentlich nicht im Job, sondern mache irgendwas Anderes, gehe einkaufen. Ich sehe das bei mir selber, ich bin nicht angestellt und ich arbeite teilweise in der Nacht, weil ich mich da besser konzentrieren kann oder kreativ bin, und dazwischen mache ich irgendwelche anderen Dinge. Ich glaube wir gehen in eine natürlichere Form über. Gerade in dem Rahmen, dass wir nicht mehr die industriellen Jobs haben, nicht mehr die Agrarjobs, sondern diese kreativen Jobs. Du kannst nicht Kreativität oder Ideen einschalten auf Knopfdruck von 9 bis 17 Uhr, sondern die kommen irgendwann.

Markus: Und da kommt ja im Prinzip der eigentlich interessante Bereich der Gamification ins Spiel, blue-collar versus white-collar Gamification. Wir haben bisher vor allem über diese Top-Down-Gamification zur Effizienzsteuerung gesprochen. Das hast Du, Mario, so schön das »lipstick on a pig«- Problem genannt: Eigentlich einen schlechten Job mit Zuckerguss. Aber das finde ich gar nicht das Interessanteste. Eine andere Form von Gamification entsteht – und ich denke, das drückst Du heute auch aus in Deinem Silicon-Valley-Mindset – aus dem Innovationsdruck und der Notwendigkeit heraus, dass Kreativität so wichtig ist. Der Innovationsdruck führt dazu, dass ich meinen Arbeitern ein Environment schaffen muss, in dem sie möglichst innovationsaffin, das heißt ständig kreativ sein können. Man kann natürlich mit flexiblen Arbeitszeiten, mit hübschen Bürogebäuden, wo alles im Prinzip so freizeitmäßig ist – mit Fitness-Studio, Play-Fields, allem Möglichen – das ein bisschen erzeugen. Ein Milieu, in dem das Gehirn oder die Leute in der Lage sind, die Spielförmigkeit auszuwählen. Das ist der interessante Bereich. Hier sind wir genau an dem Punkt, der eine neue Beurteilung des Begriffs der Arbeit erfordert. In unserer Gesellschaft ist es ja ein riesiges Problem – das hast Du gerade angesprochen – dass wir auf eine Gesellschaft zusteuern, wo der Begriff der Arbeit nicht mehr mit dem Vokabular der Industrialisierung vernünftig beschreibbar ist. Hier kommen wir an einen Punkt, den Sonia Fizek und Anne Dippel in dem Text *Laborious Playgrounds: Citizen Science Games As*

New Modes of Work/Play in the Digital Age[1] Interferenz von Arbeit und Spiel nennen, also die Überlagerung von beiden Aktivitäten. Wir sind hier an einem Punkt, der deswegen so schwierig zu bezeichnen ist, weil es keine trennscharfen Definitionskriterien mehr gibt, was eigentlich Arbeit und was Spiel ist. Wir steuern in eine Gesellschaft hinein, in der immer mehr dieser stupiden Aufgaben delegiert werden können an digitale Medien, Robotik, automatisierte Fabriken. Und die Arbeit, die eigentlich übrigbleibt, ist die kreative Arbeit, die nicht durch digitale Medien ersetzt werden kann, die nicht vor allem durch Automatisierung ersetzt werden kann. Wie unterstützt man das? Diese Art von Arbeit kann man nicht durch billige Gratifikationssysteme befördern, sondern da wird es dann komplexer, da finde ich, wird dann auch die Arbeit in der Gamification hochinteressant.

Mario: In Games werden Elemente verwendet die uns auch in der Gamification dabei helfen, diese Kreativität zu fördern. Eines dieser Elemente ist sicherlich das Rollenspiel: dass ich mir erlaube, in einer anderen Rolle zu sein, zum Beispiel in der Rolle des Autodiebs in dem Spiel Grand Theft Auto, oder dass ich mich in die Rolle eines zornigen Vogels verwandle oder eines Soldaten, und damit Dinge machen darf, die ich in meiner normalen Alltagsrolle nicht machen darf, und dabei eben kreativ denke: Wenn ich eine Bank ausrauben soll, denke ich sicherlich ganz anders in der Rolle des Räubers als derjenige, der die Bank als Polizist davor schützen soll. Ich mache das immer als Aufgabe bei Innovations-Workshops, dass ich den Leuten einen Ziegelstein oder einen alten Reifen in die Hand drücke und sage, okay, jetzt finde alternative Verwendungszwecke dafür. Dann kriegt man eine bestimmte Anzahl von Ideen, die die Leute in diesen zwei Minuten zusammenbringen. Aber wenn ich den Teilnehmern sage, stell dir vor, Du bist ein siebenjähriges Kind oder Du bist ein Bankräuber oder ein Astronaut auf dem Mars, wie verwendest Du das Zeug dann? Und plötzlich kriege ich viel mehr Ideen raus. Damit fördere ich die Kreativität. Das ist eines dieser Spielelemente, das dabei hilft, genau diese jetzt viel mehr verbreiteten kreativen Jobs zu fördern.

---

1 In dieser Publikation veröffentlicht auf S. 99 *Laborious Playgrounds: Citizen Science Games As New Modes of Work/Play in the Digital Age*, Anne Dippel und Sonia Fizek.

Markus: Was Du da ansprichst habe ich zufällig in einem Deiner TED Talks gesehen, wo es genau um die Rollenspielgeschichte ging. Die Kreativität und das Finden von Lösungsmöglichkeiten wird durch das Rollenspiel gefördert, da dabei eine höhere Risikoaffinität zum Tragen kommt. Stimmt das? Habe ich das noch richtig im Gedächtnis?

Mario: Ja, ich darf mir nämlich dabei plötzlich Sachen erlauben, die ich vorher nicht durfte, weil ich dazu zu ängstlich bin, zu risikoavers. Wenn ich in einem ernsten Unternehmensumfeld bin, dann bin ich halt der Geschäftsleiter oder der Abteilungsleiter oder die Frau Professorin. Und ich muss schauen, dass ich mir meinen Ruf erhalte, das ist gerade in Deutschland oder in Kulturen, wo es sehr um Reputation geht, sehr wichtig. Ich komme auch aus so einer Kultur, Österreich, mit der Titelsüchtigkeit. Wenn ich das jetzt aber einstelle und sage: Okay, stellt euch vor, wir sind Piraten auf einem Schiff, dann dürfen die Leute plötzlich anders denken und Dinge machen, die sie in ihrer normalen Rolle nicht machen dürfen. Ich gebe ihnen quasi die Erlaubnis, anders zu denken. Und da kommt nämlich das Risiko auf einmal dazu, denn – was ist denn eigentlich ein Spiel? Spiel ist ja nichts Anderes als eine Aufeinanderfolge von Scheitern. Ich scheitere, sterbe, ich crashe mein Auto. Und daraus lerne ich. Doch wir sind so risikoavers geworden, wir haben Angst davor zu scheitern, weil das als großer Makel in unseren Gesellschaften gilt. Deshalb probieren wir teilweise auch Sachen gar nicht aus, weil wir Angst haben, dass wir scheitern. Wenn wir aber nie ausprobieren, dann können wir keine Erfahrungen daraus sammeln. Jeder von uns geht auf zwei Beinen. Stell Dir vor, Du bist ein kleines Kind und Du lernst gehen. Du wirst hundertmal hinfallen. Aber keiner von uns ist nach dem fünfzigsten Mal Hinfallen liegen geblieben und hat gesagt: Naja, vielleicht ist Gehen eben doch nichts für mich. Nein, wir haben ja auch damals nicht aufgegeben. Natürlich ist Scheitern nicht gleich scheitern. Du musst auch Scheitern in einer Weise, dass das nicht das Unternehmen umbringt. Wichtig ist daher, dass man es schnell macht, dass man schnell scheitert, ohne große Ressourcen verschwendet zu haben. Und dass man vor allem auch daraus lernt.

Markus: Das Paradoxe ist ja dabei, dass man durch gesteigerte Risikoaffinität den gelingenden Output im Prinzip befördert, anstatt verhindert. Das ist ja die große Erkenntnis. Ein bisschen zur Verteidigung des akademischen Systems in Deutschland und Österreich muss man ja sagen, dass im Gegensatz zu den USA, das so viel gescholtene Beamtensystem und das Angestelltsein des Professors genau dafür gedacht ist, ihn so abzusichern, dass er oder sie – zumindest im Denken – risikoaffiner sein kann, weil er nicht darauf angewiesen ist, seinem unmittelbaren Chef nach dem Mund zu reden oder auch darauf bedacht zu sein, das Ansehen der Community zu befördern – das ist natürlich oftmals trotzdem ein Punkt. Aber eigentlich ist es dazu da, den Wissenschaftlern zu ermöglichen, gegen den Strom zu denken, weil es eine gewisse Sicherheit gibt, innerhalb derer die Möglichkeit besteht, risikoaffin zu handeln.

Mario: Da war ja ein Professor, der vor Kurzem eine Liste seiner Misserfolge aufgestellt hat.

Markus: Das ist super, ja, absolut. Ja, den habe ich auch gesehen.

Mario: Die Leute wollen generell nur die positiven Dinge sehen. Er ist Professor, der hat diese Förderung gekriegt, der hat diesen Preis gewonnen, der hat dieses wissenschaftliche Papier veröffentlicht. Was man nicht sieht ist, dass er drei Paper eingereicht hat, die abgelehnt worden sind. Vielleicht müsste man das auch im Videospiel machen: in großen Spielen wie World of Warcraft sieht man nur die Erfolge, die Stärken und die Achievements die man hat, aber man sieht nie die Schatten, nämlich dass Leichen und Misserfolge den Weg gepflastert haben. Was Videospiele aber bereits heute machen und was ich sehr gut finde, ist, dass man dort mit spektakulärem Scheitern angeben kann. Da gibt es Videosequenzen von einem Skateboardspiel, wo die Leute die spektakulärsten Stürze darstellen und somit ihr Scheitern zelebrieren. Und das ist, glaube ich, etwas, was wichtig ist und was man auch in die Arbeitswelt hinüberbringen muss.

Es gibt in San Francisco alljährlich eine Konferenz, nämlich die FailCon, wo Leute über ihr Scheitern reden. Wobei es natürlich für die meisten Leute sehr schwierig ist, darüber zu sprechen. Ich glaube, da braucht man mehr Vorbilder, die darüber reden. Es kommt hinzu, dass man heute eine falsche Betrachtungsweise hat. Man macht in Unternehmen, wenn man gescheitert ist, unter Umständen eine Analyse des Scheiterns. Aber man macht eigentlich nie ein Debriefing bei Erfolgen im Sinne von: Warum hat es funktioniert? Ein Beispiel ist Space Shuttle. Zwei Space Shuttle sind abgestürzt – einer beim Start und einer beim Wiedereintritt in die Atmosphäre – von, ich weiß nicht, 120 Starts und Landungen, die die hatten. Man hat irrsinnig große Analysen gemacht, warum diese zwei Space Shuttles abgestürzt sind und hat natürlich die Gründe gefunden. Man hat aber nie analysiert, warum die anderen eigentlich erfolgreich waren. Warum die nicht abgestürzt sind? Das heißt, man müsste eigentlich genauso wie im Falle des Scheiterns auch bei Erfolgen herausfinden, warum Erfolge erfolgreich sind und nicht gescheitert sind. Das hätte ja sehr leicht auch anders sein können. Vielleicht dazu noch ein Beispiel, und zwar zum Begriff des psychologisch-sicheren Umfeldes. Das Spiel ist ein psychologisch-sicheres Umfeld. Ich kann da Dinge ausprobieren, ohne dass ich Angst haben muss, dass sich Leute über mich lustig machen. Natürlich gibt es Trash-talking, wo Leute sich gegenseitig necken und hänseln. Aber das ist erlaubt, ein erlaubter Zustand in einem Spiel. Im Unternehmen ja nicht, dann ist es Mobbing. Wir haben aber ein psychologisch-sicheres Umfeld, wie zum Beispiel im Silicon Valley, wo Du mit den verrücktesten Ideen kommen und diese vorbringen kannst, ohne dass Du befürchten musst, dass die Leute sich lustig darüber machen. Überlegt doch mal in eurem akademischen Umfeld, wo es sehr auf Reputation ankommt, ich komme mit einer Idee, zum Beispiel: Ich habe diese super Plattform, wo sich die Leute 140-Zeichen-Meldungen schicken können. Ist ja eigentlich eine Scheiß-Idee. Die erste Reaktion wäre, Mist, wer hat den Typen reingelassen?

Ein anderes Beispiel: Bei einer Studie hat man verschiedene Spitäler miteinander verglichen. Diese Spitäler müssen Berichte anfertigen, in die alle Fehler eingetragen werden. Das interessante Ergebnis: Das Spital, das weniger Fehler berichtet hatte, war nicht das sicherere Spital. Sondern weil dort die Leute in einem psychologisch-unsicheren Umfeld gearbeitet haben, hatten sie Angst , solche Fehler zu berichten. Denn dann wurden sie bestraft; und so hat schließlich die Organisation das Lernen über diese Fehler verhindert. Und deshalb sind diese Fehler immer wiederholt worden und es wurde immer wieder versucht, die Fehler zu vertuschen. Das heißt, man muss dieses psychologisch-sichere Umfeld haben, damit man scheitern darf und die ganze Organisation lernen kann. Scheitern ist an sich nichts Schlechtes. Im Englischen gibt es für Fehler – F.A.I.L. – ein Akronym: first attempt in learning.

Markus: Das Sicherheitsdenken – gerade Deutschland ist da ja ein bisschen bekannt für. Wir sind ja hier alle überversichert, wir können uns das überhaupt nicht vorstellen, wie ein Amerikaner überhaupt leben kann ohne

Versicherung. Deswegen ist diese ganze Idee, dass jemand keine Krankenversicherung haben könnte, für uns unmöglich. Es gibt da überhaupt kein Verständnis, warum die Amerikaner – also aus amerikanischer Sicht auf legitime Art und Weise – sich über Obama-Care und verordnete Health Care aufregen. Das ist uns völlig unbegreiflich. Das ist so ein bisschen ein Kulturproblem. Zu den anderen von dir angesprochenen Themen: Also ich habe ein besonders mieses Beispiel. Vor Kurzem wurde angesichts der prekären Lage des akademischen Mittelbaus ein Universitätsprofessor gefragt, warum denn der Mittelbau, auf den alles ankommt – der Anträge schreibt, der die Lehre macht – warum der so prekär gehalten wird und über keine Sicherheit verfügt. Der Professor meinte, ja, das ist genau der Punkt. Der Mittelbau soll gar keine Sicherheit haben, da nur diese Unsicherheit den survival of the fittest garantiere. Also nur die allerbesten, die nicht nur die besten Ideen haben, sondern auch die rechte Gesinnung und die richtige Resilienz sozusagen, setzen sich dann durch. Das ist eine Art von fordistischem, urkapitalistischem Denken, die – das würde ich mich hier einfach mal trauen, zu sagen – hoffnungslos veraltet ist. Das entspricht unserer Arbeitsgegenwart nicht mehr. Es entspricht der Komplexität unserer innovations- und kreativitätsabhängigen Wirtschaft auch nicht mehr. Jetzt mal von anderen ideologischen Fragen ganz abgesehen. Umso besser gefällt mir diese Idee mit der FailCon – großartig. Failing muss als Bedingung der Möglichkeit von Erfolg gewertet werden. Jeder Erfolg ist umstellt von einem nicht sichtbaren Hof, Halo sozusagen, von schlimmen Misserfolgen. Das heißt im Wissenschaftsbereich, von dem ich natürlich am meisten Ahnung habe, muss man sich trauen, Ideen auszuprobieren, Thesen auszuprobieren, die sich als falsch erweisen. Ein Sonderforschungsbereich, der einer falschen Idee zugrunde liegt, und der neun Jahre lang forscht, kann enorme Erfolge auf dem Weg dorthin erreichen, auch wenn die Grundthese falsch ist.

Es ist für jede Form von Theoriebildung unabdingbar, sich diesen spielerischen Funken immer zu erhalten. Natürlich ist es auch viel Arbeit in der Ausführung. Aber worauf es ankommt, ist der Schreibprozess selbst; und jeder, der schreibt weiß, das ist nichts anderes als eine gestalterische Arbeit oder die Entwicklung von Ideen. Diese Vorgänge haben gemeinsam, dass sie ein Spielen sind, insofern, als dass ich die Möglichkeit haben muss, im Prozess des Denkens mir Sachen widerfahren zu lassen. Im Schreiben passieren mir Sachen. Ich entdecke Argumente im Schreiben, mit denen ich nicht intentional in das Schreiben reingegangen bin. Das heißt, im

Schreiben, in der Auseinandersetzung mit dem Text, mit der Sprache, die dann als Philosoph mein Werkzeug ist, begegnen mir dann quasi von außen im Schreiben Dinge, mit denen ich dann umgehen können muss. Und dieses Umgehenkönnen ist spielförmig. Ab einem gewissen Komplexitätsgrad, das wäre meine These, auch auf der Grundlage der Erkenntnisse der Gamification, ab einem gewissen Komplexitätsgrad wird jeder Prozess spielförmig, weil er gar nicht anders kann.

MARIO: Ich kann ein paar Punkte dazu sagen. Bei einigen muss ich Dir widersprechen, bei anderen stimme ich zu. Wissenschaftliche Papiere haben normalerweise nur die Erfolge im Zentrum. Wir haben eine These aufgestellt und haben diese These bestätigt. Mindestens genauso wichtig ist: wir haben eine These aufgestellt und konnten sie nicht beweisen. Das ist genauso wichtig, darüber schreibt man aber nicht. Die zweite Sache war diese Sicherheit. Ich sehe das hier im Silicon Valley. Hier hast Du, wie wir schon angesprochen haben, wenig an Sicherheit, Sicherheit ist super teuer. Und trotzdem probieren die Leute so viel aus. Und genau das hat jeden so verblüfft, den ich für das Buch »Das Silicon-Valley-Mindset« interviewt habe, darunter viele Europäer. Dass wir dieses riesige soziale Sicherheitssystem in Deutschland, Norwegen oder auch Österreich haben und trotzdem die Leute Angst haben, etwas zu probieren. Wenn sie ein Start-up gründen und scheitern, fallen sie in dieses Sicherheitsnetz zurück. Trotzdem ist die Chance, dass sie eine Gründung wagen, viel geringer als in den USA, wo man wirklich auf der Straße sitzen kann. Diese Gefahr zwingt Dich aber immer wieder zu überlegen, ist das, was ich mache richtig, muss ich was ändern? Manchmal ist Weitermachen das Höchstbringende und das andere Mal ist es nicht aufgeben, sondern pivotieren, wie sich das so schön nennt. Jemand versucht eine andere Sache zu machen mit der Idee. Oder einen kleinen Aspekt zu übernehmen oder viel rascher Feedback zu kriegen, bevor das ganze Geld verbrannt ist. Vielleicht liegt ein Grund für die Unterschiede zwischen z.B. Europa und den USA in der Siedlerkultur. Sehr viele Start-ups sind eigentlich solche Tracks: die Leute kommen zusammen für ein paar Jahre, dann gehen sie wieder auseinander. Jede Hollywood-Produktion, jede Broadway-Produktion ist eigentlich nichts Anderes. Da kommen Schauspieler und die ganzen Leute zusammen und arbeiten daran und lösen sich dann wieder auf. Das sind Dinge, die sich sicherlich stark unterscheiden und die wir nun wieder lernen müssen. Auf der anderen Seite kann man die Unterschiede auch mit der kriegerischen Geschichte unseres Kulturkreises erklären. Man kann wahrscheinlich locker zurückgehen auf den Dreißigjährigen Krieg und dann haben wir den deutschen Michel gehabt, der dieser schläfrige Michel war. Und dann hat man das Biedermeier gehabt, Mitte des 19. Jahrhunderts, dann hat man diesen Aufschwung gehabt, hat sich wieder mehr getraut. Und dann hat man zwei große Ideologien hervorgebracht, und sich zweimal was getraut, wo man ordentlich einen auf den Deckel gekriegt hat. Nämlich die zwei Weltkriege, wo man geglaubt hat, man verbessert die Welt für ein paar Leute und hat aber dabei sehr viel Leid gebracht über viele Leute. Und jetzt hatte man aber dieses große Bestreben, nach Sicherheit, nach einem Häuschen, nach den Gartenzwergen, nach dem geregelten Urlaub usw. Und das ändert sich jetzt. Das geht über Generationen, aber das ändert sich jetzt so ein bisschen. Man sieht, wir können so nicht weitermachen, das geht einfach so nicht. Wir müssen lernen, wieder mehr aus uns herauszugehen und Änderungen als etwas Positives zu sehen. Das Leben ist halt gefährlich, man muss hinnehmen, dass jeder von uns sterben wird, vielleicht sogar ich.

Markus: Spiel ist im Prinzip – und deswegen ist der Spielbegriff und die Rolle des Spiels so wichtig – das, was uns immer eben diese Risikoaffinität beibringt. Spiel existiert nicht ohne Unbestimmtheit, ohne Ungewissheit. Mein Begriff dafür heißt framed uncertainty. Spiele sind gerahmte Ungewissheit. Wobei eine Rahmung keine Sicherheit ist, eine Rahmung ist eine Art Ausschnitt, dass mir nicht alles völlig zerfällt. Und in dem rumort das Chaos der Ungewissheit.

Mario: Kontrollierte Unsicherheit oder...

Markus: Eingezäunt. Kontrolliert – das wäre schon ein bisschen viel gesagt. Wenn es totale Kontrolle wäre, dann verschwindet das Spiel. Es muss immer einen Kern der Ungewissheit geben, sonst gibt es das Spiel nicht. Dann ist es kein Spiel mehr.

Thomas Lilge: Wenn ich noch mal kurz intervenieren darf, die framed uncertainty, Markus, heißt es bei Dir. Wäre dieses Konzept ökonomisch gewendet die soziale Marktwirtschaft? Und ist das, was Mario gerade propagiert hat, dann genau keine soziale Marktwirtschaft?

Markus: Das ist genau das Problem. Meine These beschäftigt sich mit dem Aufeinandertreffen von Spiel und dem digitalen Medium, was – wenig überraschend – das Spezifikum des Computerspiels ist. Im Aufeinandertreffen von Spiel und Computer treffen zwei Welten aufeinander, die in einem gewissen Spannungsfeld stehen. Dieses besteht darin, dass das Spiel eben von Ungewissheit lebt, das ist wie der Minimaldefinitionspunkt von Spiel, das Vorhandensein von Ungewissheit. Und auf dem Computer, dem digitalen Medium auf dem unsere Kultur basiert, wird immer mehr versucht, diese Ungewissheit auszumerzen bzw. beherrschbar zu machen. Von daher war Deine Assoziation, Mario, mit der Kontrolle schon ganz richtig. Was wir im Bereich Big-Data, in den Finanzsystemen, in der Prognostik mittels der Computer versuchen, ist eine Illusion von Kontrollierbarkeit zu erzeugen, die letztendlich zwar auf dem Spielcharakter aufsitzt, aber diesen quasi verleugnet. Es gibt ein Framing – das Wort hat ja im englischen Sprachgebrauch auch die Bedeutung von eine Falle stellen, betrügen, to frame someone ist jemand hereinlegen. Und meine These läuft darauf hinaus, dass im Computerspiel eine Tendenz existiert, die Ungewissheit, die im Spiel liegt, zu framen in diesem betrügenden Sinne, dass sie eingefangen und kontrollierbar gemacht wird. Und ich glaube, das funktioniert nicht. Und dass das nicht funktioniert, macht die Spannung aus zwischen dem Medium Spiel und dem Medium Computer. Das ist jetzt nur ein bisschen zur Erklärung für den Hintergrund. Aber das war nur dazu da, diese Wichtigkeit der Ungewissheit auch in Medien zu betonen, die mit dieser Ungewissheit eigentlich gar nicht umgehen können.

Mario: Ich glaube, das ist sehr interessant. Habt ihr von dem Problem des Helicopter Parenting gehört?

Markus: Ja, das ist ein großes Problem in Berlin, ja.

Mario: Damit wird ja das Phänomen bezeichnet, dass Eltern ihre Kinder überbehüten, also über dem Kind wie mit einem Helikopter herumfliegen und die ganze Zeit aufpassen. Das geht sogar soweit, dass die Helicopter-Parents auf die Uni gehen und mit dem Professor über die Noten diskutieren.

Markus: Das ist mir passiert, ja. Die Eltern kommen mit ihren studierenden Kindern mit zur Notendiskussion in die Sprechstunde. Es ist zum Glück nicht die Regel. Aber es ist mir schon passiert. Von Kollegen habe ich es auch gehört.

Mario: Man muss ganz konsequent die Eltern rausschmeißen.

Markus: Sofort rausschicken. Ich habe es mir fünf Minuten angeguckt, einfach aus morbider Neugierde, was da passiert.

Mario: Und das geht noch weiter. Die kommen in die Firmen und sprechen die Manager an, warum ihr Kind keine Gehaltserhöhung gekriegt hat. Zugleich aber ist es dieselbe Generation an Kindern, die die meisten Videospielestunden verbracht hat. Also das heißt, wir haben auf der einen Seite die behütetste Generation, die andererseits versucht, Unsicherheit durch das Computerspiel zu generieren.

Markus: Und das ist genau der Punkt. Die wirkliche Kritik, die man am Computerspiel anbringen kann, ist eben die medientheoretische. Diese besagt, dass Computerspiele die Kinder noch um den Ungewissheitsfaktor im Spiel betrügen, indem sie die Folgenlosigkeit des eigenen Handelns lernen. Ich kann jedes Mal von vorne anfangen. Ich kann den Safe immer wieder laden. Die absolute Folgenlosigkeit ist eines der größten kulturellen Probleme, die aus den Computerspielen erwachsen sind. Das geht so weit, dass diese Folgenlosigkeit in unsere tägliche Kommunikation mit einzieht. Wenn man sich anschaut, wie z.B. auf Facebook die Shitstorms ablaufen. Das ist eine Kommunikation unter völliger Absehung jeder Höflichkeit, jeder Achtung vor dem anderen. Um das mal computerspielmäßig auf den Punkt zu bringen: Diese Leute gehen mit ihren Mitmenschen um, als wären sie NPCs. Und das ist ein ganz, ganz großes Problem. Trump ist ein Auswuchs von jemandem, der die Welt als einen einzigen NPC betrachtet, der ihm zur Verfügung steht. Und das ist die eigentliche Kritik, die ich an dieser framed uncertainty festmachen würde. Und wir haben gerade darüber gesprochen, dass die Bedingung der Möglichkeit von Erfolg das Scheitern ist. Doch wenn Du nur lernst, ich kann nicht scheitern, entweder weil ich immer wieder von vorne anfangen kann oder weil meine Eltern immer da sind und mich aus der Scheiße holen. Das hat große gesellschaftliche Folgen.

Mario: Es ist klar, man braucht immer diesen Faktor an Unsicherheit, der einen in einer gewissen Form auf die Fußspitzen stellt, also wirklich immer im Zustand der Aufmerksamkeit hält. Sonst wird man zu bequem und zu faul und ist dann umso überraschter, wenn die Änderungen über einen hereinbrechen. Und die kommen. Die kommen einfach, diese Änderungen.

Wenn man aber schon die ganze Zeit den Prozess begleitet und diese kleinen Änderungen aktiv mitmacht, dann betrifft einen das nicht. Dann ist man Teil des Ganzen und nicht jemand, mit dem etwas gemacht wird. Man kann dann Teil der Lösung sein.

Markus: Ich würde sagen, wir müssen verschiedene Ebenen auseinanderhalten. Also wir haben vorher von Kindern gesprochen und dem Heranwachsen. Wenn wir aber in der Wissenschaft sind oder bei Entrepreneuren, da haben wir bereits risikoaffine Lebensläufe. Da ist kein Mensch der heute glaubt, wenn er in die Wissenschaft geht, kommt er in ruhiges Fahrwasser, vor allem in den Geisteswissenschaften wäre das naiv. Heute im akademischen Betrieb durchzukommen, ist ungefähr so wahrscheinlich – also ich will es jetzt nicht übertreiben, aber das ist jetzt keine höhere Laufbahn, in die man automatisch eintritt. Das ist hoch risikobehaftet. Die Leute, die so lange durchhalten, dass sie überhaupt in die Nähe von einer Professur kommen, sind schon zehn, 15 Jahre dabei, in einem Job, der schlecht bezahlt wird, und wo man ständig dem Risiko ausgesetzt ist, ins Nichts zu fallen. Es geht mir nur darum, dass man bereits von vornherein hochmotivierten Leuten nicht noch ständig Stöcke in die Speichen schmeißen muss. Ich beziehe mich hier auf meine Aussage von vorher über den Universitätsprofessor, der meinte, das gehöre nun mal zum survival of the fittest dazu. Der Innovationsdruck ist in der Wissenschaft anders gelagert, er braucht mehr Zeit, aber den Druck, den gibt es sowieso. Ab einem gewissen Komplexitätsgrad oder gewissen Motivationsgrad ist dieser Druck sowieso da. Weil Du vorhin von der Faulheit gesprochen hast. Wenn ich dich richtig verstanden habe ging dein Argument in die Richtung, Sicherheit führe zu Faulheit und solche Geschichten. Ich finde das schwierig.

Mario: Ich sehe das ein bisschen in dieser Richtung. Es gibt diese Theorien, wo man sagt, eigentlich haben die Sachen, bei denen ich abgelehnt wurde oder gescheitert bin, mir andere Möglichkeiten eröffnet. Das kann natürlich sein, dass das nur Versuche sind, das zu rechtfertigen. Andererseits ist da etwas dran: Das Scheitern lässt Dich wirklich noch einmal durchdenken, was denn eigentlich Deine Mission ist. Wenn man sich Al Gore anschaut, der ja damals Präsidentschaftskandidat war und gegen George Bush verloren hat, was wäre der geworden? Er wäre Präsident geworden, vielleicht sogar ein guter Präsident. Aber er hat dann seine Leidenschaft entdeckt, nämlich dass er über den Klimawandel gesprochen hat. Und da hat er vermutlich eine sehr, sehr wichtige, vielleicht wichtigere Aufgabe übernommen, als wenn er Präsident gewesen wäre. Ich denke, das Scheitern, das Du erlebst und diese Unsicherheit lassen Dich wirklich fokussieren auf Deine eigentliche Mission. Und das ist etwas, was ein Spiel kann. Im Spiel gibt es auch einen Higher Purpose, ein Epic Meaning, das Du hast. Doch viele Leute haben das in ihrem echten Leben nicht. Ich sehe das immer wieder, wenn wir Besuchsdelegationen haben im Silicon Valley. Dann machen wir eine Aufgabe: Beschreibe in einem Satz Deine Epic Mission, Dein Mission-Statement. Sie kennen vielleicht das Mission-Statement ihres Unternehmens, aber ihr eigenes haben sie nie formuliert. Das ist eine extrem schwere Aufgabe für viele. Aber wenn sie das dann mal entdecken, dann haben sie einen Rahmen, nämlich, ob das, was sie machen, da überhaupt reinpasst. Und ein gutes Mission-Statement für sich selbst ist sehr langlebig. Das bedeutet auch, dass ich über die Jahre immer wieder kalibrieren und mich fragen kann, passt das was ich mache noch in mein Mission-Statement rein?

Thomas Lilge: Aus der Hüfte geschossen, was wäre euer Mission-Statement zu Gamification und Game Design?

Markus: Da hast Du uns ja was eingebrockt, Mario.

Mario: Ich weiß ja mein Mission-Statement.

Thomas Lilge: Aber nicht ablesen, ja?

Mario: Mein Mission-Statement lautet für den Gamification-Bereich: Make work more fun. Und das ist ein einfacher Satz. Und damit kalibriere ich alles und schau mir das an.

Markus: Super. So in einem Satz kann ich es natürlich nicht bringen. Ich versuche es trotzdem kurz zu machen. Ich wäre froh, wenn ich daran arbeiten könnte, dass der Umgang mit Ungewissheit kein Horrorszenario ist. Der richtige Umgang mit Ungewissheit ist eine der größten gesellschaftspolitischen Herausforderungen seit dem Beginn des Kapitalismus, und das hat sich bis heute nur verschärft. Wenn wir Max Webers »Der Geist des Kapitalismus« lesen, da geht es bereits um die Zumutungen der Ungewissheit als Bestandteil des Kapitalismus. Und das hat sich aufgrund der digitalen Revolution nur verschärft. Flüchtlingsproblematik ist nur ein Thema. Wir haben mit Diversität umzugehen. Die Frage ist nicht ob, sondern wie wir das gut machen. Und Gamification, überhaupt die Emergenz des Spiels aus komplexen Zusammenhängen, ist für mich epistemologisch eine der wichtigsten Missionen der Geisteswissenschaften in der Zukunft, ganz gleich ob es sich um den Bereich der Politik oder der Ästhetik handelt.

Thomas Lilge: Vielen Dank an Euch beide für das Gespräch.

Steven Kawalle

Digitale und haptische Spiele im Vergleich

Ihre Potenziale für die Forschung am Beispiel von Decide&Survive

Im Rahmen des Forschungsprojekts Decide&Survive hat sich das gamelab.berlin die Aufgabe gestellt, das haptische Forschungsspiel Decide&Survive in eine digitale Version zu transformieren. Ziel ist es, die Regeln und Qualitäten des haptischen Vorgängers beizubehalten, das Spiel jedoch darüber hinaus als digitale Version zu implementieren, um zukünftige Forschungsvorhaben und Anwendungsbereiche zu ermöglichen. Unter dieser Zielsetzung wurde das Planspiel auf dem SymposiON gamelab.berlin als Workshop mit Teilnehmer_innen gespielt und anschließend diskutiert. Im Folgenden sollen die Kernargumente der Diskussion vorgestellt und gleichzeitig die Herausforderungen und Konsequenzen der Transformation des Forschungsspiels Decide&Survive in ein digitales Spiel skizziert werden.

In einem Spiel agieren Spieler_innen nach festgelegten Regeln in einem artifiziellen, vom alltäglichen Leben entkoppelten Handlungsraum. Diese Eigenschaften treffen auch auf die traditionelle sozialwissenschaftliche Erhebungsmethode – das Experiment – zu, in der Versuchspersonen nach einem festgelegten Handlungskatalog innerhalb einer von der forschenden Person geschaffenen, künstlichen Versuchsanordnung operieren. Durch diese Deckungsgleichheit bieten Spiele prinzipiell die Voraussetzung, als Forschungsinstrumente eingesetzt zu werden. Darüber hinaus zeichnet Spiele die Besonderheit aus, die Immersion der Spielenden durch narrative Elemente sowie Spannungs- und Motivationsmomente so zu steigern, dass sie ihre ursprüngliche Rolle als Testperson vergessen können und dadurch ein ungefiltertes, realitätsnäheres Verhalten offenbaren, als dies in einem herkömmlichen Experiment der Fall ist. Somit sind Spiele besser als die Erhebungsmethoden Experiment oder Befragung in der Lage, präzise und unverfälschte Forschungsdaten zu generieren.

Aktueller Stand

Decide&Survive ist ein rundenbasiertes Planspiel, das eine abstrahierte, internationale Staatenwelt abbildet, in der Proband_innen als Regierungen agieren. Die jeweilige Zielsetzung ist es, lediglich das Überleben des eigenen Staats bis zum Spielende zu gewährleisten. Dazu treffen die Proband_innen individuell, in sukzessiven Spielschritten politische Entscheidungen über die Verwendung ihrer finanziellen und militärischen Mittel. Durch die Interaktionen der Versuchspersonen entstehen systemische Eigendynamiken sowie eine spielspezifische Historizität, sodass sich eine eigene Spielwelt mit eigenen Gesetzmäßigkeiten entwickelt. Die haptische Version von Decide&Survive wurde zu diesem Zweck in 20 Spieldurchführungen mit 140 Proband_innen deutschlandweit an fünf Universitäten durchgeführt.

Abb. 1: Durchführung von Decide&Survive an der TU Braunschweig 2014

In Decide&Survive wird jeder Spielperson eines von sieben Ländern zugelost, für das sie in mehreren aufeinanderfolgenden Runden in jeweils vier Phasen – Wirtschaftsphase, Investitionsphase, Diplomatiephase, Militärphase – eigenverantwortlich politische Entscheidungen trifft. Die Staaten unterscheiden sich hinsichtlich ihrer territorialen Größe, Lage, sowie wirtschaftlicher, militärischer und rohstofflicher Ausstattung. In der Wirtschaftsphase erhalten alle Regierungen, berechnet aus der Anzahl ihrer Wirtschaftsstandorte und ihrer Rohstoffvorkommen, einen Staatsetat, den sie in der Investitionsphase in zusätzlichen Wirtschaftsstandorten oder militärischen Einheiten anlegen können. In der anschließenden Diplomatiephase treten die Regierungen untereinander in Kontakt – sie verhandeln Ressourcen, schließen sicherheitspolitische Bündnisse und tauschen sich über aktuelle Gegebenheiten ihrer Spielwelt aus. Truppenverschiebungen, militärische Konflikte oder gar Länderannexionen können dann in der Militärphase realisiert und ausgetragen werden.
Decide&Survive erhält seinen besonderen Spielreiz dadurch, dass den Teilnehmer_innen im Spiel ein großer Entscheidungsfreiraum gewährt wird. Sie übernehmen keine festgeschriebenen, richtungsweisenden Rollen. In welcher Form die Spieler_innen zusammenspielen, ist vom Regelwerk prinzipiell offengehalten. Z.B. ist es nicht verpflichtend, ausgehandelte Verträge einzuhalten. Nach welchen moralischen Prinzipien gehandelt wird oder welche Vertrauensgrundlage Regierungen untereinander etablieren, entscheiden die Spielenden individuell. Durch den unsicheren, moral- und rechtsfreien Raum müssen sich die Spieler_innen anhand der im Spiel vorliegenden Machtverhältnisse und persönlichen Beziehungen Orientierung verschaffen, die durch eine permanent gegebene Wandelbarkeit der Spielverhältnisse stets neu gefunden werden muss.

Zielsetzung

Das gamelab.berlin hat sich zum Ziel gesetzt, das bestehende Spiel Decide&Survive über den politikwissenschaftlichen Horizont hinaus der Forschung, insbesondere der Spieleforschung zugänglich zu machen. Dazu wird das Spiel zum einen digitalisiert und zum anderen unter einer neuen Forschungsfrage diskutiert. Diese fragt danach, ob das Spielverhalten von Spieler_innen signifikant von der Gestaltung des Spiels an sich beeinflusst wird. Zur Beantwortung der Frage wird Decide&Survive zu zwei digitalen, regel- und systemidentischen, jedoch in Design und

Narration unterschiedlichen Versionen weiterentwickelt. In der Version 1 findet sich der/die Spieler_in in einer in Erzählung, Musik, Form und Farbgebung bedrohlich wirkenden Spielwelt wieder. Dagegen bildet Version 2 auf denselben Gestaltungsebenen eine friedliche, harmonische Umgebung ab. Idee des Forschungsvorhabens ist es, Proband_innen zunächst eine der beiden Versionen, miteinander bzw. gegeneinander vor einem PC spielen zu lassen und mithilfe zahlreicher Erhebungsspiele der anderen Version zu eruieren, ob sich die zwei Spielversionen hinsichtlich der Anzahl militärischer Konflikte unterscheiden.

Abb. 2: Prototyp der digitalen, bedrohlich wirkenden Version von Decide&Survive

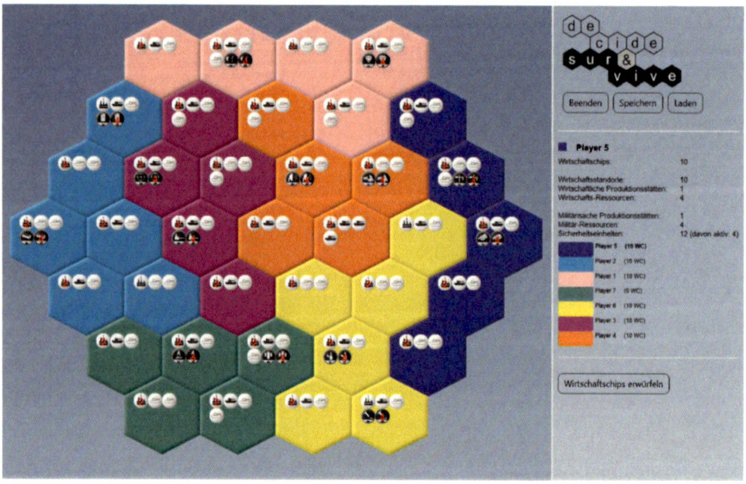

Abb. 3: Prototyp der digitalen, harmonisch wirkenden Version von Decide&Survive

Problemstellung

Die Übersetzung des haptischen Spiels in eine digitale Version hat weitreichende Konsequenzen für unterschiedliche Bereiche des Spiels: Gesondert angepasst werden müssen sowohl die Einführung ins Spiel, die Vor- und Nachbereitung des Spiels als auch die Spieldurchführung selbst. Zudem muss die veränderte Situation der Spielperson, die als Hauptuntersuchungsobjekt eine zentrale Rolle für den Erfolg des Forschungsvorhabens bzw. die Aussagekraft der Forschung trägt, reflektiert und mitbedacht werden. Für die Beantwortung der Forschungsfrage ist es notwendig, Alternativen im Spieldesign und ihre Auswirkungen auf die Proband_innen zu hinterfragen und abzuwiegen, um nach wie vor einen hohen Grad spielkonformen und realitätsnahen Handelns der Spielenden zu erreichen. Die dahinterstehende Frage lautet: Wie können die Datenerhebung, Spieldokumentation und -auswertung maximale Qualität und Breite erreichen, ohne den Spielfluss zu beeinträchtigen und zusätzliche Implementierungsaufwände zu generieren? Im Folgenden sollen die im SymposiON-Workshop erarbeiteten und diskutierten Vor- und Nachteile eines digitalen Einsatzes von Decide&Survive skizziert werden. Dafür werden beide Versionen – die haptische und die digitale – komparativ gegenübergestellt und diskutiert.

	digital	**haptisch**
Spielerklärung	via Tutorials	via persönlichem Spielleiter/ persönlicher Spielleiterin vor Ort
Medium	PC	haptisches Planspiel
Kommunikation	via (Video-)Chat	via persönlichen Gesprächen, Gesten und Schriftstücken
Spieldokumentation	via Datenbank	via Fotos und Dokumentensammlung im Spiel
Ort der Spieldurchführung	individuell, distribuiert, am PC	persönliches Treffen aller Spieler_innen und des Spielleiters oder der Spielleiterin
Spielbegleitung	Keine bzw. automatisch	Spielleiter_in

Tab. 1: Gegenüberstellung der wesentlichen Unterschiede der haptischen und digitalen Version von Decide&Survive (eigene Abbildung)

Die Diskussionsargumente, die im Laufe des Workshops angebracht und diskutiert wurden, können in vier Kategorien erfasst werden:

1) Datenquantität und -qualität
2) Veränderung der Spieler_in-Spiel-Relation
3) Veränderung der Spieler_in-Spieler_in-Relation
4) monetäre und zeitliche Kosten

Diese werden im Folgenden genauer erörtert und auf ihre Integrierbarkeit geprüft.

1) Datenquantität und -qualität

Reichweite der Anwendung
Spiele, die als Forschungsexperimente eingesetzt werden, müssen im Sinne ihrer Wissenschaftlichkeit standardisierte Versuchsanordnungen mit möglichst geringen Variationen aufweisen, um belastbare Ergebnisse generieren zu können. Die einheitliche Erklärung, Leitung und Dokumentation haptischer Spiele ist in diesem Sinne bestmöglich durch eine_n identischen Spielleiter_in gewährleistbar. Dieser Umstand wirkt sich massiv auf die Reichweite des Spiels aus und beschränkt es aus finanziellen, organisatorischen und zeitlichen Gründen tendenziell auf eine regionale Anwendung. Digitale Spiele ermöglichen dagegen durch die weltweite Nutzung internetfähiger Computer einen regional (nahezu) unbeschränkten Einsatz. Daraus erwächst zunächst der Vorteil, auf einen potenziell sehr großen Proband_innenkreis zurückgreifen zu können. Darüber hinaus ermöglicht die digitale Spieldurchführung, neue Forschungsfragen zu bearbeiten, die mithilfe haptischer Spiele nur schwer realisierbar sind. Es ist u.a. möglich, das Spiel in globaler Anwendung in unterschiedlichen in sich kulturell homogen sozialisierten Proband_innengruppen durchzuführen, um möglicherweise kulturbedingte Unterschiede im Spielverhalten der Proband_innen zu identifizieren.

Standardisierungspotenzial
In Experimenten muss die Versuchsanordnung konstant gehalten werden, um aussagekräftige Vergleichsdaten zu generieren. Eine digitale Version von Decide&Survive bietet diesbezüglich die Möglichkeit, via identischer

Lehrtutorials eine standardisierte Regelvermittlung zu gewährleisten. Somit wird zwar eine hohe Konformität erreicht, gleichzeitig besteht jedoch die größere Gefahr, dass dem/der Forscher_in – aufgrund der nicht face-to-face und dadurch feedbackärmeren Vermittlung via standardisierter Videos – Fehlinterpretationen der Probanden_innen bezüglich des Regelwerks unbemerkt bleiben und somit die Teilnehmer_innen nicht auf alle ihnen im Spiel möglichen Handlungsoptionen zurückgreifen. Dies kann ihr Spielverhalten entscheidend beeinflussen und zu verfälschten Forschungsergebnissen führen. Eine ausreichende Kontrolle über die Aneignung aller Spielprinzipien kann mittels eines Tutorials allein nicht geleistet werden.

In der haptischen Version vermittelt ein_e Versuchsleiter_in die Spielregeln direkt an die Proband_innen. Dadurch wird den Versuchspersonen die Möglichkeit geboten, ihre Verständnisfragen individuell vor dem Spiel zu klären. Zudem kann der Spielleiter oder die Spielleiterin selbst aktiv zur Behebung mangelhaften Spielverständnisses beitragen, sollten ihm/ihr diesbezüglich Wissenslücken auffallen. Jedoch wirkt sich der Umstand negativ auf das Standardisierungsniveau der haptischen Version aus, da die interaktive Regelvermittlung die Anfangsbedingungen jedes Spiels bzw. den Informationsgehalt jeder Spielerklärung verändert.

Dokumentation und Auswertung der Ergebnisse

In Bezug auf die Dokumentations- und Auswertungsmöglichkeiten der Spielergebnisse besteht ein essentieller Unterschied zwischen haptischen und digitalen Spielen. Das Spielgeschehen kann in haptischen Spielen bestenfalls mit Audioaufnahmen, Fotos oder Videos festgehalten werden. Dies kann bei komplexen Spielen und datenintensiven Fragestellungen zu einem beträchtlichen Aufwand während der Dokumentations- sowie der anschließenden Datensortierungs- und Auswertungsphase führen. Demgegenüber ist eine datenbankbasierte Speicherung der von den Proband_innen vollzogenen Spielzüge und Diskussionen während eines digitalen Spieldurchlaufs deutlich zeitsparender und ermöglicht eine erheblich beschleunigte Auswertung der erhobenen Daten. Insbesondere bei einer hohen Anzahl von Erhebungsspielen wirkt sich diese Eigenschaft stark auf den zeitlichen Aufwand des Forschungsvorhabens aus.

Spielzeit und Spielhäufigkeit
Je komplexer und detailreicher ein haptisches Spiel konzipiert ist, desto mehr Zeit wird im Spiel für einzelne Spielabläufe, wie z.B. Würfelaktionen, Übertragungen von Spielfiguren auf das Spielfeld, Verschiebung von Spielfiguren, Überprüfung von Augenzahlen usw. aufgewandt. Diese Zeitkosten können in einer digitalen Version des Spiels deutlich reduziert werden. Das hat den positiven Effekt, dass in derselben Spieldauer eine höhere Spielrundenzahl möglich ist. Zudem ermöglicht die digitale Anwendung die parallele Durchführung mehrerer Spiele.

2) Veränderung der Spieler_in-Spiel-Relation

Spielmotivation, Anonymität, Ernsthaftigkeit
Forschung, die auf der Analyse von Proband_innenverhalten basiert, muss sicherstellen, dass Proband_innen im Sinne der experimentellen Vorgaben agieren. Hier spielt vor allem die Sicherstellung der Ernsthaftigkeit des Verhaltens eine wichtige Rolle. Für haptische Spiele kann hier ein_e Spielleiter_in als Garant wirken, indem er oder sie im Spiel als Autorität fungiert und auf abweichendes, nonkonformes Handeln sanktionierend reagiert. Mit zunehmender Anonymität der Teilnehmenden im Experiment sinkt dagegen die gefühlte Verbindlichkeit gegenüber dem Forschungsprojekt. Gerade bei räumlich voneinander getrennten, miteinander nicht bekannten Proband_innen, wie es bei digitalen Spielen üblich ist, ist ein experimentkonformes Handeln der Teilnehmenden schwerer evozier- und kontrollierbar.

Spieler_in-Medium-Relation
Die Wechselwirkungen und Interaktionsformen zwischen handelnden Proband_innen und dem Spiel unterscheiden sich in haptischen und digitalen, auf Mausklicks basierenden Spielen grundlegend. In haptischen Spielen übersetzt der/die Spieler_in seine/ihre kognitiven Entscheidungen in höherem Maße in bewusstes, aktives Handeln. Durch das Ergreifen und Bewegen von Spielfiguren und -objekten begleitet die spielende Person ihre Entscheidung vom Zeitpunkt der Entscheidungsfällung bis zur finalen Positionierung der Spielfiguren. Im konkreten Handeln begibt sie sich somit gewissermaßen mit auf den Weg der eigenen Entscheidungen, wodurch reflektierende Momente stattfinden und es zu einer direkteren Verursachungsverbindung des/der Handelnden mit seiner/ihrer

Aktion kommt. Dies lässt die Vermutung zu, dass sich Proband_innen in haptischen Spielen mehr als in digitalen als relevant *handelndes* Subjekt wahrnehmen und die Identifikation mit dem Spiel steigt.

3) Veränderung der Spieler_in-Spieler_in-Relation

Die Kommunikation zwischen den Spieler_innen verläuft in haptischen Spielen in der Regel persönlich, verbal und direkt. Dies ermöglicht es, die umfangreiche soziale Kommunikation mit all ihren bewussten und unbewussten Facetten in das Experiment einfließen zu lassen. Digitale Spiele müssen auf mittelbare Kommunikationskanäle wie z.B. (Video-) Chats zurückgreifen. Die Vielfalt der Kommunikation sinkt dabei, da Körpersprache und Mimik wenn überhaupt, nur eingeschränkt Einfluss haben. Gerade in Forschungsspielen, in denen soziale Situationen mit umfangreicher zwischenmenschlicher Kommunikation stattfinden soll, bieten haptische Spiele eine realitätsnähere Untersuchungsmöglichkeit.

4) Monetäre und zeitliche Kosten

Haptische und Computerspiele unterscheiden sich fundamental in ihrem finanziellen und zeitlichen Aufwand für Entwicklung und Umsetzung. Während haptische Planspiele meist kostenarm konzipiert werden können, benötigt ihr digitales Pendant eine weitaus aufwendigere und kostenintensivere Programmierphase, welche sich unter Umständen über einen langen Zeitraum erstrecken kann. Umgekehrt verhält es sich bei den Durchführungskosten der Spiele. Durch die Ortsgebundenheit, die das haptische Spiel erzwingt, entstehen sowohl für die Spieler_innen als auch für den oder die Spielleiter_in Organisations- und Reisekosten. Die Datenerhebung an sich ist wie oben beschrieben aufwändiger und außerdem kostenintensiver.

Fazit

Die hier veranschaulichte Diskussion verdeutlicht, dass die mediale Umformulierung eines Spiels umfassende Veränderungen mit sich bringt. Diese müssen mitbedacht werden, um sowohl aus wissenschaftlicher Sicht unerwünschte Begleiterscheinungen in der digitalen Version zu vermeiden als auch die Stärken haptischer Planspiele bestmöglich beizubehalten. Bei Forschungsspielen, wie das in diesem Artikel vorgestellte Decide&Survive, gilt es im besonderem Maße das Augenmerk auf die veränderte Beziehung zwischen Proband_in und der Spielumgebung (Spieler_in-Spieler_in-Beziehung und Spieler_in-Spiel-Beziehung) zu richten, welche einen umfassenden Einfluss auf das Spieler_innenverhalten hat.
Spiele nehmen als Unterhaltungsmittel und Lehrinstrumente heutzutage eine nie zuvor gekannte gesellschaftliche Rolle ein. Als Forschungsinstrumente sind ihre Potenziale jedoch noch weitgehend unbekannt. Gerade ihre Qualität, wirkungsstarke Ersatzrealitäten zu schaffen, machen sie zu einer vielversprechenden Forschungsmethode, mithilfe derer »reine« Daten über Proband_innenverhalten generiert werden können. Darüber hinaus können Spiele vergangenheits- und zukunftsbezogene Szenarien simulieren und somit auf »Was wäre wenn«-Fragen Antworten liefern.
Gerade im Bereich der Simulationsleistung und der Wirkung der Spielumgebung auf das Proband_innenverhalten gilt es, weiter zu forschen, um die derzeit vielversprechendste Methode, Realitäten abseits der »Realität« zu erschaffen als geläufige Untersuchung zur Generierung empirischer Daten zu implementieren.

»Schmerzen be-greifbar machen: Ein Werkstattbericht«

Denny Chakkalakal, Anna L. Roethe und Anika Schultz,
Projekt Em•pa•thy

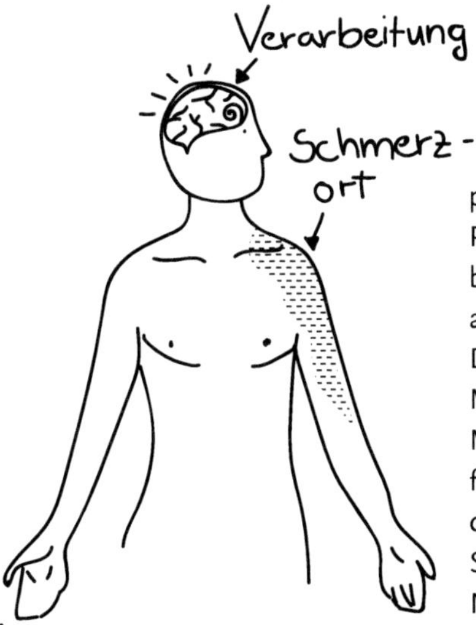

WAS BEDEUTET SCHMERZ?

Das Erleben von Schmerzen ist kein primärer Fokus moderner medizinischer Interventionen. Aus diagnostischer Sicht ist Schmerz ein Symptom und damit ›Zeichen für eine Krankheit‹, und als ebendieses wird er behandelt (Foucault 1973). Die moderne Schmerzmedizin etablierte sich in den 1950er und 1960er Jahren um das Phänomen des chronischen Schmerzes, der vormals rein der Psychologie bzw. Psychotherapie zugeordnet wurde. Dieser stand der gängigen Definition vom akuten ›Schmerz als Warnfunktion des Körpers‹ entgegen. Erst das Aufkommen neuer Körpertheorien, die von der Interdependenz von Biologischem, Psychologischem und Sozialem bei der Entstehung von Schmerz ausgingen, ließen solche Denkansätze zu (Bonica 1953; Melzack/Wall 1965). Ronald J. Melzack, eine wichtige Gründerfigur der modernen Schmerzmedizin, beschrieb das Phänomen Schmerz als eine der ›größten Niederlagen‹ der modernen Medizin, da es biomedizinische Paradigmen transzendieren würde (vgl. Melzack 1983). In phänomenologischen Studien wird Schmerz als Phänomen beschrieben, bei dem sich insbesondere der Selbstbezug zum Körper radikal ändert. Während sich die ›Normalität‹ des Körpers darin begründet, dass man sich nicht damit beschäftigt, dass man ein ›Körper ist‹, tritt beim Schmerzerleben unterdessen nicht nur ein Bewusstsein des ›Körper-Seins‹ auf, sondern eines des ›Körper-Habens‹. Leidende objektivieren sich selbst und erleben ihren Körper als etwas anderes als ihr Selbst (vgl. Bendelow/Williams 1995a:149). Die Bedeutung von Schmerz hat hier eine vollkommen andere Reichweite als in der diagnostischen Routine.

Körpersein vs. Körperhaben

WOFÜR WERDEN DIE DATEN GESAMMELT?

Im Therapiemanagement ist das Symptom Schmerz oft schwer zu handhaben und zu kontrollieren. Schmerz kann für Patient_innen flüchtig sein, zunehmen und abklingen, und ist allgemein schwer zu artikulieren. Die systematische Erfassung von Schmerz als sog. ›patient-reported outcome‹ (Daten, die primär oder ausschließlich von Patient_innen selbst erhoben werden können) soll hier zumindest teilweise Abhilfe schaffen. Im klinischen Alltag findet sich mehrheitlich eine Erfassung von numerischen Schmerzwerten (Schmerzskala), ein Datenwert, der am ehesten operationalisierbar ist und eine interindividuelle Vergleichbarkeit suggeriert. Ansätze einer Schmerztherapie, die sich eines biopsychosozialen bzw. ganzheitlichen Körpermodells bedienen, versuchen über Schmerztagebücher Zugriff auf Erleben und Erlebenslogik von Patienten zu erhalten. Deren Zweck ist es, die Reflektion über Schmerzen zu systematisieren und längere Verläufe zu erfassen. Sie sammeln dezidiert personenbezogene, individuelle und qualitative Daten. Oft stellt sich in ihnen zugleich der Kontext des Schmerzes dar: Welche anderen Einflussfaktoren gibt es (Schlaf, Ernährung, Bewegung, Stimmung) und welchen Effekt hat jeweils die Medikation? In der Praxis zeigt sich jedoch, dass konventionelle Schmerztagebücher das klinische Sprechstunden-Setting häufig sprengen. Die Vielzahl an Informationen können von Ärzt_innen nicht hinreichend verarbeitet werden, da sie im Sinne einer medizinischen Behandlungslogik weitgehend ungeordnet und damit oft konsequenzfrei sind. Nur jemand, der zuvor das eigene Tagebuch in ein erzählbares Narrativ bringt, hat durch dieses Format einen klaren Vorteil.

Bei vielen gängigen regelbaren Schmerzskalen kann auf der Vorderseite auf einem Kontinuum von »kein Schmerz« bis »stärkster vorstellbarer Schmerz« mit oder ohne Zwischenwerte die Schmerzintensität eingestellt werden (Patient_innenseite), um auf der Rückseite dann einen Zahlenwert gemäß der eingestellten Intensität abzulesen (Ärzt_innenseite). Durch eine Praxis des Quantifizierens bzw. Objektivierens wird das Erleben zu einem verdinglichten Schmerzerleben, einem Datenobjekt, das nun durch ein Messinstrument angezeigt wird.

Praxis des Quantifizierens

WIE WIRD ERLEBEN IN DATEN ÜBERSETZT?

Schmerz- empfinden soll so messbar und kontrollierbar gemacht werden. Es kann so zum korrelierenden Faktor von eigenen Experimenten (z.B. Dosierung von Schmerzmitteln, Entspannungstechniken etc.) und der Bewertung einer ärztlichen Schmerztherapie werden. Durch die Übersetzung in eine Information, die in Patient _innenakten, Verlaufsdokumentationen, Schmerztagebücher usw. eingetragen, gelesen, verglichen und benutzt werden kann, wird subjektives Erleben erst sicht- und vermittelbar gemacht. Die Vermessung und Vergleichbarkeit hilft auch Patient_innen zeitliche Abfolgen und Veränderungen nachzuvollziehen. Für Ärzt_innen suggeriert die Umwandlung in einen wachsenden Katalog aus Messwerten eine möglichst kontextfreie Greifbarkeit des Phänomens Schmerz. Eine Reduktion auf eine Intensitätsmessung blendet zugleich komplexe Zusammenhänge der Schmerzwahrnehmung aus. Trotz der angestrebten Objektivität – über den klinisch hohen Wert der absoluten Zahl – ist eine direkte Übertragbarkeit auf andere Patient_innen und Behandlungen damit von vornherein eingeschränkt.

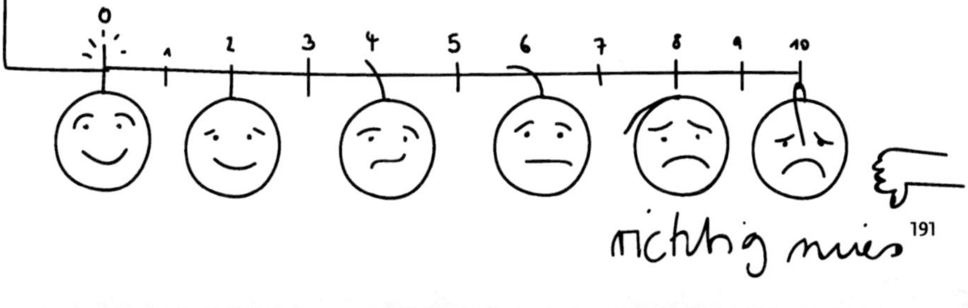

Solche Gesundheitsapps folgen oft der Store-Logik von Spielen und anderen Alltagsanwendungen für mobile Endgeräte – so kommt es beispielsweise, dass beim Pain Tracker das Gefühl «Taubheit» erst für 2,99 € als In-App-Kauf erworben werden muss, bevor es als Qualität ins Körperschema eingetragen werden kann. Dieser Umstand mag ob seiner Skurrilität auf den/die ein_e oder andere_n Nutzer_in durchaus etwas irritierend wirken.

KANN MAN SCHMERZEN VERORTEN?

Neben der Erfassung der Schmerzintensität in Skalen hat sich die Schmerzlokalisation auf Körpersilhouetten etabliert. Die Abstraktion des Körpers und seine artifizielle Haltung gehen hier auf Kosten der Selbstidentifizierung der Patient_innen (Bsp. Geschlecht, Gender, Alter, Körperbau etc.). Manche Fragebögen und digitale Tools arbeiten mit Detailansichten von Körperteilen oder einer zusätzlichen Seitenansicht – hier entsteht im Gegensatz zur Vollansicht durch die Fragmentierung des Körpers ein gewisser Kontextverlust, der gerade bei komplexen Schmerzverteilungen und Mustern (z.B. ausstrahlende Schmerzen, multilokuläre Syndrome) bedeutsam werden kann. Ob Silhouetten gegendert werden sollten und wie naturalistisch oder abstrakt die Darstellung sein muss, wurde über eine Reihe von gestalterischen Explorationen hinweg untersucht. Wäre ein umfangreich personalisierbarer Avatar am Ende eine adäquate Lösung? Der größte Unterschied zwischen analogen Papierfassungen und digitalen Darstellungen ist, dass die Nutzer_innen in digitalen Anwendungen mehr Möglichkeiten haben, zwischen verschiedenen

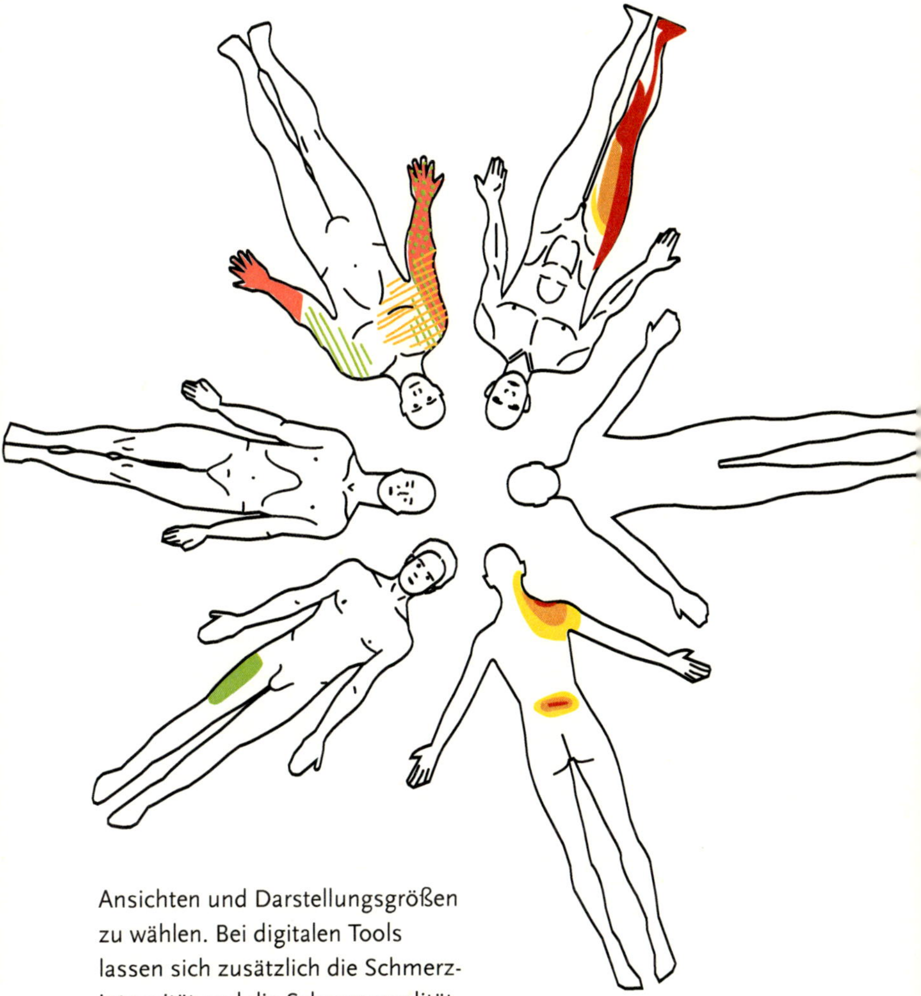

Ansichten und Darstellungsgrößen zu wählen. Bei digitalen Tools lassen sich zusätzlich die Schmerzintensität und die Schmerzqualität interaktiver und reversibler in die Figur einschreiben, z.B. mit Hilfe einer Farbskala und verschiedenen Mustern, denen entsprechende Qualitäten zugeordnet sind (Bsp. CatchMyPain von Sanovation AG, 2014; Pain Tracker & Diary* von Nanolume, ebenfalls 2014). Bei analogen Fragebögen sind die verschiedenen Erfassungen bisher voneinander getrennt und Patient_innen müssen eine eigene Form finden, wie sie Schmerzorte, Intensität und Qualität einander zuordnen.

Die Verbildlichung von Schmerz hat eine lange Darstellungstradition.

WIE WIRD SCHMERZ DARSTELLBAR?

Dass wir etwas messen können, gibt noch nicht automatisch vor, wie wir es am besten darstellen. Jenseits von Verortungen und Intensitäten ist es die Qualität eines Schmerzes (der »Schmerztyp«), über die er zugänglich werden und in typische Schmerzmuster eingeteilt werden kann. Klinische Attribute wie »brennend«, »stechend« oder »bohrend« verweisen auf physisch-sensorische Wahrnehmungen, die jede_r von uns unterschiedlich erlebt und deutet. Das ist nicht nur für das Schmerzverständnis und seine Dokumentation wichtig: Die Qualität eines Schmerzes enthält Informationen über seine möglichen Ursachen und zeigt Handlungsoptionen zur Schmerzbehandlung (z.B. Kühlen, Ruhigstellen, gezielte Medikamentenwahl) und -bewältigung auf. Zudem kann sich die Schmerzqualität in Abhängigkeit von weiteren Kontextfaktoren (wie Stimmung, Stressbelastung, Wetter, bestimmte Aktivitäten) häufig ändern. Die anschauliche nichtsprachliche Darstellung von Schmerzqualität – als Icon oder Muster – kann hier nicht nur eine patient_innenspezifische Erfassung der Schmerzwahrnehmung und -interpretation ermöglichen, sondern auch beleuchten, wie die standardisierten klinischen Bezeichnungen subjektiviert werden. Dies könnte auch dabei helfen, auf längere Sicht die Vergleichbarkeit zwischen einzelnen Individuen zu verbessern.

Reißend
Scharf
Schneidend
Durchzuckend
Zuckend
Brennend
Ziehend
Krampfartig
Bohrend
Pochend
Klopfend
Hämmernd
Pulsierend
Ausstrahlend
Drückend
Kribbelnd
Stechend

ÄNDERT SICH DIE INTERPRETATION IM VERLAUF?

Um Schmerzerfassungen (besser) auswerten zu können, erfolgt die Bewertung in der Regel mehrmalig über einen bestimmten Zeitraum hinweg. Der sich daraus ergebende Verlauf ist relevant, da er Aufschluss über Veränderungen oder Trends gibt und ein wichtiges Feedback für die Behandlung oder Medikation liefert. Üblicherweise wird die Darstellung des Verlaufs in analogen Erfassungen nicht mitgestaltet und ergibt sich nur über die Auswertung von Einzelbögen. Wenn es doch eine Verlaufsdarstellung gibt, dann erscheint sie als reine Datengrafik (Verlaufskurve), ohne Narrativ oder Faktorkorrelation. In digitalen Erfassungsinstrumenten werden die Eintragungen oft in einem Layerprinzip übereinandergelegt, durch die sich der Nutzer/die Nutzerin dann angeleitet oder eigenständig hindurchnavigieren kann. Gelegentlich findet sich eine Visualisierung von Einzelparametern mit entsprechenden (suggestiven) Korrelationsdarstellungen, jedoch werden Nutzer_innen auch hier nicht beim Finden eines Narrativs ihrer Krankheitserfahrung unterstützt. Daher ist es uns besonders wichtig, bei der Gestaltung der Schmerzerfassung auf den Aspekt der individuellen Krankheitserfahrung und deren Artikulation/Kommunikation einzugehen. Wichtige Gestaltungsprinzipien hierfür wären, einen schnellen, guten Überblick zu ermöglichen, Erfassungen in Bezug zueinander zu setzen und sie vergleichen oder einzeln betrachten zu können. Wie weit und auf welche Weise ein_e Patient_in selbst seine/ihre Daten interpretiert, kann dabei eine wertvolle Zusatzaussage über die eigene Krankheitsverarbeitung machen.

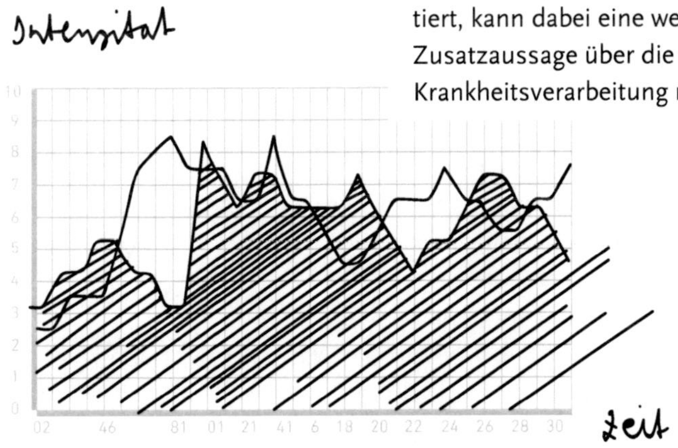

DIGITAL? INTERAKTIV? KREATIV!

Häufig wird der ›digitale Mehrwert‹ vor allem über die direkte Verfügbarkeit eingegebener Daten definiert. Gerade im medizinischen Bereich finden sich zahlreiche Beispiele für etablierte Erfassungstools, die ohne großen Anpassungsaufwand in das digitale Medium übertragen wurden (de la Vega et al. 2014). Patient_innen sollen oft mehrmals wöchentlich ihre Schmerzen erfassen – eine wichtige Frage ist daher, welche Möglichkeiten es gibt, eintönige und nicht immer zuverlässige Ausfüll-Routinen zu durchbrechen und häufige Datenerfassungen abwechslungsreicher und mit mehr Zufriedenheit auf Seiten der Nutzer_innen zu gestalten. Gestaltungsrichtlinien wären eine intuitive und präzise Eingabe z.B. über Gestensteuerung, freie Farbwahl und Musterproduktion, anpassbare Körpermodelle, bedeutsame und charmante Animationen, oder der Einsatz spezieller Sensorik, die den Druck der Hand beim Schreiben oder Zeichnen in ein Intensitätsäquivalent überträgt (bis zur Implementierung gestaltungstherapeutischer Ansätze). Je nach Schmerztyp und Ausbreitung könnte eine Positivdarstellung gewählt werden, in der gezielt schmerzfreie Körperareale markiert bzw. freigelegt werden; oder es wird den Patient_innen selbst überlassen, wie sie ihren eigenen Zustand erfassen und beschreiben möchten. Solche Ideenexperimente sind eine wichtige Übung, um sich von bestehenden Konventionen zu lösen, die im digitalen App-Markt weiterhin präsent sind, und um Schmerzerfassung grundsätzlich anders bzw. neu zu denken. Daraus gewonnene Erkenntnisse lassen sich auch für allgemeine Anpassungsempfehlungen für klinische App-Entwicklungen nutzen (Lalloo et al. 2015; Alexander/Joshi 2016).

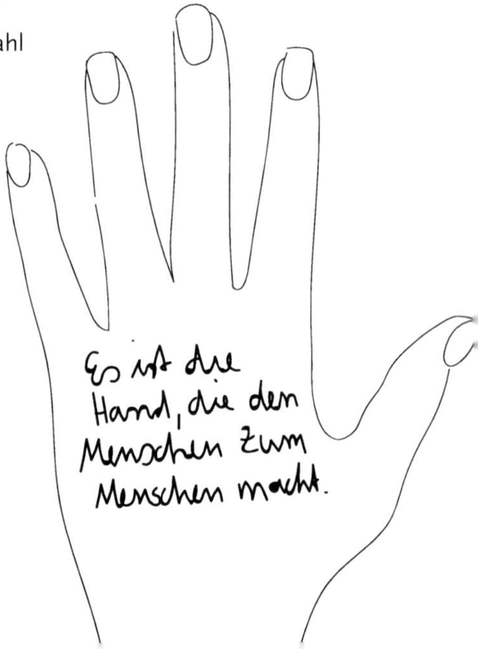

Für viele der genannten kleineren und größeren Probleme im klinischen Alltag kennt das Game Design bereits bewährte Lösungsstrategien. Die kanadische Serious Gaming-Anwendung »Pain Squad« (The Hospital for Sick Children, 2014, iOS) beispielsweise schafft für Kinder mit Krebserkrankungen eine Sekundärmotivation, Schmerzen in der App zu dokumentieren. Sie etabliert ein Narrativ der Schmerzbekämpfung, innerhalb dessen Motivationsvideos von TV-Darsteller_innen aus bekannten Crime Series wie Rookie Blue und Rangaufstiege bis zum Captain die Adhärenz fördern sollen (Stinson et al. 2013). Erinnerungsfunktionen, Ablenkungs- und Entspannungsübungen, Logbücher, Leaderboards und soziales Networking und Mentoring sind Elemente, die in vielen Spielen selbstverständlich eingesetzt und nun allmählich für mHealth-Anwendungen nutzbar gemacht werden. Zwei zentrale Aspekte dabei sind das Engagement der Nutzer_innen (Patient_innenermächtigung durch Spielmechaniken) und die Möglichkeit, sich einen individuellen Überblick über erhobene Daten und daraus resultierende Konsequenzen zu verschaffen. Bei einem rein digitalen Interface muss es dabei nicht bleiben: Gerade bei Patient_innen mit krankheits- oder altersbedingt eingeschränkten Interaktionsmöglichkeiten ist der Einsatz von Peripheriegeräten (wie Druckschalter, Stressball, Bewegungssteuerung) denkbar, in dem Strategien zur Erfassung und Behandlung von Schmerz kombiniert werden können. Die Begleitung der Schmerztherapie durch ein Spiel wäre schon dann ein Erfolg, wenn dadurch im Beratungsgespräch mehr wichtige Fragen und Erfahrungen zur Sprache kommen als bisher.

WIE KOMMT DIE THERAPIE INS SPIEL?

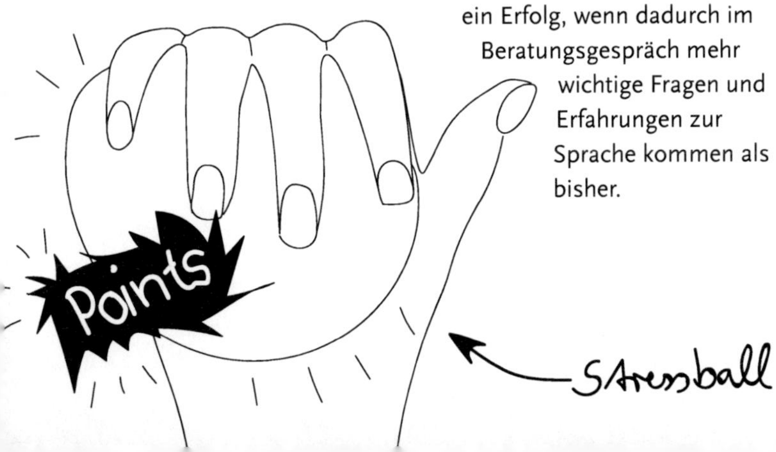

Bibliography

Alexander, J. C. / Joshi, G. P. (2016): ***Smartphone applications for chronic pain management: a critical appraisal***. Journal of Pain Research 26(9): 731–734.

Baszanger, I. (1998a): ***Inventing pain medicine: from the laboratory to the clinic***. New Jersey: Rutgers University Press.

Baszanger, I. (1998b): ***Pain physicians: all alike, all different***. In: Berg, M. / Mol, A. (Hrsg.): Differences in Medicine: Unraveling Practices, Techniques, and Bodies. Durham: Duke University Press: 119–143.

Bendelow, G. A. / Williams, S. J. (1995a): ***»Transcending the dualisms: towards a sociology of pain«. Sociology of Health & Illness 17(2)***: 139–164.

Bonica, J. J. (1953): ***The Management of Pain***. Philadelphia: Lippincott Williams & Wilkins.

de la Vega, R. / Roset, R. / Sánchez-Rodriguez, E. / Solé, E. / Miró, J. (2014): ***Development and testing of painometer: a smartphone app to assess pain intensity***. The Journal of Pain 15(10): 1001–1007.

Foucault, M. (1973): ***Die Geburt der Klinik. Eine Archäologie des ärztlichen Blicks***. Frankfurt a. M. 1988: Fischer Taschenbuch Verlag.

Lalloo, C. / Jibb, L. A. / Rivera, J. / Agarwal, A. / Stinson, J. N. (2015): ***»There's a Pain App for That«: Review of Patient-targeted Smartphone Applications for Pain Management***. Clin J Pain 31(6): 557–563.

Melzack, R. J. / Wall, P. D. (1965): ***Pain mechanisms: a new theory***. In: Science 150: 971–979.

Melzack, R. J. / Wall, P. D. (1983): ***The challenge of pain***. New York: Basic Books.

Stinson, J. N. / Jibb, L. A. / Nguyen, C. / Nathan, P. C. / Maloney, A. M. / Dupuis, L. L. / Gerstle, J. T. / Alman, B. / Hopyan, S. / Strahlendorf, C. / Portwine, C. / Johnston, D. L. / Orr, M. (2013): ***Development and testing of a multidimensional iPhone pain assessment application for adolescents with cancer***. J Med Internet Res 15(3): e51.

Christian Stein

Singleton

Skizze der Entstehung eines Spiels zur persönlichen Entwicklung in zehn Versionen

Das Projekt Singleton ist ein im Rahmen des gamelab.berlin entwickeltes Spiel, das sich der Verwirklichung persönlicher Ziele und individueller Entwicklung widmet. Ziel ist es, Motivationsstrategien aus der Spielentwicklung zu nutzen, um im privaten Bereich ein Gegengewicht zur beruflichen Zeitoptimierung zu schaffen und die Wirksamkeit dieser Methoden zu untersuchen. Das Projekt begann mit der Entwicklung eines Spiels, das den Fortschritt selbstfestgelegter Ziele widerspiegeln und incentivieren sollte.

Vorarbeiten und Motivation

Die Idee zu Singleton entstand im März 2014 in einer einsam gelegenen Hütte am Waldrand des Mittelgebirges Elm in der Nähe von Braunschweig. Der Autor dieses Textes und Erfinder des Spiels nimmt sich einmal im Jahr zwei Wochen Zeit, um hier in Abgeschiedenheit mit Wasser aus der Quelle und Wärme aus dem Holzofen, ohne Elektronik, Nachrichten oder Gesellschaft Abstand von der hektischen Berufswelt zu nehmen. Diese Zeit ist bestimmt von Wanderungen, Lektüre, Reflexionen, Konzipieren und Schreiben mit Stift auf Papier. Diese Konstellation mag es gewesen sein, die zu Reflexionen über die eigene Arbeits- und Lebensweise, das Verhältnis von Arbeit und Selbst, Motivation und Demotivation geführt hat. Der Autor verspürte die Notwendigkeit, dem stärker werdenden Druck im Arbeitsumfeld, der Professionalisierung von Arbeitsstrukturen und der damit einhergehenden Einschränkung von Freiräumen ein Gegengewicht entgegenzusetzen. Ziele und Wünsche zur persönlichen Entwicklung fanden immer weniger Raum; und das Gefühl, in eine Optimierungsmaschine eingespannt zu sein, die immer mehr auch zur Selbstoptimierungsmaschine geworden ist, wurde immer deutlicher. Frühere Versuche, die Planungsroutinen, das Setzen von Deadlines und Milestones, das Aufbauen von Druck und ähnliche Strategien auch für die privaten Ziele anzuwenden, hatten zu noch höherer Frustration, Stress und Demotivation geführt und ihn der erhofften Selbstverwirklichung gefühlt nur wenig nähergebracht. In Folge einer schon immer dagewesenen Begeisterung für Spiele aller Art und die professionelle Auseinandersetzung mit Spiel und Spielen entstand dann die Idee, dieses Problem nicht als Manager oder Optimierer zu lösen, sondern als Game Designer. Grundlage für das so skizzierte Spiel bildete ein in der Hütte geschriebener, literarischer Text, der über die Werte von Arbeit, Persönlichkeit, Freiheit, Disziplin, Fähigkeiten und Charakter reflektiert. Darin heißt es:

> Spielen heißt, frei sein. Frei im Sinne des Spiels. Die absolute Freiheit, alles zu tun, alles zu lassen, das ist eine fiktive Freiheit, eine, die sich nicht frei anfühlt, die zu frei ist. Freiheit ist immer der Bewegungsspielraum im Verhältnis zu etwas. Dieses etwas gilt es zu setzen, als das Spielfeld. Fehlt es, gibt es auch keinen Spielraum, keinen Unterschied, keine Differenz. Das Spielfeld schafft einen Spielraum, schlägt eine Bresche in die Kontingenz und Vielheit. Dieser Spielraum ist auch ein Schutzraum, in dem etwas wachsen und gedeihen kann. Dieses Etwas kann lernen, weil es klare Regeln gibt. Es wird fair und immer gleichbehandelt. Es kennt seine Umgebung. Sie ist ihm angemessen, eine Maßumgebung, eine Menschenmaßumgebung. Künstlich, ja. Aber genau das ist gut daran.

Das Spiel sollte einen Spielraum aufbauen, der Fortschritt sichtbar macht, investierte Mühe in etwas resultieren lässt, auch wenn sie noch nicht am Ziel ist. Zu häufig müssen erst Unmengen an Aufwänden investiert werden, ehe Resultate sichtbar werden – ganz egal worum es geht. Singleton sollte ein Spiel werden, das dem/der Spieler_in dabei hilft, die eigenen Ziele zu

verfolgen und nicht die anderer. Aber vor allem sollte es ein Spiel bleiben, das Freiheiten öffnet, anstatt sie durch einen Plan zu nehmen.
Der/die Spieler_in sollte Ziele und Tätigkeiten selbst wählen und mit ihnen das Regelwerk des Spiels füllen und beleben. So sollte kein Singletonspiel gleich sein, sondern immer und zuallererst seine_n Spieler_in reflektieren. Erst aus der Verbindung von Regelwerk und Spieler_inpersönlichkeit sollte das eigentliche, individualisierte Spiel entstehen. Im Singleton-Text heißt es dazu:

> Dieses Spiel heißt Singleton, weil es Spieler_innen erstehen lassen will, die die Macht haben, mit jedem Spiel nicht nur das Spiel selbst, sondern auch sich, die Spieler_innen, zu verändern und einzigartig zu machen. Dazu versucht es eine basale Benutzeroberfläche bereitzustellen, die einige chaotische Parameter des Lebens in eine klare Metrik bringt und gezielt mit den darunterliegenden Mechaniken rückkoppelt.

Auch der Name Singleton wird hier erklärt:

> Ein Spiel also, dass mit unserem eigenen Kopf beginnt, ein Spiel, das wir seit unserer Geburt spielen und für das es Zeit zu sein scheint, ein paar Korrekturen vorzunehmen. Dieses Spiel, das wir auf das Spiel des Lebens draufsetzen wollen, heißt Singleton. Dieser Terminus stammt aus der Informatik und in diesem Kontext bedeutet er folgendes: In der objektorientierten Programmierung gibt es Klassen und Objekte. Klassen definieren das generelle Verhalten, Verhaltensmöglichkeiten gewissermaßen und Variablen, die Werte enthalten können. Objekte nun sind konkrete Ausprägungen dieser Klassen, die deren angelegtes Verhalten ausführen, konkrete Werte annehmen und dadurch individuell werden, dass sie eben diese vorgegebene Struktur nutzen und konkret werden lassen. Demzufolge kann es sehr viele Objekte geben, die von der gleichen Klasse abstammen. Es ist ein bisschen so wie eine Art – der Mensch zum Beispiel – und ein konkretes Individuum dieser Art – zum Beispiel du.

In der ersten Version spielt der/die Spieler_in allein mit sich selbst. Das Spiel wird auf einem analogen Spielfeld gespielt, auf dem ringförmig Felder dargestellt sind, die nach und nach mit einem Stift ausgefüllt werden. Jedes dieser Felder steht für eine Zeitstunde einer zuvor selbst definierten Aktivität, kann aber auch auf andere Weisen unter Nutzung von Spielstrategien erworben werden.
Das Spielziel ist es, im Laufe der Spiellaufzeit von einem Monat alle Felder auszufüllen. Die Erfüllung dieses Spielziels ist gekoppelt an eine zuvor festgelegte spielexterne Belohnung, die Nichterfüllung an eine ebenfalls spielexterne Strafe. Dabei ist das Spiel so konzipiert, dass der/die Spieler_in immer verschiedene Handlungsmöglichkeiten hat. Der Fortschritt wird über das sich füllende Spielfeld sichtbar, das gleichermaßen die investierte Zeit reflektiert wie die fortschreitende Entwicklung des/der Spielenden. Die Währung des Spiels ist dabei Zeit:

> Die klarste und wichtigste Einheit ist Zeit. Grundüberlegung ist, dass ein Spieler Aspekte seiner selbst zu stabilen Systemen ausbaut, je mehr Zeit er in sie investiert. Kompetenz und Stabilität ist in Zeit messbar. Daher ist Zeit die zentrale Einheit des Spiels.

Über ein einzelnes Spiel hinaus sollen bestimmte, erwünschte Aktivitäten etabliert und so Gewohnheiten aufgebaut werden. Dazu werden verschiedene Spiele zu Matches gebündelt, im Rahmen derer die Spiele mit wachsendem Fortschritt unterschiedliche Erweiterungen und Modifikationen erfahren. Das erste Spiel folgt somit lediglich einigen wenigen simplen und schnell verstehbaren Regeln, gewinnt aber nach und nach an Komplexität und Handlungsmöglichkeiten, die immer neue Spielverläufe und -strategien ermöglichen.
Eingebettet ist das Spiel in eine Narration, die die zugrundeliegenden Werte und Mechaniken beschreibt und Sinn bzw. Anspruch des Spiels vermittelt. Das Leben wird dabei als schlecht designtes Spiel begriffen, das einige Korrekturen benötigt, damit Spielende ihr Potential entfalten können.
Die Regeln, die in der sich daran anschließenden Spielbeschreibung dargelegt werden, sind verhältnismäßig simpel und beruhen auf erprobten Mechaniken des Spieldesigns. Sie sollen im Folgenden dargelegt und die Erfahrungen aus der sich anschließenden Spielzeit von ca. einem Jahr aufgezeigt werden.

Spielregeln

Das Spielfeld besteht aus einem Kreis, der sich wie eine Baumstammscheibe aus mehreren Ringen zusammensetzt. Die Anzahl der Ringe wird durch das Level des/der Spielenden bestimmt. Das Spielfeld selbst ist in Segmente eingeteilt, die den Kreis in Kuchenstücke teilen. Jedes Segment steht für ein Thema. Die Anzahl der Segmente liegt zwischen 3 und 6 und ist vom Level des/der Spielenden abhängig. Der innerste Ring des Spielfeldes ist leer. Jedes Segment bekommt eine eigene Farbe zugewiesen. Die Segmente teilen das Spielfeld gleichmäßig auf. Sie repräsentieren die Bereiche, in denen der/die Spieler_in sich verbessern will. Zuerst werden die Segmentbezeichnungen, -definitionen und Farben am Anfang des Spiels gewählt, wobei im Vergleich zum vorherigen Spiel maximal zwei Segmente geändert werden dürfen. Die Wahl der Segmente muss so erfolgen, dass pro Woche realistisch mehrere Stunden auf jedes Segment verwendet werden können. Demzufolge darf die Definition des Segments nicht zu eng sein. Typische Segmente können sein: Sport, Fortbildung, Sprache lernen, Schreiben, ein spezifisches privates Projekt.

Jeder Ring ist in eine Anzahl von Feldern unterteilt, wobei der innerste Ring frei bleibt. Der erste Ringabschnitt, also der Bereich zwischen dem innersten und dem zweitinnersten Ring, enthält pro Segment so viele Felder, wie der/die Spieler_in Levelpunkte hat – plus eins. Alle anderen äußeren Ringe erhalten pro Segment und Ring ein zusätzliches Feld. Die Felder zählen jeweils für eine Zeitstunde. Die Anzahl der Ringe orientiert sich an der gesamten, für das Spiel verwendbaren Zeit. Level-1-Spieler_innen steigen bevorzugt mit vier Ringen ein.

Das Spiel beginnt immer an einem Wochenbeginn. Für jede Zeitstunde, die per Definition als gültig für ein Segment gilt, wird ein Feld in dem entsprechenden Segment in Segmentfarbe ausgefüllt. Ausgefüllt wird von innen nach außen und im Uhrzeigersinn.

Spielende

Das Spiel endet, wenn das gesamte Spielfeld, d.h. alle Felder ausgefüllt sind. Das Spielfeld und die Anzahl der Ringe ist auf einen Monat Spielzeit ausgelegt. Ist das Spielfeld nach anderthalbfacher Spielzeit noch nicht komplett ausgefüllt, endet das Spiel ebenfalls. Jedes erfolgreich beendete Spiel erhöht die Levelpunktzahl des/der Spielenden um eins.

Belohnungen

Das Erreichen bestimmter Teilziele aktiviert Belohnungen. Die Belohnungen legt der/die Spieler_in zu Beginn des Spiels selbst fest. Sie können während des Spiels nicht mehr geändert werden. Belohnungen sind planbare Tätigkeiten, die dem/der Spielenden Freude bereiten. Gute Belohnungen sind z.B. ein Serienmarathon, gut essen gehen, eine neue CD, Computerspieleabend etc.. Belohnungen gibt es für das Ausfüllen eines kompletten Rings, eines kompletten Segments und des gesamten Spielfeldes. Belohnungen müssen innerhalb der Spieldauer eingelöst werden, sonst verfallen sie. Die Spielabschlussbelohnung sollte einem großen Wunsch entsprechen, wie z.B. ein Urlaub, neues Handy etc.

Booster

Das Erfüllen spezifischer Sonderaufgaben ermöglicht zusätzlich ausfüllbare Felder. Diese Felder können unabhängig vom Zeitaufwand vergeben werden. Boosterfelder sind entweder an ein Segment gekoppelt oder können einem beliebigen Segment zugeordnet werden. Booster werden zu Beginn des Spiels definiert. Man darf insgesamt so viele Booster definieren, wie man Segmente hat zuzüglich seiner Levelpunkte. Booster sollten eingesetzt werden, um Anreize für Tätigkeiten zu schaffen, die sich nicht gut in Zeit messen lassen. Gute Booster sind z.B. mit dem Rad zur Arbeit, weniger als fünf Tassen Kaffee pro Tag, Wohnung putzen, mit dem Chef Mittagessen gehen. Booster sind immer wiederhohlbar, nie singuläre Tätigkeiten. Zwei automatische Booster sind zusätzlich immer aktiv: drei Stunden unterbrechungsfreie Arbeit an einem Segment für ein frei vergebbares Feld; und sechs Stunden für drei freie Felder.

Strikes

Strikes sind bestimmte singuläre Ziele, die das Erreichen eines bestimmten, messbaren Punktes markieren. Strikes wiederholen sich nicht wie Booster. Der/die Spieler_in hat zu jedem Spielzeitpunkt drei Strikes definiert, die er/sie erreichen will. Ist ein Strike erreicht, wird als Ersatz ein neuer definiert. Sie sind so zu definieren, dass ihr Erreichen immer klar bestimmt werden kann. Pro erreichtem Strike werden so viele Felder freigeschaltet, wie der Strike Zeit beansprucht hat geteilt durch drei. Gute Strikes sind: 50 Liegestütze geschafft, 10-seitige Erzählung fertiggestellt, Bild fertig gemalt. Strikes können nicht geändert werden, ohne sie zu erreichen.

Strafen

Das Gegenteil von Belohnungen sind Strafen. Die Strafen legt der/die Spieler_in zu Beginn des Spiels selbst fest. Sie können während des Spiels nicht mehr geändert werden. Strafen sind zeitlich begrenzte, unangenehme Tätigkeiten, die einem der Segmente zuträglich sind. Die in Strafen investierte Zeit darf nicht auf Felder angerechnet werden. So wie es drei definierte und gestaffelte Belohnungen gibt, gibt es auch drei Strafen. Die geringste wird ausgelöst, wenn in einem Segment in einer Woche nicht mindestens zwei Felder gefüllt wurden. Die mittlere wird ausgelöst, wenn ein Segment zwei Ringe hinter allen anderen zurückliegt (also wenn man z.B. nur die Felder bis zum zweiten Ring ausgefüllt hat, während alle anderen bereits bis zum vierten Ring ausgefüllt sind). Die größte Strafe wird ausgelöst, wenn das Spiel verloren wird, d.h. nicht in der Spielzeit beendet wurde. Gute geringe Strafen sind z.B. drei Stunden länger im Büro bleiben und am Segment arbeiten, zwei Tage keinen Kaffee, zwei Tage Fernsehverbot. Beispiele für mittlere Strafen können die zeitliche Steigerung der geringen sein. Große Strafen sollten wirklich unangenehm sein, z.B. einen Parteitag der NPD besuchen.

Gaps

Gaps sind das Äquivalent zu Boostern. Werden bestimmte Bedingungen erfüllt bzw. nicht erfüllt, führt dies zum Abzug von Feldern. Abgezogene Felder muss der/die Spieler_in aus einem selbstgewählten Segment ausradieren. Gaps werden ebenfalls zu Beginn des Spiels definiert. Man definiert immer genauso viele Gaps wie Booster. Gaps sollten definiert werden für Aktionen, die der eigenen Moral, Kontinuität oder den Segmenten deutlich abträglich sind und in diesem Sinne Stolpersteine für einen erfolgreichen Spielabschluss darstellen. Gute Gaps sind: zwei Stunden zu spät aufgestanden, weniger als zweimal Sport pro Woche, eine Stunde nutzloses Internetsurfen statt Arbeit. Gaps wirken sich nicht auf Belohnungen aus.

Altlast

Altlasten sind das Gegenteil von Strikes. Sie müssen nicht gefüllt sein. Maximal drei Altlasten können gleichzeitig angelegt sein. Sie sind als zu lange aufgeschobene Aufgaben zu verstehen, die immer schwieriger zu erledigen sind. Das Eintragen einer Altlast erzeugt sofort automatisch ein Freifeld. Nach dem Eintragen stehen so viele Tage zur Erledigung zur Verfügung, wie der geschätzte Stundenaufwand beträgt. Schätzt man den Aufwand beispielsweise auf drei Stunden, ist die Abarbeitung in drei

Tagen fällig. Altlasten dürfen auf Segmente angerechnet werden. Misslingt das Abarbeiten einer Altlast in der vorgegebenen Zeit, verliert der/die Spieler_in drei Felder. Jeder Tag, an dem die Altlast unabgearbeitet bleibt, zieht ein weiteres Feld ab.

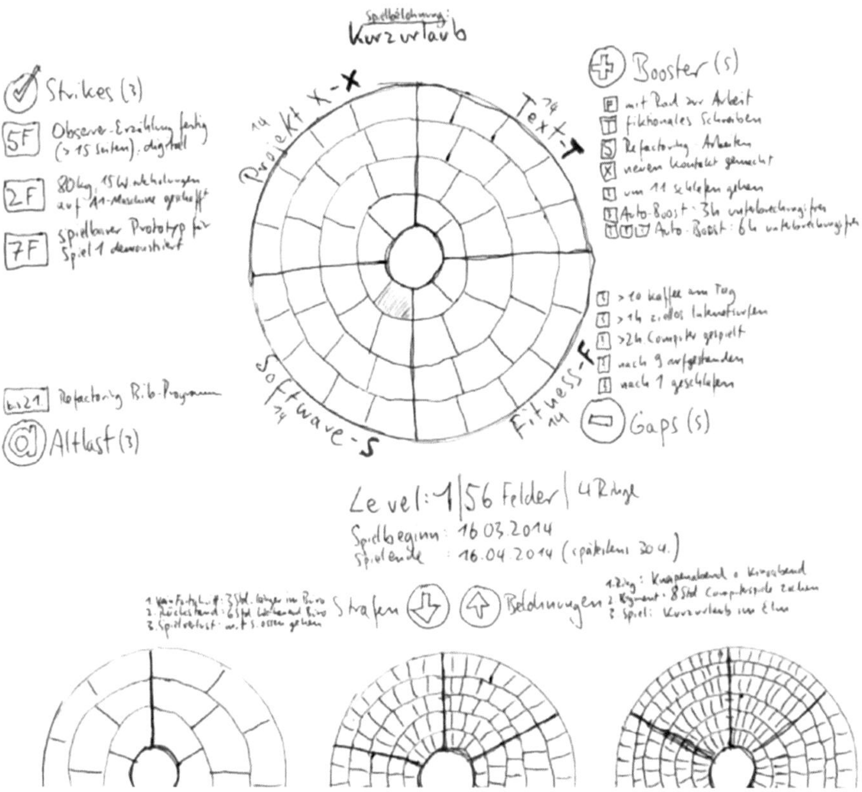

Abb. 1: Erste Skizze des Spielplans als Teil der Spielbeschreibung

Version 1 – Am Whiteboard

Diese frühe Version wurde in einem Selbstversuch des Autors ca. ein Jahr lang getestet, optimiert und die Spielmechaniken ausbalanciert. Im Verlauf dieses Jahres gab es drei längere Spielpausen und ein ansonsten kontinuierliches Spiel. Das Spiel wurde nur vom Autor mit sich selbst gespielt, zu diesem Zeitpunkt ohne irgendeine Intention, es für einen anderen als eben diesen Zweck zu entwickeln. Das Spielfeld und alle aktiven Regeln (Booster, Gaps, Altlasten, Strikes, Belohnungen und Strafen) wurden auf einem Whiteboard aufgezeichnet, das im Wohnzimmer des Autors hängt und somit zentral und ständig sichtbar ist. Zum Ausfüllen und Notieren wurden verschiedenfarbige Whiteboard-Marker verwendet. Der Fortschritt wurde für einige Level jeden Tag mit einem Foto dokumentiert.
Die Erfahrungen aus diesem relativ langen Selbstversuch zeigten sich überaus positiv. Der Autor stellte an sich selbst fest, dass die Motivation zur Ausübung von Tätigkeiten der selektierten Sektionen signifikant höher ausfiel als in seinen vorherigen Versuchen, diese in den Wochenplan zu integrieren. Insbesondere die Möglichkeit, strategisch zu spielen und Punkte durch die Sonderregeln zu bekommen stellte eine starke Motivationsquelle dar. Ungleichgewichte zwischen den Sektionen wurden unmittelbar sichtbar und entwickelten einen Aufforderungscharakter, diese auszugleichen. Die Größe und zentrale Stelle des Spielfelds sorgten für eine kontinuierliche Präsenz. Zwischenzeitlich, wenn es starke Auslastungen im Arbeitsumfeld gab, gab es Stagnationen im Spielverlauf, die sich demotivierend für die Wiederaufnahme ausgewirkt haben. Das Ausfüllen eines Feldes und die damit einhergehende unmittelbare Sichtbarkeit des Fortschritts fühlte sich sehr befriedigend an. Meist wurde das Ausfüllen unmittelbar nach Erfüllung der Tätigkeit vorgenommen, sodass eine direkte Kopplung von Tätigkeit und sichtbarem Fortschritt eintrat. Der Autor beobachtete an sich, dass er früher von der Arbeit aufbrach oder Gespräche abkürzte, um zu Hause noch ein Feld spielen zu können. Die Spielzeit wurde teilweise als zu lang empfunden und im Laufe des weiteren Spiels zeigte sich, dass der Schwierigkeitszuwachs je Level zunächst zu schwer war und trotz aktivem Spielen zu einigen verlorenen Spielen führte. Dies wurde vom Autor dann angepasst.
Nach dieser relativ langen Spielzeit ist das Spiel auch im gamelab.berlin Gesprächsthema geworden und so wurde beschlossen, die Erfahrungen in einer Einsteigerversion einem größeren Publikum zugänglich zu machen und neue Erfahrungen anderer Nutzer_innen zu integrieren.

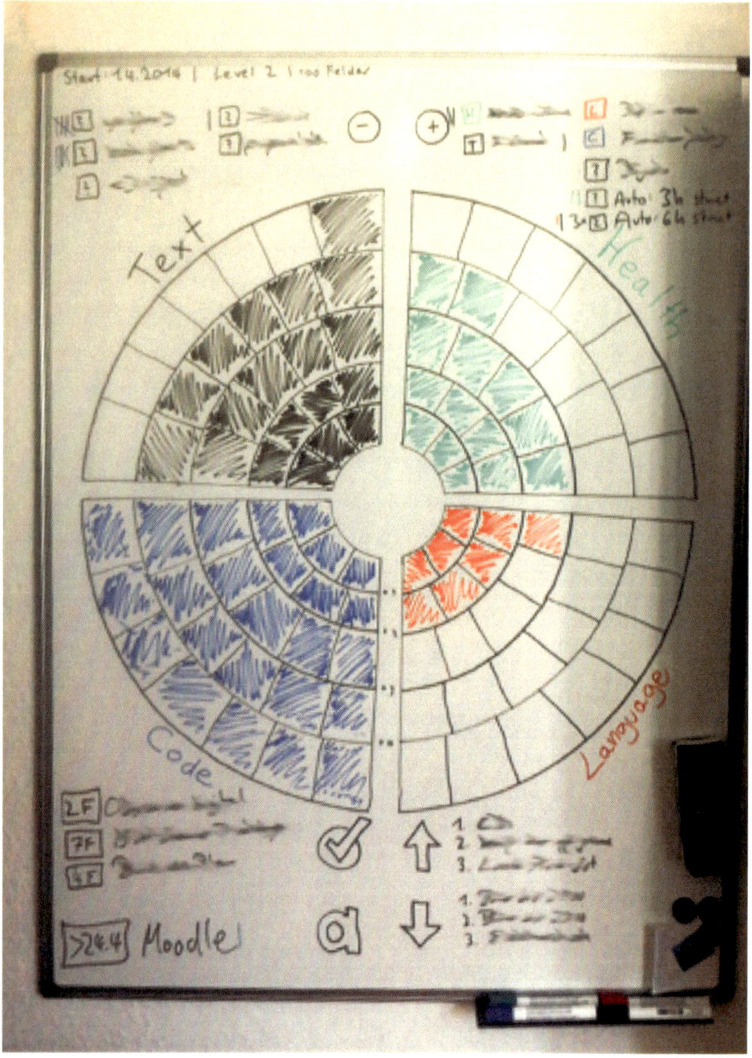

Abb. 2: Singleton am Whiteboard

Version 2 – Der Aufsteller

Im Anschluss wurde daraus eine vereinfachte Einstiegsversion erstellt. Diese besteht aus einer hochwertig gestalteten und gedruckten Broschüre mit Informationen zum Spiel und einem Pappaufsteller mit dem Spielplan für das erste Level von Singleton. Dazu gibt es ein Set von vier Buntstiften, das zum farbigen Ausfüllen der Aufsteller dienen soll. Das erste Level besteht aus drei Sektionen, die der/die Spieler_in selbst benennen und definieren sollte. Die Sektionen bestehen aus hexagonalen Feldern, die sich um einen Mittelpunkt anordnen. Jede Sektion soll einem Tätigkeitsbereich entsprechen, den der/die Spieler_in als in seinem Leben zu kurz kommend empfindet. Um die Einstiegshürden gering zu halten, kommen von den verschiedenen Regeln der ersten Version hier lediglich zwei zum Einsatz: Belohnungen und Booster.
Die einführende Spielbeschreibung wurde hier erstmals auf eine knappe Form heruntergebrochen, die Ziel, Motivation und Einordnung zusammenfassen soll:

> Singleton ist ein Spiel um Zeit – allerdings nicht um Spielzeit, sondern für die eigene Lebenszeit. Denn immer häufiger vernachlässigen wir das, was wir eigentlich wollen. Zeitmanagement, Effizienzoptimierung, Deadlines und immer volle ToDo-Listen jagen uns durch den Alltag – hier bietet Singleton ein Gegengewicht. Singleton ist ein Spiel, das Methoden und Techniken aus dem Game-Design gezielt dafür einsetzt, Motivation, Durchhaltevermögen und langfristige Erfolge in den Bereichen zu erzeugen, die ansonsten allzu schnell hinten herunterfallen. [...]
> Singleton – daher kommt der Name – ist das Spiel mit sich selbst als einem einzigartigen Individuum, das niemals in ein vorgegebenes Rollenkorsett passt. Vielleicht befreit man sich während des Spielens sogar ein Stück weit von der Effizienzgetriebenheit, die heute allzu häufig selbst die Freizeit zur Aufgabe hat werden lassen. Singleton spielt man mit sich selbst und für sich selbst.

Der/die Spieler_in wird aufgefordert, für jeweils einen ausgefüllten Ring eine persönliche Belohnung für sich festzulegen. Die Belohnungen sollten dabei pro Ring größer werden. Damit konnte gewährleistet werden, dass alle drei Sektionen gleichmäßig bedient werden und es zu keinem Ungleichgewicht kommt. Das Prinzip der Balance zwischen verschiedenen Tätigkeiten spiegelt sich so im Spielsystem. Die Regel »Booster« wird erst aktiviert, wenn die ersten beiden Ringe vollständig ausgefüllt sind. Auch dies dient der Reduktion der Einstiegskomplexität. In der Broschüre heißt es dazu:

> Mit Erreichen des zweiten Rings schaltet der_die Spielende das Spielelement »Booster« frei. Ein Booster ist eine konkret definierte Tätigkeit, die sich nicht gut in Zeit messen lässt, aber thematisch zu einem Segment passt. Als Booster sind nur Tätigkeiten geeignet, die man nicht auch normalerweise durchführt, die wiederholbar sind und die individuell etwas Überwindung kosten. Immer dann, wenn die entsprechende Boostertätigkeit ausgeführt wird, kann der_die Spielende ein Freifeld auf einem beliebigen Segment ausfüllen – unabhängig davon, wie viel Zeit er_sie dafür investiert hat. Hat man beispielsweise ein Segment »Gesundheit« definiert, könnte ein Booster »mit dem Rad zur Arbeit« heißen oder »ein Tag keinen Kaffee«. Beides ist wiederholbar, schlecht in Zeit messbar und fördert das Segment Gesundheit.

Damit kann man Rückstände in Segmenten ausgleichen, strategischer spielen und gleichzeitig erwünschte Gewohnheiten aufbauen.

Abb. 3: Die Anleitungs-Broschüre zum Singleton Aufsteller

Version 3 – Das Poster

Ausgehend von der positiven Aufnahme der Aufsteller-Version seitens der Spieler_innen wurde anlässlich der *Langen Nacht der Wissenschaften* eine Poster-Version konzipiert.
Gespräche, Nachfragen und Beobachtungen der Spieler_innen der Aufsteller-Version hatten gezeigt, dass die Sichtbarkeit des Spiels eine wesentliche Rolle für die Motivation spielt. Diese war in der ersten Version gegeben, da das Spiel auf einem zentral in der Wohnung angebrachten Whiteboard gespielt wurde, das ständig präsent war. Zwar wurde der Aufsteller auch so konzipiert, dass er sichtbar sein sollte, in der Praxis zeigte sich aber doch vergleichsweise häufig, dass er zusammengeklappt wurde und so aus dem Sichtfeld geriet. Ohne die visuelle Erinnerung an das Spiel wurde auch die Motivation zum Halten der Balance der Segmente reduziert und die unmittelbare Verbindung von Tätigkeit und Ausfüllen der Felder als visuelles Feedback des Fortschritts wurde unterbrochen. Zudem zeigte sich, dass die relativ hochwertige Verarbeitung des Pappaufstellers eine Hürde für einige Spieler darstellte, auf diesen zu schreiben bzw. Felder auszufüllen. Diese beiden Erfahrungen aus der Aufsteller-Version wurden durch die Poster-Version korrigiert. Das DIN-A3-Poster sollte zunächst vor allem die unmittelbare Sichtbarkeit erhöhen, da es in der Wohnung aufgehängt werden sollte. Darüber hinaus wirkte es zwar größer, wurde aber auf nicht-glänzendem Papier gedruckt, wodurch es weniger »final« erschien. Die Anmutung lud damit eher dazu ein, es zu beschreiben und zu bemalen. Optisch entsprach das Poster weitgehend der Aufsteller-Version und auch die Broschüre wurde unverändert mitgegeben.

Die Posterversion wurde an einem Stand des gamelab.berlin an interessierte Besucher der *Langen Nacht der Wissenschaft* vergeben. Dazu wurden den Besucher_innen die Grundideen und Hintergründe erläutert und im Austausch gegen ihre E-Mail-Adresse ein gerolltes Poster und eine Broschüre mitgegeben. Insgesamt wurden so 100 Versionen verteilt. Nach einem Monat wurden die Besucher mit der Bitte angeschrieben, einen Fragebogen auszufüllen. Als Rückmeldung wurde genannt, dass das Festlegen der Segmente als teilweise schwierig empfunden wurde. Es erschein daraufhin sinnvoll, mehr Anregungen und Ideen zu unterbreiten. Als Verbesserungsvorschlag wurde unter anderem genannt, mehr Abwechslung in Bezug auf die Aufgaben zu integrieren. Ein Spieler schrieb in Bezug auf seinen Wunsch für eine digitale Version:

> [...] zufällige »Minigames« / »-challenges« für unterwegs á la »versuchen Sie, die nächsten 15 Minuten keine Werbenachricht zu Ende zu lesen.«, oder wenn man eine Sprache lernt: »fragen Sie die Leute auf der Straße auf Sprache X nach dem Weg/ihrem Lieblingscafé in der Nähe«.

Singleton in dieser Version setzt in der Tat sehr stark darauf, dass die Spieler_innen selbstständig interessante Tätigkeiten finden, die den Segmenten entsprechen. Das ist aber unter Umständen abhängig vom Spieler_intyp und mehr unmittelbare Anregungen schienen sinnvoll.

In Bezug auf die Frage, wann die Motivation am größten oder geringsten war, wurde vor allem genannt, dass Motivation zu Beginn und nach ersten sichtbaren Fortschritten sowie gegen Ende im dritten Ring am größten gewesen sei. Daraus wurde geschlossen, dass das visuelle Feedback des Fortschritts wichtig ist, sowie die Nähe zu erkennbaren Stufen, wie den Ringen oder dem vollständigen Spiel. Dies entspricht generellen Erfahrungen aus dem Spieldesign.

Version 4 – Das Kartenspiel

Im Anschluss wurde das Spielprinzip grundsätzlich geändert, um einen höheren Grad an Abwechslung möglich zu machen und konkrete Aufgaben zu integrieren. Dazu wurde eine Kartenspielvariante konzipiert, die zum einen aus selbst zu beschreibenden Ziel-Karten besteht und zum anderen aus konkreten Aufgabenkarten. Die Ziel-Karten werden analog zur ursprünglichen Singleton-Version von den Spieler_innen mit persönlichen Zielen beschrieben. Sie können dazu eigene Zeiteinheiten festlegen, die damit gegenüber der ursprünglich fixen Einheit von einer Stunde flexibler und aufgabengerechter werden. Die konkreten Aufgabenkarten weisen eine konkret auszuführende Aufgabe auf, eine Schwierigkeitsstufe, einen geschätzten Zeitaufwand, die Punkte, die durch das Ausspielen erhalten werden können, und eine Superkraft. Diese Superkraft spiegelt dabei verschiedene Bereiche wider, wie z.B. Wissen, Strategie oder Gemeinschaft. Zudem sind die Karten nach der jeweiligen Superkraft eingefärbt. Das Ziel für die Spieler_innen ist es nun, eine bestimmte Punktzahl zu erreichen. Dabei wird es den Spieler_innen freigestellt, ob sie alleine spielen oder kompetitiv gegeneinander antreten wollten. Zusätzlich befindet sich auf jeder Karte ein QR-Code, der auf eine digitale Karte verweist. Diese weist einen Bezug zur gescannten Karte dahingehend auf, dass sie die ursprüngliche Aufgabe in einer höheren Schwierigkeitsstufe wieder aufgreift. So verschränken sich analoge und digitale Aspekte des Spiels. Das Spiel enthält in dieser Version 60 Karten, wurde professionell gedruckt, bei der Veranstaltung Salon Sophie Charlotte 2016 der BBAW in Berlin vorgestellt und in einer Auflage von 100 Kartendecks dort verteilt. Feedback wurde direkt und individuell in der Veranstaltung eingeholt. Im Anschluss wurde zusätzlich Feedback per E-Mail über die verlinkte Internetseite abgefragt.

Abb. 4: Das analoge Kartenspiel mit QR-Codes

Von dieser analogen Kartenspielversion wurde als zentrale Erfahrung mitgenommen, dass relativ viele Aufgaben einen hohen Unterhaltungswert haben und insbesondere mit den dazugehörigen Illustrationen Menschen begeistern konnten. Häufig wurde Singleton so Karte für Karte gelesen. Die Kreativität der Aufgaben wurde besonders positiv hervorgehoben. Es zeigte sich jedoch, dass die tatsächliche Durchführung der Aufgaben für viele eine recht hohe Anfangshürde darstellte. Zudem ist die Durchführung einer Reihe von Aufgaben mit Zeitaufwänden verbunden, die geplant werden müssen und nicht unmittelbar ausgeführt werden können. Zudem wird den Spieler_innen bei verschiedenen Aufgaben ein Verlassen des persönlichen Komfortbereichs abverlangt. Die positive Wahrnehmung der Aufgaben alleine reichte in der Praxis dann häufig nicht, um diese tatsächlich auszuführen. Hinzu kam, dass die Spielregeln als eher lose wahrgenommen wurden und so der Spieleintritt nicht oder nur unverbindlich geschah. Als ein weiteres Hindernis zeigte sich die Tatsache, dass eine Reihe von Karten selbst ausgefüllt werden mussten. Hierzu war zu wenig Anleitung vorhanden, sodass die bleibenden Unsicherheiten zusammen mit der Hemmung, die Karten tatsächlich dauerhaft zu personalisieren eher dazu führten, dass dies nicht geschah. Zusammenfassend waren die Einstiegshemmungen in das Spiel zu hoch und der Einstieg selbst zu wenig angeleitet.

Version 5 – Das Gruppenspiel

Um diese Beobachtungen abzufangen, wurde das bestehende Kartenspiel in einem anderen Kontext angewendet. Singleton wurde einer Gruppe von Personen vorgestellt, die sich in regelmäßigen Abständen trifft um Erfahrungen im professionellen Kontext auszutauschen und Ideen zu entwickeln. Hier wurde lediglich ein Kartenspiel-Deck mitgebracht. Jeder Spieler suchte sich daraus drei Karten aus, die er versuchen wollte, bis zum nächsten Treffen zu erfüllen. Eine ausgespielte Karte wurde im E-Mail-Verteiler der Gruppe an alle gesendet mit einem Foto des/der Spielenden im Kontext des Ausspielens und einer Beschreibung, wie die Erfahrung sich für ihn oder sie angefühlt hat. Drei Viertel der Spieler_innen spielten so mindestens eine Karte und berichteten über ihre Erfahrungen. Die Mails mit den Berichten wurden dabei von allen Mitgliedern der Gruppe als ausgesprochen bereichernd und spannend empfunden und trugen dazu bei, eigene Karten auszuspielen. Auch die Mitglieder, die es nicht schafften bis zum nächsten Treffen eine Karte zu spielen, empfanden die Mails mit den Fotos und Berichten als ausgesprochen unterhaltsam und anregend. Auch berichteten sie, dass die Zusammengehörigkeit der Gruppe durch diese Aktivitäten gestärkt worden sei, die sich nicht nach Arbeit anfühlten und geeignet waren, auf unterhaltsame Weise persönliche Seiten der Spieler zu zeigen.

Version 6 – Personalisierte Kartendecks

Mit den Erfahrungen aus der ersten analogen Kartenspielversion wurde der Versuch unternommen, die Verbindlichkeit des Spiels höher zu gestalten und die Personalisierung nicht mehr nur dem/der Spieler_in zu überlassen. Dazu wurden zwei völlig neue Versionen des Kartenspiels mit je 30 Karten erstellt. Im Unterschied zu der ersten Version waren diese jeweils auf eine spezifische Person im privaten Umfeld des Autors zugeschnitten. Alle Aufgaben waren entsprechend der persönlichen Kenntnis der jeweiligen Person zugeschnitten und nahmen Bezug auf ihre Stärken, Schwächen, Ängste und Vorlieben. Sie wurden so gewählt, dass in einem Verhältnis von 70 % Stärken und 30 % Schwächen der jeweiligen Person über die Aufgaben angesprochen wurden. Damit sollte ein überwiegend positives Empfinden der Aufgaben erreicht werden, dass als zusätzlicher Motivator wirkt, um individuell schwierigere Aufgaben ebenfalls anzugehen. Als jeweils zusätzliche Regel wurde in einem Fall die Möglichkeit gegeben, mit dem Erreichen von 1000 Punkten eine eigene Karte zu erstellen, die der Autor sich auszuführen verpflichtete. Im anderen Fall wurde eine analoge Fortschrittsanzeige angelegt, in der ausgefüllte Felder bestimmten Punktegrenzen entsprachen. Bestimmte Punktegrenzen wurden an externe Belohnungen gekoppelt, die der Autor einzulösen versprach. In beiden Fällen wurde die Auflage erteilt, neue Karten erst aufzudecken, wenn eine Karte gespielt wurde. Die Spieler_innen waren so aufgefordert, immer fünf Karten auf der Hand – also aufgedeckt und spielbereit – zu halten und erst nach dem Ausspielen einer der Karten wieder eine neue hinzuzunehmen.

Beide Modifikationen zeigten sich als sehr wirksam und führten dazu, dass die Spiele motiviert und relativ lange gespielt wurden. Außerdem hatten die Aufgaben eine hohe Präsenz im Alltag der Spieler_innen. Beide versuchten aktiv, Situationen herbeizuführen, in denen sie die Karten spielen konnten. Erfolgreich gespielte Karten wurden meist zeitnah an den Autor zurückgespiegelt und mit persönlichen Gedanken und Schilderungen dazu versehen. In beiden Fällen wurden die zugesagten Ausführungen der Karten bzw. Belohnungen auch tatsächlich ausgeführt. Daraus entstand eine interessante und motivierende soziale Interaktion. Für den Autor war die Meldung über eine ausgeführte Karte genauso motivierend wie für den/die Spieler_in.
In der rückblickenden Analyse des Spielverlaufs und aus Gesprächen mit den Spieler_innen lassen sich folgende Rückschlüsse ziehen: Eine

personalisierte Karte stellt eine hohe soziale Verbindlichkeit dar. Der/die Ersteller_in der Karte hat sich Gedanken zu dem/der Kartenempfänger_in gemacht, sein persönliches Wissen über ihn oder sie genutzt und seine Kreativität angestrengt. Er oder sie hat sich überlegt, welche Aufgabe individuell am besten geeignet ist und abgewogen, was zu schwer oder zu leicht sein könnte, zu naheliegende Ideen ausgeschlossen, vielleicht etwas Humor einfließen lassen und etwas von sich selbst hinzugegeben. Jede einzelne personalisierte Karte repräsentiert und intensiviert somit die soziale Beziehung, da der/die Autor_in nicht nur eine Aktion einfordert, sondern mit dem Erstellen bereits selbst einen Aufwand investiert hat. Der/die Empfänger_in empfindet somit eine hohe Verbindlichkeit, diesen Aufwand wertzuschätzen und die Karte tatsächlich auszuführen. Der/die Autor_in hat die Umsetzbarkeit der Karte bewusst beachtet, da eine nicht ausgeführte Karte auch für ihn oder sie ein Scheitern bedeutet. Er/sie wird also einen individualisiert angemessenen Schwierigkeitsgrad wählen, der die Ausführung ebenfalls wahrscheinlicher macht. Zudem weisen die so erstellten Aufgaben einen direkten Bezug zu Themen auf, die den/die Spieler_in interessieren oder beschäftigen. Die Möglichkeit, nach Erreichen einer Punktegrenze eine eigene Karte zu erstellen wurde ebenfalls als sehr positiv wahrgenommen. Die erreichten Punkte hatten so eine Bedeutung, da ein klares, greifbares nächstes Ziel zu jeder Zeit sichtbar war. Dieses Ziel war nie mehr als zwei oder drei Karten entfernt und erschien so immer erreichbar. Was der ersten Variante (Zusatzregel: eigene Karte nach 1000 Punkten) jedoch fehlte, war eine Steigerung oder Entwicklung des Spiels im Gesamtverlauf, sodass nach einer Spielzeit von mehreren Wochen die Frequenz des Ausspielens geringer wurde und nach etwas über drei Monaten das Spiel zum Stillstand kam. Eine insgesamt so lange Spielzeit kann aber bereits als ein großer Erfolg gewertet werden und wurde von Spieler_in und Autor als ausgesprochen positiv, anregend und angenehm empfunden. Im zweiten Fall zeigte sich eine ähnliche Entwicklung. Auch hier wurde das Spiel nahezu drei Monate lang gespielt. Hier ist zu bemerken, dass die externen Belohnungen keine inhärenten Steigerungen aufwiesen und zudem einige Karten in der Hand waren, die sich doch als zu schwierig herausstellten, sodass ein Stillstandspunkt erreicht wurde. Bis dahin jedoch wurde das Spiel als ebenfalls äußerst motivierend, sozial stärkend und bereichernd empfunden. Drei Belohnungsstufen wurden erreicht. Der visualisierte Fortschritt wurde als positiv empfunden und die dadurch induzierte Sichtbarkeit des Spiels, das so einen stärkeren Aufforderungscharakter hatte.

Version 7 – Personalisiertes Gruppenspiel

Die Erfahrungen aus den personalisierten Singleton-Versionen wurden in einem nächsten Schritt aufgegriffen, um sie auf eine Gruppeninteraktion auszuweiten. Im Rahmen der Sommerakademie der Studienstiftung des deutschen Volkes 2017 bot der Autor ein Seminar zu Science Games an, das von 17 hochmotivierten Studierenden aus verschiedensten Disziplinen besucht wurde. Nach einer Einführung bestand eine der ersten Aufgaben darin, personalisierte Singleton-Aufgaben für jede_n einzelne_n zu erstellen, die im Zeitraum der einwöchigen Sommerakademie ausgeführt werden sollten. Ziel war es, drei Aufgaben in den drei Schwierigkeitsgraden *leicht*, *mittel* und *schwer* zu erstellen. Es wurde ebenfalls klargemacht, dass der Erfolg der Kartenautor_innen sich nicht an besonders schweren oder kreativen Aufgaben misst, sondern daran, ob diese tatsächlich ausgeführt werden würden und geeignet waren, interessante Erlebnisse für die Spieler_innen zu erschaffen. Zu diesem Zweck bildeten die Studierenden zunächst Zweiergruppen in denen sie sich gegenseitig zehn Minuten zu ihren Stärken, Schwächen, Wünschen und Interessen interviewten, um eine Ausgangsbasis für personalisierte Karten zu haben. Danach wurden die Gruppen in neue Zweierkombinationen gemischt, in denen jede_r die Ergebnisse des Interviews dem/der neuen Gruppenpartner_in vorstellte und gemeinsam Aufgaben für den Interviewpartner erdacht wurden. So wurden alle Aufgaben jeweils von zwei Autor_innen erdacht, von denen aber nur eine_r den/die anvisierte_n Spieler_in über das Interview direkt gesprochen hatte. Die Aufgaben wurden auf Karten notiert, auf denen Schwierigkeitsgrad, Beschreibung, Autor_innenteam und Spieler_in angegeben waren. Im Anschluss an die Sitzung wurden diese Karten an die Spieler_innen verteilt. Es wurde angekündigt, dass diejenigen, die alle Aufgaben innerhalb der Woche erfüllen würden, eine Version des Singleton-Kartenspiels zugeschickt bekommen würden. Darüber hinaus gab es keine Verpflichtungen oder Abhängigkeiten, die Aufgaben auszuführen, da weder Benotungen noch Gutachten oder weitere gemeinsame Lehrveranstaltungen stattfinden würden. Eine Reflexionsrunde nach Erstellung aller Aufgaben machte klar, dass die Besprechung mit einem/einer zweiten Autor_in die Aufgaben stark beeinflusst, neue Perspektiven eingebracht und die Qualität gesteigert hatte. Die Spielenden zeigten sich durch die Aufgaben zumeist herausgefordert und angeregt, die meisten schätzten sie als machbar und dennoch als zumindest teilweise herausfordernd ein. Die Studierenden berichteten täglich zu Beginn über ihre gespielten

Karten und wie sie die Aufgaben empfunden hatten. Dabei wurde darauf geachtet, keinen Druck zu erzeugen, da dies auf Basis freiwilliger Wortmeldung und nicht Reihum erfolgte. Die Rückmeldungen zeigten, dass die Personalisierung in den meisten Fällen gut gelungen war. Am Ende hatten 80 % der Studierenden alle Aufgaben erfüllt und berichteten, dass diese ihnen ungewöhnliche, spannende und herausfordernde Erlebnisse bereitet hätten, die eine individuelle Bereicherung dargestellt hätten. Zudem hatten verhältnismäßig viele Karten zu Gruppenaktivitäten geführt, die auch nicht am Spiel Beteiligte involvierten. In diesem Sinne entfaltete das Spiel eine Wirkung über die Spieler_innen hinaus auf deren Umfeld und erzeugte vielfältige soziale Interaktionen. Dabei wurde auch berichtet, dass die Singleton-Aufgaben geholfen hätten, innere Hürden zu überwinden für Tätigkeiten, die die Spieler_innen ohnehin gerne unternommen hätten, andernfalls aber wohl nicht angegangen wären.

Version 8 – Eventbezogenes Kartendeck

Angeregt durch die positiven Erfahrungen und Rückmeldungen in verschiedenen Kontexten und Personengruppen wurde Singleton auch zum Gesprächsgegenstand im Austausch des gamelab.berlin mit einem Berliner Consulting-Unternehmen. Im Zuge dessen wurde diskutiert, inwiefern man Singleton auch für kreative Interventionen im professionellen Umfeld nutzen könne. Nach einer Reihe von Gesprächen und Workshops wurde dann ein Singleton-Kartendeck erarbeitet, das kurze Singleton-Aufgaben zu den vier Kategorien Team-Kultur, Innovations-Kultur, Struktur-Kultur und Markt-Kultur zusammenstellte. Insgesamt bestand ein Deck aus 16 Karten, die jeweils den genannten Kategorien zugeordnet waren. Die Karten wurden in einer Auflage von 100 Decks professionell produziert. Das Deck war darauf ausgelegt, beim Sommerfest des Unternehmens direkt von den Teilnehmer_innen gespielt werden zu können. Teilnehmer_innen waren Kunden, Partner_innen und Assoziierte des Consulting-Unternehmens, also Personen, die alle am Thema Unternehmensentwicklung interessiert und praktisch beteiligt waren. Im Unterschied zu den vorherigen Singleton-Karten wurde also auf Aufgaben fokussiert, die im zeitlichen Rahmen von ein paar Stunden und einem spezifischen sozialen Kontext ausgeführt werden konnten und sowohl inhaltlich als auch sozial passend waren. So entstanden Aufgaben wie: »Zeitdruck gibt es überall, überlege ein halbes Getränk lang, wie man Ergebnisqualität belohnen kann.« oder

»Wenn Du ein Kunde Deiner Firma wärst, was würde Dich dazu bringen, zur Konkurrenz zu wechseln? Wie könnt ihr in diesem Punkt noch besser sein? Visualisiere die Antwort auf einer Serviette.« oder »Suche Dir eine unbekannte Person und starte ein gemeinsames Projekt: eine Wurst holen, ein Bier leeren oder die Virtual Reality Station ausprobieren.«.
Vorgestellt wurde das Spiel in einem Workshop im Rahmen der Veranstaltung, an dem ca. 40 Personen teilnahmen. Zudem wurde es für alle anderen öffentlich und gut wahrnehmbar angekündigt und überall auf den Stehtischen ausgelegt. Insgesamt wurden 80 Decks verteilt und im Anschluss größtenteils von Teilnehmer_innen mitgenommen. Das Spiel stieß auf reges Interesse und im Laufe des Festes hatte beinahe jede_r das Spiel mindestens durchgeblättert und sehr viele ein paar Karten gespielt. Drei Personen erklärten im Gespräch sogar, bereits alle Karten gespielt zu haben.
Singleton ist von Anfang an als Spiel zur persönlichen Entwicklung gedacht gewesen. Insofern rief eine Anwendung im Unternehmenskontext einige Bedenken hervor, inwiefern das den Charakter und Zweck des Spiels in eine ungewollte Richtung entwickeln könnte. In diesem Versuch konnten dennoch einige wichtige Erfahrungen gemacht werden. Der gemeinsame inhaltliche Bezugspunkt erzeugte eine hohe persönliche Relevanz für die Teilnehmer_innen. Das Spiel diente zudem als Katalysator sozialer Kontaktaufnahme, da es für alle eingeführt wurde und die meisten die Ausführung unterstützen wollten. So dienten Aufgaben zum Aufbauen von Gesprächen, aber auch das Spiel selbst wurde zum Thema. In verschiedenen anschließenden Gesprächen wurde immer wieder genannt, dass das Spiel zu mehr interessanten Kontakten auf dem Sommerfest geführt habe und die Aufgaben kreativ gewesen seien. Auch, wenn die Aufgaben nicht individuell gewählt bzw. personalisiert wurden, konnte durch die homogene Zielgruppe eine relativ hohe Relevanz mit einem sozial positiven Effekt verbunden werden. Dennoch waren nicht alle Aufgaben gleichmäßig relevant und interessant für alle und führten in Einzelfällen zu Irritationen.
In diesem Anwendungsfall war Singleton nicht auf ein längeres Spiel ausgelegt, sondern stellte lediglich eine kurze Intervention dar, die mit dem Ende des Sommerfests nicht fortgeführt werden sollte. Das Interesse zu einer Fortführung wurde von verschiedenen Teilnehmer_innen zwar bekundet, es fehlte jedoch ein Modus dafür. Insbesondere für ein Singleton-Spiel, das mit anderen gespielt wird, schien ein Auftaktereignis jedoch ein gutes Format zu sein.

Version 9 – Themenbezogenes Kartendeck

Die Erfahrungen aus dem eventbezogenen Kartendeck eröffneten den Weg, Singleton auch im Bereich der Wissensvermittlung einzusetzen. So wurde ein Deck konzipiert, dass sich an Personen im Wissenschaftskontext richtet und zu interdisziplinären Gedanken- und Diskursexperimenten einlädt. Auch dieses Deck wurde bei einem Auftaktereignis vorgestellt und vor Ort gespielt. Im Unterschied zum eventbezogenen Deck war dieses Deck jedoch darauf ausgerichtet, mitgenommen und weitergespielt zu werden. Auch dieses Deck wurde von vielen Teilnehmer_innen vor Ort angesehen und durchgeblättert und positiv kommentiert. Wie geplant wurden zahlreiche Decks mitgenommen. Inwiefern diese tatsächlich gespielt wurden, konnte bis auf einige direkte Kontakte jedoch nicht nachvollzogen werden. Immerhin wurde in der Universität zufällig eine Karte gefunden, die an einen Kühlschrank einer Institution geklebt worden war. Dies zeigt, dass zumindest diese Karte als relevant und interessant genug empfunden wurde, um sie allen Mitarbeiter_innen zu zeigen. In verschiedenen Gesprächen wurde zudem zurückgemeldet, dass Karten tatsächlich gespielt und vor allem anderen gezeigt worden waren. Generell wurde daraus gefolgert, dass Singleton auch für die Vermittlung von Wissen eingesetzt werden kann, sofern die Aufgaben interessant, relevant und schnell genug ausführbar sind. Diese Annahme konnte jedoch bisher nicht auf eine breitere empirische Basis gestellt werden.

Abb. 5: Eine Karte aus dem themenbezogenes Kartendeck angeklebt am Kühlschrank

Version 10 – Die digitale App

Die letzte Variante stellt eine digitale Version des Spiels dar, die auf den zuvor analog erstellten Kartenversionen basiert. Die digitale Version ist darauf angelegt, dynamischer mit verschiedenen Karten zu experimentieren und diese leicht austauschen zu können. So werden alle Karten über Tabellen definiert, gebündelt und attribuiert. Dabei gibt es erstmals unterschiedliche Kartentypen, die verschieden generiert werden und sich unterschiedlich spielen. Alle Karten sind Superkräften als Kategorien zugeordnet. Der/die Spieler_in erstellt in einer dem Spiel vorangestellten Fragenserie ein persönliches Charakterprofil, das auf dem Fünf-Faktoren-Modell beruht. Dieses stellt fünf Hauptdimensionen der Persönlichkeit vor: Offenheit für Erfahrungen, Gewissenhaftigkeit, Extraversion, Verträglichkeit und Neurotizismus. Diese werden im Spiel in die Superkräfte Balance, Neugierde, Harmonie, Kontrolle und Energie übersetzt. Alle Karten sind jeweils einer dieser Superkräfte zugeordnet. Der/die Spieler_in bekommt nach Auswertung der Fragenserie die persönliche Verteilung seiner Superkräfte angezeigt und kann sich entscheiden, welche gestärkt werden sollen. Daraufhin wird das Deck personalisiert. Es werden Zielvorschläge für persönliche Ziele angezeigt, die er oder sie wählen und modifizieren kann, aber auch ein frei definiertes eigenes Ziel kann festgelegt werden. Für diese Ziele werden dann automatisch Karten generiert – die sogenannten generischen Karten. Diese sind mit Zeitangaben versehen, welche angeben, wie lange der/die Spieler_in sich mit seinem definierten Ziel auseinandersetzen soll, um die Karte zu erfüllen. Diese Zeiten werden beim Ausspielen der Karte als ablaufende Uhr angezeigt, sodass die investierte Zeit direkt kontrolliert werden kann.

Diese generischen Karten werden mit spezifischen Karten gemischt, also Karten, die ganz spezifische, originelle Aufgaben enthalten und darauf angelegt sind, neue Perspektiven zu erzeugen. Hinzu kommt das Prinzip der Expertenpacks. Das sind Zusammenstellungen von spezifischen Karten, die von einem Experten in einem bestimmten Gebiet kuratiert sind. Jedes Expertenpack hat ein spezifisches Thema, um das sich auch alle Karten drehen. Der/die Spieler_in kann die Expertenpacks in das eigene Deck mischen und so zusätzliche Expertise zum jeweiligen Themengebiet aufbauen. Insgesamt besteht das Deck also aus generischen Karten, die auf das persönliche Ziel abgestimmt sind, spezifischen Karten, die neue Erfahrungen in Bezug auf die zu stärkende Superkraft einbringen und

Experten-Karten, die ein spezifisches Themengebiet abdecken. Diese Karten werden in eine Levelstruktur gebracht, sodass die Reihenfolge, Kartenart und Schwierigkeit dem Erfahrungslevel des/der Spielenden entsprechen.

In der Hauptansicht des Spiels sieht man seine Kartenhand, die in der Regel fünf Karten enthält. Im Zentrum ist ein kreisförmiger Fortschrittskreis abgebildet, der die aktuell erworbene Anzahl der Punkte (sogenannte »Sings«) im Verhältnis zur zu erreichenden Anzahl für das jeweilige Level angibt. Man kann die Hand durch Wischgesten vergrößern, verschiedene Karten in den Vordergrund holen und Karten ausspielen. Wird eine Karte ausgespielt oder abgeworfen, erhält man eine neue dazu. Erfolgreich gespielte Karten werden mit einem Jubel belohnt und die gewonnenen Sing-Punkte hinzugefügt. Nicht erfolgreich gespielte Karten resultieren in einem enttäuschten Murren. Alle Spielaktionen und -fortschritte werden in einer Timeline festgehalten. Darüber hinaus kann in einer Kartenliste auf alle gespielten Karten zugegriffen und nach Superkraft, Kartenart und Spiel gefiltert werden. In den Einstellungen wählt man seinen Avatar, Namen und ein motivierendes, persönliches Motto.

Die Entwicklung der ersten Version der digitalen App nahm mit Abstand die meiste Zeit und die meisten Ressourcen in Anspruch. Es wurde mit einem professionellen Spieleentwickler zusammengearbeitet, der die Softwareentwicklung in enger Absprache und unter Verwendung agiler Entwicklungsparadigmen übernahm. Entwickelt wurde mit C# in Unity Mobile, wobei zunächst nur eine Android-Version realisiert wurde, auf die später eine iOS-Version folgte.

Auch wenn die Spiellogik nicht komplex erscheint, erwies es sich als nicht trivial, ein flüssiges Spielerlebnis zu erzeugen. Hinzu kam, dass das Spiel durch den Eintritt ins Digitale eine andere Erwartungshaltung seitens der Spieler_innen erzeugte. Diejenigen mit Smartphone-Spiel-Erfahrung sind augenscheinlich deutlich schnellere und kurzzeitigere Interaktionen gewohnt und fühlten sich durch die zunächst getesteten Karten überfordert. So wurden alle Karten überarbeitet bzw. völlig neu designt und insbesondere für die frühen Level sehr kurze Aufgaben erdacht, die zunächst nur 30 Sekunden bis maximal eine Minute in Anspruch nehmen sollten. Auch wurden generische Karten und Expertenpacks in den ersten Leveln nicht integriert, um direkte und inspirierende Aufgaben zu liefern.

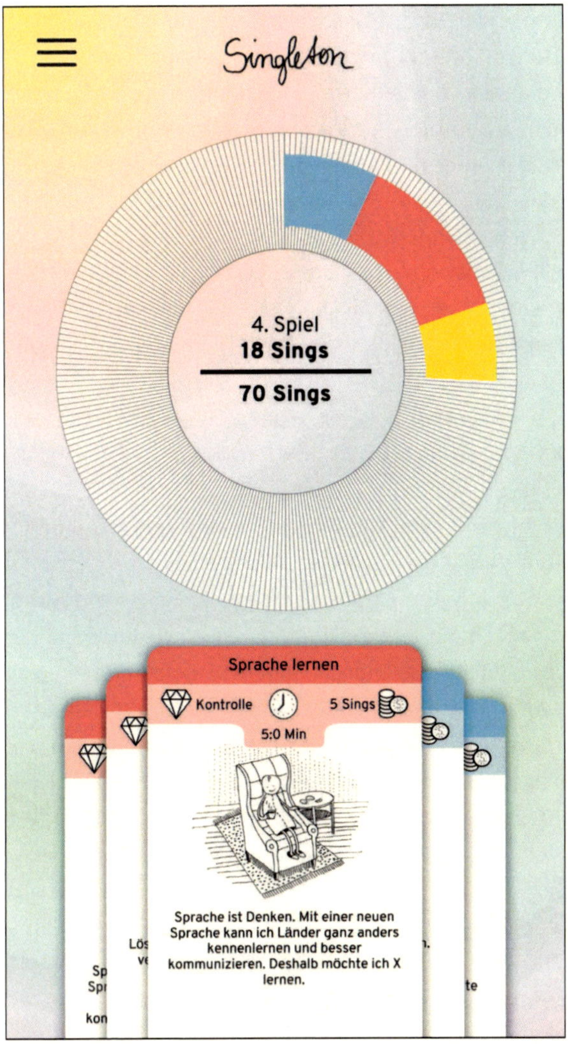

Abb. 6: Hauptscreen der digitalen App für Android

Erst ab dem dritten Level kommen dann die anderen Kartentypen dazu, da zu diesem Zeitpunkt davon ausgegangen werden kann, dass der/die Spieler_in das Spiel bereits adaptiert hat. Dieser Wechsel zu Karten mit deutlich kürzerer Spielzeit wurde von den Testspieler_innen sehr positiv angenommen. In Interviews zeigte sich zudem, dass die Neugierde auf die nächste Karte einen großen Spielmotivationsfaktor darstellte. Zudem wurde die Auswahl zwischen verschiedenen Karten ganz unterschiedlicher

Art häufig positiv erwähnt. Das Design und vor allem die Illustrationen wurden als sympathisch, angenehm und passend aufgefasst. Die Neugierde auf die jeweils neue Karte hing dahingehend auch mit den neuen Illustrationen zusammen. Gewünscht wurden von vielen Spieler_innen Funktionen, das Spiel mit Freunden, der Familie oder Kollegen spielen zu können. Zudem wurde eine variantenreichere Unterstützung persönlicher Ziele mit Karten gewünscht.
Die App soll nach Abschluss weiterer Tests im Playstore kostenlos veröffentlicht werden. Weiterentwicklungen sollen sich anschließen und das Spiel insbesondere in Richtung sozialer Funktionen ausbauen.

Version X – Die Zukunft von Singleton

Nach einer langen Entwicklungszeit in vielen verschiedenen Varianten hat Singleton sich stark gewandelt. Was geblieben ist, ist die Idee, mit Mechaniken und Systemen aus der Welt der Spiele Motivation für die eigene Verwirklichung zu erzielen. Der/die Anwenderin hat hierbei eine zugleich spielende und spieldesignende Rolle, denn jedes Spiel ist individuell angepasst. Diese Doppelrolle nimmt den/die Spieler_in auch in die Verantwortung, sein Spiel mit Bedacht zu gestalten. Nicht alle Spieler_innen finden sich auf Anhieb mit dieser Rolle zurecht. Für diejenigen, die etwas mehr Unterstützung bei der Wahl der Ziele und Themen brauchen, sollen die Inhalte und Vorschläge von Singleton nach und nach erweitert werden. Dazu werden nach und nach Experten für die Expertenpacks und Autoren für die Aufgaben und Karten angesprochen. Mittelfristig ist es geplant, dass die Spielenden ihre Karten selbst designen und so eigene Inhalte beisteuern können.
Viele weitere Funktionen sind angedacht. So zum Beispiel Spezialkarten, die mit anderen kombiniert werden können, bleibende Karten für länger andauernde Aufgaben, soziale Karten, die gemeinsam gespielt werden, Tutorialkarten mit Hintergrundinformationen, Wettbewerbe und gemeinsames Spiel, spezifische Spiele für Gruppen und Ereignisse, Verbindung von analogen und digitalen Karten und vieles mehr. Was davon realisiert werden kann hängt davon ab, wie viele Personen sich für Singleton begeistern und wieviel Unterstützung sich aufbringen lässt. In jedem Fall war die Singleton-Reise eine, die selbst ungeheuer viel Motivation erzeugt hat und das Team und die Unterstützer_innen immer wieder angeregt hat, Singleton weiterzudenken, weiter zu entwickeln und weiter zu spielen.

Spiel und Wirklichkeit

Darüber hinaus wurden im Laufe des Entwicklungsprozesses aber auch immer wieder die Möglichkeiten von Spielen im Allgemeinen reflektiert und diskutiert. Spiele bilden einen gesonderten Raum, der zunächst von der »Wirklichkeit« getrennt erscheint und gerade dadurch einen viel größeren Möglichkeitsraum bietet. Was im Spiel probiert wird, ist nicht ernst, hat begrenzte Konsequenzen und kann in einem neuen Spiel anders entschieden werden. Würde man in der Wirklichkeit einem gefährlichen Kampf klugerweise aus dem Weg gehen, lädt das Spiel dazu ein, sich auszuprobieren und ihn einzugehen. Der/die Spieler_in kann neue Rollen einnehmen und andere Verhaltensweisen spielerisch ausprobieren. Der Spielraum ist ein Schutz- und Experimentalraum, in dem geschehen kann, was sonst nicht geschehen darf. Damit ist es ein Ort der Freiheit – Freiheit sowohl von äußeren Zwängen, Regeln und Konventionen als auch von inneren Beschränkungen, Vernunftabwägungen und Gewohnheiten.
Daraus abzuleiten, dass Spiele keinen Einfluss auf unsere Wirklichkeit hätten, ist jedoch falsch. Vielmehr fordert die deutlich sichtbare Grenze zwischen Spiel und Nicht-Spiel kontinuierlich dazu heraus, diese zu hinterfragen und Beziehungen herzustellen, die diese Grenze überschreiten. Genauso, wie wir Strategien und Handlungsmuster aus der Wirklichkeit ins Spiel übertragen, nehmen wir Spielerfahrungen aus dem Spiel mit und übertragen sie in unsere Wirklichkeit. Die Grenze ist also eine durchlässige. Dennoch ist sie enorm wichtig, um das Spiel als Spiel überhaupt zu ermöglichen. Nur indem klargemacht wird, dass man sich in einem Spielraum befindet, wird auch die Handlungsfreiheit geschaffen.
Spiele erlauben und zeigen das Unvernünftige, Regelwidrige, Unmoralische genauso wie das Heroische, Selbstlose und Moralische in beliebigen Steigerungsgraden und Phantasieformen. Sie sind damit auch ein Spiegel unserer Menschlichkeit. Nicht zuletzt deshalb werden Spiele zunächst häufig mit Kinderspielen assoziiert. Kinder, die sich noch in der Entwicklung befinden, haben viele Regeln der Gesellschaft und Vernunft noch nicht verinnerlicht. Für sie ist der Übergang zwischen Realität und Spiel noch fließend und die Grenze oft schwer auszumachen. Die Emotionen, die das Spiel erzeugt, sind umfassend.
Für Erwachsene ist es umso wichtiger, sich die Grenze zwischen Spiel und Wirklichkeit vor Augen zu halten. Es hilft, Handlungsmuster zu verlassen und neue Rollen auszuprobieren, deren Konsequenzen man sonst meiden würden. Für Spiele, die einen Einfluss auf das reale Leben nehmen wollen,

wie Singleton dies tut, entsteht daraus ein Problem. Wird diese gewünschte Beziehung für den/die Spieler_in zu dominant, besteht die Gefahr, dass das Spiel nicht mehr als Schutzraum wahrgenommen wird und es damit die Freiheitspotentiale nicht entfalten kann. Viele sogenannte Serious Games oder gamifizierte Systeme tappen in diese Falle: Man sieht ihnen ihr didaktisches oder moralisches Ziel zu sehr an. Ihre Korrektheit degradiert sie vom Spiel zur Spielsimulation. Das nimmt den Spaß, die Lust und die Freiheit. In einigen Fällen allerdings gelingt genau das Umgekehrte: Ein Spiel, das ausschließlich als Spiel erdacht wurde, zeigt einen positiven Effekt außerhalb des Spiels, der gar nicht intendiert wurde aber höchst willkommen ist. Diese gehören zu den besten Beispielen für sogenannte »Games with a purpose«, also Spiele mit einem Zweck über das Spielen hinaus. Ein Zweck, der über das reine Spielen hinaus reicht, macht aber auch klar, dass das Spielen selbst immer der erste Zweck bleiben muss. Wird dieser nicht erreicht, bleibt auch alles darüber hinaus unerreicht.

Für die Weiterentwicklung von Singleton darf der Spaß an dem Spiel daher niemals ein Mittel zum Zweck werden, sondern muss das erste Ziel sein. Nur wenn Spaß und Freude am Spiel erreicht werden, kann auch etwas davon übertreten in die Wirklichkeit und diese damit etwas spielerischer, freier, phantasievoller und motivierender werden. So schwer dies auch ist, dieses Ziel wird Singleton auch in zukünftigen Versionen verfolgen.

Autor_innenverzeichnis

Horst Bredekamp ist Professor für Kunstgeschichte an der Humboldt-Universität zu Berlin und einer der Sprecher des Exzellenzclusters »Bild Wissen Gestaltung. Ein interdisziplinäres Labor«. Seit Oktober 2015 ist Horst Bredekamp Mitglied der Gründungsintendanz des Humboldt-Forums.

Dr. Matthias Bruhn leitet die Abteilung »Das Technische Bild« am Hermann von Helmholtz-Zentrum für Kulturtechnik und am Institut für Kunst- und Bildgeschichte.

Denny Chakkalakal ist wissenschaftlicher Koordinator des Forschungsprojekts »Em•pa•thy«. Er promoviert gegenwärtig zu Praktiken und Methoden interdisziplinärer Kooperationen in der Medizin und der Rolle von Technologie in der Patienten-Arzt Beziehung. Sein wissenschaftlicher Hintergrund sind die Disziplinen Europäische Ethnologie, empirische Wissenschaftsforschung, Philosophie und Versorgungsforschung.

Anne Dippel ist Kulturanthropologin und Medientheoretikerin. Nach dem Studium der Neueren und Neuesten Geschichte, Kulturwissenschaft und Europäischen Ethnologie in Tübingen, Berlin und London, zunächst zweieinhalb Jahre Feldforschung über den österreichischen Literaturbetrieb in Wien. 2015 erschien bei Turia+Kant »Dichten und Denken in Österreich. Eine literarische Ethnographie«. In ihrer aktuellen Feldforschung beschäftigt sie sich mit Formen der Wissensproduktion in der Hochenergiephysik am Beispiel des CERN in der Schweiz. Dabei interessiert sie insbesondere das Zusammenspiel von Menschen, Maschinen und Daten für die Entstehung kultureller Kosmologien in Zeiten der Globalisierung.

Dr. Sonia Fizek ist Forscherin für Spiele und digitale Medien. Sie forschte am Gamification Lab im Centre for Digital Cultures an der Leuphana Universität Lüneburg und ist Mitherausgeberin des Sammelbandes Rethinking Gamification. Sie ist außerdem Mitherausgeberin des Journal of Gaming and Virtual Worlds. Sie ist derzeit

Lehrbeauftragte an der School of Informatics and Design der Abertay University, Großbritannien.

Dr. Mario Herger leitet das Boutique Beratungsunternehmen Enterprise Garage Consultancy und lebt seit 2001 im Silicon Valley. Er forscht nach Technologietrends, schreibt Bücher dazu und berät Unternehmen zu Themen wie Innovation, Intrapreneurship, Kreativität, Silicon Valley Mindset und Gamification.

Steven Kawalle promoviert im Fach Politikwissenschaft an der TU Braunschweig. Gegenstand seiner Forschung ist das Testen von Theorien der Internationalen Beziehungen mittels national und international durchgeführten Planspielen.

Peter Lee is a game designer, entrepreneur, and teacher, Co-Founder of gameLab and Founder and CEO of NOLGONG.

Diplom-Informatiker **Jean-Pierre Lenz** ist Game-Designer, Producer und Geschäftsführer der unabhängigen Spieleschmiede Ghibbsmere-Soft.

Thomas Lilge ist Theaterwissenschaftler, Philosoph und Co-Founder sowie Leiter der interdisziplinären Forschungsgruppe gamelab.berlin. Er promoviert zur Kulturtechnik des Spiels und entwickelt als Projektleiter bei der Humboldt Innovation GmbH für das Humboldt Forum Konzepte zum Museum der Zukunft.

Markus Rautzenberg lehrt Philosophie am Fachbereich Gestaltung der Folkwang Universität der Künste, Essen. Er hat an der Freien Universität Berlin promoviert. Er publiziert v.a. zur Medienphilosophie und Ästhetik.

Anna L. Roethe ist Ärztin und Kulturwissenschaftlerin. Seit 2013 forscht sie zu chirurgischen Bild-, Schnitt- und Wissenspraktiken sowie der Vermittlungsrolle von Technologie in der Arzt-Patienten-Interaktion am Exzellenzcluster Bild Wissen Gestaltung und der Charité Berlin.
Dabei interessieren sie sowohl die Erarbeitung konkreter Handlungsempfehlungen als auch die multidisziplinäre Weiterentwicklung entsprechender Forschungsmethoden.

Wolfgang Schäffner, Wissenschafts- und Medienhistoriker, ist seit 2009 Professor für Wissens- und Kulturgeschichte an der Humboldt Universität zu Berlin, seit 2012 Sprecher des Exzellenzclusters »Bild Wissen Gestaltung. Ein interdisziplinäres Labor« und Direktor des Hermann von Helmholtz-Zentrums für Kulturtechnik (HZK) an der HU Berlin.

Anika Schultz (Dipl.-Des.) ist Produktdesignerin mit Schwerpunkt Interaction Design und arbeitet als wissenschaftliche Mitarbeiterin am Exzellenzcluster Bild Wissen Gestaltung.

Sebastian Schwesinger arbeitet als wissenschaftlicher Mitarbeiter am Institut für Kulturwissenschaft der Humboldt-Universität zu Berlin und ist assoziiertes Mitglied am Exzellenzcluster Bild Wissen Gestaltung im Projekt Analog Storage Media. Auralisation of Archaeological Spaces. Er forscht zur Genese der Virtuellen Akustik und zur kulturellen Durchdringung des Ökonomischen.

Manouchehr Shamsrizi, M.P.P., ist Co-Founder und CEO der RetroBrain R&D UG in Hamburg, Co-Founder des »gamelab.berlin« am Exzellenzcluster »Bild Wissen Gestaltung« der Humboldt-Universität zu Berlin sowie Ariane de Rothschild Fellow of Innovative Entrepreneurship der University of Cambridge und Global Justice Fellow der Yale University.

Dr. Christian Stein ist Germanist und Informatiker am Exzellenzcluster Bild Wissen Gestaltung der Humboldt Universität zu Berlin, Mitgründer des gamelab.berlin und Leiter des Schwerpunkts Architekturen des Wissens. Er forscht zu Spielen in Wissensvermittlung und Wissenschaft, Virtual Reality, Semantic Web sowie künstlichen und natürlichen Sprachen.

Thorsten S. Wiedemann ist Gründer und Direktor des internationalen Games und Playful Media Festival A MAZE.

Medienwissenschaft

Ricarda Drüeke, Elisabeth Klaus,
Martina Thiele, Julia Elena Goldmann (Hg.)

Kommunikationswissenschaftliche Gender Studies

Zur Aktualität kritischer Gesellschaftsanalyse

April 2018, 308 S., kart.
29,99 € (DE), 978-3-8376-3837-0
E-Book: 26,99 € (DE), ISBN 978-3-8394-3837-4

Ramón Reichert, Annika Richterich,
Pablo Abend, Mathias Fuchs, Karin Wenz (eds.)

Digital Culture & Society (DCS)

Vol. 3, Issue 2/2017 – Mobile Digital Practices

January 2018, 272 p., pb.
29,99 € (DE), 978-3-8376-3821-9
E-Book: 29,99 € (DE), ISBN 978-3-8394-3821-3

Gesellschaft für Medienwissenschaft (Hg.)

Zeitschrift für Medienwissenschaft 17

Jg. 9, Heft 2/2017: Psychische Apparate

2017, 216 S., kart., zahlr. z.T. farb. Abb.
24,99 € (DE), 978-3-8376-4083-0
E-Book kostenlos erhältlich als Open-Access-Publikation
PDF: ISBN 978-3-8394-4083-4
EPUB: ISBN 978-3-7328-4083-0

Leseproben, weitere Informationen und Bestellmöglichkeiten finden Sie unter www.transcript-verlag.de